Hola ¡bienvenidos! a este mundo de inquietudes e Investigación del inconsciente. Mi propósito como profesional es indagar en el comportamiento Humano, explorando y utilizando todas las herramientas de la ciencia, como aporte a la investigación de nuestra grandeza.

Me llamo Marisel Córdoba R, soy psicóloga especialista en simbología, tengo estudios de especialización en la universidad a distancia Atlantic University International, seminarios sobre: Clínica Psicosomática, Psicología Organizacional, curso de Educación especial para niños con problemas de aprendizaje y actualmente sigo la carrera de Medicina en la universidad Udabol de Santa Cruz de la sierra.

Obras literarias: El universo de los símbolos, El secreto de la humanidad a través de los símbolos, Conoce la clave de tu éxito a través de tu nombre y este ultimo el cual queda a tu disposición llamado el Análisis psicológico de tu nombre.

Naci en Colombia, en un departamento de la Costa Pacifica llamado Chocó su capital la ciudad de Quibdó y desde hace 7 años vivo y trabajo en Bolivia

Marisel Córdoba Robledo.

# El análisis
# psicológico de tu nombre
### ...porque es importante saber quienes somos

Compre este libro en línea visitando www.trafford.com
o por correo electrónico escribiendo a orders@trafford.com

La gran mayoría de los títulos de Trafford Publishing también
están disponibles en las principales tiendas de libros en línea.

Redacción: Marisel Córdoba R
Diseño y diagramación: Feddra Cabrera Lit
Santa Cruz de la Sierra - Bolivia

Impreso en Victoria, BC, Canadá.

ISBN: 978-1-4120-8963-0 (sc)

*Nuestra misión es ofrecer eficientemente el mejor y más exhaustivo servicio de
publicación de libros en el mundo, facilitando el éxito de cada autor. Para conocer
más acerca de cómo publicar su libro a su manera y hacerlo disponible alrededor del
mundo, visítenos en la dirección www.trafford.com/4501*

*Trafford rev. 4/20/2010*

 www.trafford.com/4501

**Para Norteamérica y el mundo entero**
llamadas sin cargo: 1 888 232 4444 (USA & Canadá)
teléfono: 250 383 6864 ♦ fax: 812 355 4082

**MARISEL CÓRDOBA R.**

# *El análisis psicológico de tu nombre*
## *...porque es importante saber quiénes somos*

# *Dedicatoria:*

Esta obra esta dedicada especialmente a la memoria de mi amada madre, Adelaida Robledo Hinostroza, de quien he recibido no sólo la energía del universo para vivir sino que también parte de su sabiduría como herencia, para continuar ejerciendo mi trabajo con amor.

A mi maravilloso hermano, David Mauricio Esmith, y a la niña Luisa Fernanda. A mi amado padre, Mariano Córdoba, con el cual he encontrado otra respuesta en mi búsqueda hacia la evolución.

A mi extraordinaria hermana Mariela Esmith; mis sobrinos Jennifer, Luisa Fernanda y David Mauricio; al Dr. Jorge Antonio Saavedra Ibáñez, cirujano oncólogo boliviano, gracias por su cariño y cuidados. También a mi prima Elcy Robledo y familia, a nuestra gran amiga y hermana Patricia Arango y a todos aquellos que han compartido nuestra vida familiar.

A mis amigas, Martha Franco, María Nelly Pavisich y familia, Lorena Algarañas y familia, Marcela Joskowiczr y familia, Yenny Dávalos y familia, por sus cuidados y apoyo; José David López, Willian Caballero y todo el personal de Cotas Bolivia, también agradecimientos a Silvana Denisse Garrido por su enorme colaboración en este libro y por último, a mi maravilloso país, COLOMBIA y a BOLIVIA por haberme acogido.

*Preámbulo*

# El Poder del Inconsciente

Es verdad que, cuando la mente está oscura, el espíritu sigue con su luz intensa de fe y bienaventuranza; pero también es cierto que esta no es ajena al libre albedrío humano y que para escuchar la voz del Alma sólo basta con haber escuchado la de la conciencia.

Como humanos nos sumergimos en un mundo muy diferente al que realmente tenemos y vemos, sin advertir el poder de nuestro inconsciente. Mas es difícil darnos cuenta cuán grande es su alcance, ya que éste nos permite visualizarnos, externa e internamente, sin que nos percatemos de ello. El inconsciente tiene todas las preguntas y también las respuestas a la verdadera esencia humana y es ya de nuestro conocimiento que escucharlo es de sabios.

**¿Pero cómo se puede escuchar a la mente?**

Cuando la mal interpretada fe o las falsas creencias nos vuelven ciegos ante todo, haciéndonos perder el contexto real de la existencia universal y material, la única salvación del individuo es su conocimiento interno y la única llave para abrirlo es arrojando la puerta de hierro que nos impide acercarnos a la fuerza mental, a la del sentimiento; UNA MENTE SANA ES UNA MENTE COHERENTE, que acepta y respeta a quienes ve y a lo que ve.

Nuestra Influencia es relativa en todos los campos, y considero que para tener una vida perfecta se deben tener en cuenta las emociones; mientras seamos dominados por éstas, nunca sabremos qué significa este sentido y poder llamado influencia mental. Por lo tanto, desde de mi experiencia, de lo que más trato de concienciar a las personas es que si nuestro mundo emocional no está controlado, si nuestras emociones convierten a nuestra mente en un cúmulo de confusión y necesidad, difícilmente se podría alcanzar la evolución humana y espiritual.

Los ejemplos que he querido dar dentro de este contexto muestran que en las experiencias de vida hay mundo de conocimiento y aprendizaje que nos pueden llevar fácilmente a despertar nuestra capacidad personal. En ello también se puede incluir el conocimiento de la mente, he comprendido que ésta es infinita.

Por lo tanto, mi fórmula es: INFINITO EL UNIVERSO, INFINITA LA MENTE. La misma es fuente de eternidad; mas cuando hablo de la mente pienso en ella como una materia que deduzco así: MENTE VIVA, MENTE ACTIVA, MENTE PRODUCTIVA. Y en medio de todo, **¿cuál es la respuesta a los conflictos de la mente, acaso es la deshumanización?.**

Los humanos como materia orgánica tenemos un chip, representado en el de ADN. Sin éste la vida no funciona; sin éste somos seres animales sin desarrollo, sin conciencia ni organismo vivo funcional cerebral, por lo tanto no humanos. Pero, en mi concepto, nuestro campo magnético, como le he llamado, es el cerebro.

Mi especialidad se vincula y trabaja con los códigos mentales, que se representan como proyecciones que el paciente tiene, con sus aciertos o dificultades, en las enfermedades de la mente, de la siguiente forma: se pueden observar todo tipo de problemas, por complejos que estos sean, y también las soluciones a los conflictos, porque la mente, en su complejidad, ha asumido posiciones superficiales sobre el comportamiento y todas las teorías que podemos enfrentar como posibles soluciones no pasan de ser eso, teorías.

Las diferentes escuelas psicológicas en mi opinión han sido creadas más por conceptos filosóficos, pero en realidad el verdadero aporte para nuestro siglo, aun que si muy importante; resultaría ser muy poco para las expectativas actuales y más ahora, en el siglo XXI, tiempo del despertar de la humanidad hacia una nueva verdad.

**¿Cuál es la información real que ha dejado el ser humano en su evolución a través de la historia, con lo que habla, escribe, dibuja, y habla? .**

**¿Tienen alguna influencia sus gestos y su mirada?**

Es imprescindible que sepamos que la nueva esperanza de vida en cada uno de nosotros constituye la esperanza de una verdad filosófica, que podemos definir en este caso de la siguiente manera: la mayor filosofía es la que todo individuo lleva consigo mismo, debido a que lo pasa en su cuerpo, mente y ser sólo le pertenece a él.

El individuo: INDIVIDUO = SER, SER = ENERGÍA INDIVIDUAL, ENERGÍA = VIDA, VIDA = AMOR, AMOR = DIOS.

# La Influencia del Nombre Propio en la Mente Psíquica

### ¿Qué es la razón?

Es la facultad humana que nos permite buscar la verdad y resolver problemas, aprender, juzgar y actuar según nuestros principios.

### ¿Qué significa la espiritualidad?

Ante la falta de verdaderas respuestas a esta pregunta tengo la siguiente teoría: la espiritualidad no es un sinónimo de santidad ni de religión; en mi concepto, es todo aquello que nos acerca al universo por medio de la fe. Defino espiritualidad como dualidad, ya que los dos conjuntos, fe y materialismo, no se corresponden el uno con el otro pero sus funciones tienen el mismo objetivo, que es desarrollar la conciencia humana ayudando al hombre a elegir su camino y creencia mediante el "LIBRE ALBEDRÍO".

### ¿Qué es la mente?

Debido a que la mente no es un fenómeno físico y carece de forma, los objetos materiales no pueden obstruirla. Tengo también mis teorías con respecto a la mente física y emocional pero prefiero centrarme en el inconsciente. Estoy convencida de que, como seres humanos, no tenemos idea de la verdad sobre lo que son la mente y la palabra. No las hemos visto como lo que son: las armas más poderosas del universo, y la explicación es simple. Nótese que los seres humanos tenemos la capacidad para crear hechos en nuestra memoria psíquica, que vienen de la fantasía, el deseo o la necesidad, y que yo denomino fantasías psíquicas. Utilizamos estas fantasías psíquicas sólo para mirarnos pero no para analizarnos, de manera que actúan impulsivamente en nuestro ser físico sin que nos percatemos de que son un volcán interno al que impedimos ayudarnos a transmutar e interpretar nuestra energía.. Como consecuencia de lo anterior, estas fantasías psíquicas se esconden en el subconsciente convertidas en archivos que afloran en la mente emocional y que pueden provocar malas interpretaciones al tratar de entender nuestro subconsciente si sólo intentamos entenderlo basándonos en lo que nuestra mente crea fuera de la realidad. Cuando las fantasías se desarrollan por una historia vital traumática, el individuo comienza a crear figuras provenientes de los códigos guardados y a los cuales el subconsciente les da su gran manifestación, en el sueño por ejemplo; estos códigos se han creado de lo que se ve, se escucha y se siente, una de estas situaciones, pueden provocar que el archivo mental se active, según las circunstancia y cuando ella es muy fuerte, el inconciente saca todos sus recursos, poniendo a sus archivos en una búsqueda rápida a veces no podemos ni siquiera bloquearla, ni emitirla llega tan fuerte que obstruye la posibilidad de coordinación, llevando al individuo a actuar de forma impulsiva e inesperada, sobre todo en los momentos mas difícil de su vida; entonces este ante cualquier circunstancia, comienza a buscar el peor de los recuerdos, con el fin de activar los sentimientos que le infecten al estilo de un virus mental, para que puedan provocarle, la destrucción o auto destrucción, según la situación ya sea de conveniencia o temor, etc.

Sin embargo, lo verdaderamente importante que he querido incluir en el presente libro es precisamente la acción de la mente emocional. Sabemos ya que cuanto más intensa es, menos intensa es la mente racional. Miremos algo no muy fácil de advertir en el común humano, con un ejemplo: en una de mis experiencias personales – concretamente, la del amor - pude entender por qué cuando se ama se sufre, en una situación que denomino confusión de los extremos. La explicación: es posible que como seres nos dividamos en dos. Por una parte estaría la mente racional y por otra la emocional. En el momento que se rompe la conexión y la comunicación entre ambas surgiría la obsesión y el sufrimiento, donde prevalece la fuerza emocional unida a lo que llamamos corazón, que no es otra cosa que el sentimiento.

Las emociones parecen tener voz propia, separadas de las expectativas de la mente racional, alimentándose de la experiencia de los sentidos y de los deseos. Cuando la conexión entre ambas mentes se restablece, cuando se unen alma y corazón, es cuando se evita tanto sufrimiento y propiamente se puede llegar a Amar.

Estos detalles son muy importantes en el momento de definirnos. La importancia aumenta cuando, además de unas simples palabras, consideramos NUESTRO NOMBRE dentro de nuestra mente psíquica. El propósito del presente libro es precisamente ofrecer una visión de la importancia del NOMBRE como reflejo de nuestra mente y brindar las claves del éxito y la prosperidad enraizadas y vinculadas con las letras más esenciales del mismo. Todos los seres humanos tenemos la enorme ventaja de que en nuestro nombre haya una letra más fuerte que otras, con un color más sobresaliente en la energía de los nombres. Se puede aprovechar mejor esa energía y llevarla al inconsciente cuando la resaltamos al pronunciarla o escribirla.

# El análisis psicológico de tu nombre
## ...porque es importante saber quienes somos.

Nombres con la inicial

$$\mathcal{A}bigail$$

**S**i la letra "B" de este nombre es escrita en mayúscula, representa una adulta con alma de niña y si, por el contrario, es escrita con "b" minúscula representa a la mujer procreadora. No es usual, pero aquéllas que logran tener su primer hijo masculino tienen con él un karma, ya sea para bien o para mal, generalmente éste es el que más les cuida y ayuda a sacar adelante al resto de la familia. La mayoría se desempeñan como amas de casa; aunque en algunos momentos tengan dificultades en ser comprendidas por sus compañeros, no dejan nunca de servirles; sin embargo, al momento de mostrar sus capacidades son muy emprendedoras e independientes, pero si se permitieran intentarlo, nada ni nadie las detendría ya que se convertirían en defensoras de sus ideales. Las de este siglo siempre serán líderes profesionales pero desconfiadas.

**En la salud:** tienen una lucha constante, además deben cuidar la columna y el sistema circulatorio.

**En el dinero:** les aviso que son ingeniosas, pero no deben dejarse vencer por las dificultades para que aprendan a aprovechar todas las oportunidades, sobre todo a nivel independiente.

**En el amor:** recomiendo más tolerancia, trabajar su autoestima y eliminar la intransigencia y, sobre todo, dejar la dependencia.

Dividido en dos, en su frase ABI simboliza a una GANADORA y GAIL representa a las HEROÍNAS.

Este mantra a la inversa se lee LIAGIBA, que en el idioma árabe representa a la VERDAD.

*Su letra del éxito y la prosperidad es la A y la de su ADN es la B.*

# Adelaida

Tienen una forma de ser muy difícil, además manejan diversas personalidades, siendo otro de los grupos que casi nadie puede entender. Suelen ser un poco obsesivas y desafortunadamente es un aspecto casi imposible de descubrirles, ya que aparentemente, ante los demás, parecieran ser personas normales. Ambiciosas, aunque ello no las lleva a hacer daño a los demás pero sí a alcanzar metas insospechadas, empresas, imperios de mando y poder. Su carácter es fuerte; sin embargo, tienen mucho conocimiento de la vida, pero más por la intuición que por sus experiencias; casi la mayoría maneja problemas psicológicos, resentimientos y culpas con las que pueden desarrollar una tendencia a la angustia, que fácilmente podrán heredar sus hijos y demás generaciones; una de las cosas que más deberían tratar es la autoestima por el daño causado tras una confusa historia vital. Son excelentes cuando se dedican a sus hijos y obligaciones, haciéndolo todo por salir adelante y convirtiendo a éstos en su mayor tesoro, aunque les cuesta mucho demostrar afecto y tener el tan anhelado contacto físico que buscamos siempre los seres humanos. Al margen de todo esto, lo que no tiene límite es su inteligencia, intuición y, sobre todo, su capacidad de competir, sacando provecho de cada situación adversa que se les presente en la vida.

**En la salud:** tienen patologías psicológicas fáciles de manejar y sus problemas físicos están representados en: la circulación, enfermedades congénitas; también sufren de varices, del colesterol y el corazón. La mayoría no tiene adicciones pero, por su salud, sí deben ingerir medicamentos; otro factor muy notable es el síndrome hipocondríaco.

**En el dinero:** alcanzan todo lo que se proponen en este campo, se pueden convertir en mujeres millonarias; algunas vienen de familias tradicionalistas y también con comodidades económicas, pero cuyos padres prácticamente han castrado sus vidas.

**En el amor:** en muchas ocasiones terminan solas; una decepción amorosa les obligaría a ello o simplemente a no creer más en este sentimiento; hay otras que esperan el regreso de un amor sin rendirse; los sentimientos de las Adelaida son demasiado grandes y a la vez demasiado dañinos para ellas pero tal vez es el grupo más completo en nuestro género.

Dividido en dos, su primera frase, porque ADE contiene dos sílabas, ADE, simboliza los DOS EXTREMOS de un SER HUMANO y la segunda, LAIDA, nos muestra las PALABRAS del PODER.

Es un mantra que a la inversa se lee ADIALEDA, que significa collar o diadema de diamantes; ello representa la inmensa riqueza que tienen en su interior.

*Su letra del éxito y la prosperidad es la A y la de su ADN es la letra D.*

## Adolfo Maximiliano

La "A" en este nombre es la fuerza, la capacidad, la lucha, la audacia, también el carácter, la firmeza combinada con una gran nobleza y compasión ante los demás; son seres a los que no les gusta que los engañen, son amados y valorados por sus seres queridos; ellos pueden enseñar sobre la vida y aprender día a día. Deben ayudarse mucho en la salud psicológica, tienen capacidad para conseguir el dinero y lograr los beneficios de la vida. Un buen mensaje para ellos es que lo que les falta por lograr, lo pueden alcanzar sus generaciones.

**En la salud:** es importante que miren su interior y busquen la parte más oscura que tienen; su tendencia a la infidelidad y la necesidad de saciar su apetito sexual sin importar con quién puede llevarles a caer en una trampa. Es prudente que cuiden su próstata y también, en este caso, tienen muy marcados los problemas arteriales y cerebrales.

**En el dinero:** realmente poseen la capacidad de desarrollar muchas ideas, pero les quiero advertir que cuando se derrocha el dinero ya no se puede recuperar, por lo que deben ser muy cuidadosos en su administración.

**En el amor:** son afortunados ya que encuentran mujeres que les aman, les consideran y respetan; además, en algunos casos les acompañan toda la vida sin importar lo que hagan o lo que sean.

Dividido en dos, su primera frase, ADOLFO, representa a un HOMBRE SABIO y el segundo, MAXIMILIANO, al REY del CAMINO y de las ALTURAS.

A la inversa, este mantra se lee ONAILIMIXAM OFLODA que significa AVE FÉNIX y REY de las ALTURAS.

*Su letra del éxito y la prosperidad es la I y la de su ADN es M.*

## Adriana

Lo que más les caracteriza son sus tres primeras letras, que aparentemente no tienen sentido: ADRI; esta frase puede ser explicada como "actuar adrede", por eso llaman la atención sabiendo lo que quieren y lo que hacen, aunque no lo parezca. La frase ANA encierra a la N entre las dos A y además contiene en ellas a las dos casas espirituales, más la letra que interpreta al bien y al mal. Esto significa que ANA tiene sus poderes muy bien definidos. En términos generales ADRIANA es igual a la LIBERTAD DE AMAR o de ODIAR. Tengan en cuenta una sugerencia muy importante: poseen mucha fuerza en sus pensamientos y ojalá estos sean completamente positivos porque así más grande e importante será la labor que emprendan; su mayor influencia en la existencia es la conciencia y el libre albedrío.

**En la salud:** puede haber enfermedades hereditarias, sobre todo el cáncer, la obesidad y las depresiones; también están dentro del grupo que puede tener síntomas de enfermedades cardiovasculares.

**En el dinero:** por ser tan idealistas es prudente que escuchen a su conciencia para que les guíe. Debido a que no tienen límites en sus sueños se pueden aferrar a un ideal y es muy difícil, casi imposible, que se les haga desistir de éste. En su mayoría son artistas y desarrollan mucho talento con el discurrir de los años. Por lo tanto, en el ámbito artístico, empresarial, la construcción y la publicidad.

**En el amor:** representan la fuerza de voluntad, la amiga incondicional y la búsqueda de la esperanza. Le dedican mucho empeño a este sentimiento, haciendo con él muy felices a sus hermanos y familia en general, aunque mantienen, eso sí, algunas reservas y dificultades con la madre.

Divido en dos, su primera frase, ADRI, representa a lo INTANGI-BLE, DELICADO y FÁCIL de DESTRUIR y su segunda frase, ANA, quiere decir la INVENCIBLE.

Este mantra a la inversa se lee ANAIRDA; su significado es DON-CELLA y PRINCESA.

*Su letra del éxito y la prosperidad es la A, o sea, la tercera casa, que significa el tesoro que el ser humano tiene escondido: el sentimiento. Por eso, cuanto más amor den más beneficios recibirán de la vida. La letra de su ADN es la N.*

## Adriana María

Cuando hay la combinación MARÍA, cualquier nombre se torna difícil, debido a que arrastra o condiciona a cualquier nombre que le acompañe. Es por eso que ellas manejan el temor y la timidez. No es bueno que esta combinación esté reprimiéndolas porque, en muchas ocasiones, les altera notablemente y aun aparentando ser fuertes la "procesión va por dentro". Su mayor virtud es la compasión. Sin embargo, es preciso que escuchen las sugerencias importantes y no olviden que tienen mucha fuerza en sus pensamientos. Esto puede servirles para tornarse más positivas y emprendedoras. Como mayor influencia en la existencia de estas mujeres está la conciencia y el libre albedrío.

**En la salud:** la combinación ADRIANA MARÍA necesita mucha salud mental, mayor disposición ante la vida, mejor capacidad para tomar sus propias decisiones y, sobre todo, más fuerza que sensibilidad. También deben cuidarse de la diabetes, la leucemia, enfermedades bronquiales y de la vista.

**En el dinero:** suelen soñar bastante pero les falta ir a buscar con fuerza y decisión lo que desean para ser felices, ya que su felicidad no sólo se compone de los sueños. Tienen que fabricar con madurez y paciencia todo un mundo de estrategias que las ayude a destacarse. En el ámbito comercial, pedagógico y público pueden sobresalir por su carisma. Además, entre las profesiones más acertadas para ejercer se encontrarían la medicina y la pediatría.

**En el amor:** pueden vivir numerosos episodios amorosos, pero, a pesar de eso, hay sólo un gran amor en su corazón, al cual siempre recordarán aunque no lleguen a concretarse. Deben aprender a amar basándose en la realidad y no en los ideales.

Dividido en dos, su primera frase, ADRIA, representa la FUERZA de la MUJER y la segunda frase, NAMARIA, simboliza a la CONSENTIDORA, EXCESIVAMENTE PROTECTORA y AMANTE INCONDICIONAL.

Este mantra, la inversa, se lee AIRAM ANAIRDA, nombre simbólicamente MAYA y descendiente de una tribu real.

*Su letra del éxito y la prosperidad es la M y la de su ADN es la I.*

# Alberto

Hay una contradicción en este nombre porque son posesivos, ego-céntricos, seres a los que les gusta tener el control de todo, tanto en sus casas como en todo tipo de actividades. Sin embargo, la característica en algunos es que, por lo general, tienen un hermano o hermana con quien no se llevan bien. Yo analizo esa situación como una competencia por el control debido a sus inseguridades. Su estilo de vida no será fácil, por eso es difícil encontrar a un ALBERTO con su lado femenino más de-sarrollado, aclarando que no hablo aquí de una preferencia sexual. Sus madres les respetan como si se tratara de la segunda autoridad en la casa y para los demás hermanos son su segundo padre. Pienso que la mayor virtud que tienen es que no se dejan someter; por el contrario, son ellos los manipuladores y muy estrictos en sus convicciones. Además, sería extraño encontrar a alguno con vicios o adicciones.

**En la salud:** definitivamente, los problemas psicológicos, porque la responsabilidad que se echan encima los convierte en personas amarga-das, cuyas enfermedades psicosomáticas pueden deteriorarles el cuerpo físico.

**En el dinero:** les va muy bien en sus actividades económicas y muy pocos fracasan en este aspecto. Sin embargo, lo mejor de todo es que pueden iniciar cualquier actividad porque tienen en sus mentes miles de ideas, debido a su visión futurista.

**En el amor:** algunos son unos verdaderos verdugos y otros son no-bles y sensibles.

Dividido en dos, su primera frase, ALBER, representa a un HOM-BRE MISTERIOSO, y la sílaba TO significa SER UNIVERSAL.

Este mantra a la inversa se lee OTREBLA y simboliza al PODER del PENSAMIENTO; también representa al SER que aún BUSCA un DESTINO y al árbol llamado ROBLE.

*Su letra del éxito y la prosperidad es la A y la de su ADN es la B.*

## Alejandra

Este nombre también comienza con su casa espiritual. Sin embargo, cuando se le agrega la L, ésta se cruza como un obstáculo, ya que simboliza los muros y las barreras. Por lo tanto, el reto que ellas tienen es vencerlas. La frase ALE quiere decir LEJANÍA y ALEGRÍA. Es por eso que un día están bien y al otro mal. No obstante, llegan a las nubes cuando están locamente enamoradas teniendo dificultades para aterrizar. Aunque tengan a su alrededor muchas personas y las persigan mil amores tienen un sólo sentimiento, sin importar si les hace sufrir. La frase JANDRA encarna misticismo, paz y pureza. Por eso el nombre o mantra ALEJANDRA es igual a SUEÑOS, ESPERANZAS y PIEDRAS PRECIOSAS.

**En la salud:** su enfermedad puede ser la obsesión, situación que las convierte en mujeres celosas y hasta agresivas cuando sienten que se les va el hombre que aman, son otro grupo de mujeres dependientes del amor. Dentro de la parte física deben observarse la dentadura, el cuero cabelludo y cuidarse del cáncer de matriz.

**En el dinero:** es aconsejable que estén rodeadas de personas que les produzcan paz, ya que ellas son muy carismáticas, sensuales, sosegada pero temperamentales, dominantes y obsesivas. Su deseo de hacer las cosas bien les lleva a triunfar en todo, menos en el amor.

**En el amor:** ya he explicado que este sentimiento es su LOCURA.

Dividido en dos, su primera frase, ALE, simboliza la DISYUNTIVA entre lo MASCULINO y lo FEMENINO; la segunda frase, JANDRA, significa AROMAS, JARDINES y DIAMANTE.

Este mantra a la inversa se lee ARDNAJELA, donde se ve que algunas de ellas tienen mucha fuerza masculina, vienen de las culturas INDÍGENAS o MAYAS y muchas, en una lejana época, fueron caballeros reales.

*Su clave del éxito y la prosperidad es la frase JANDRA. La letra de su ADN es la D.*

## Alejandro

Hombres muy sutiles, alejados de la realidad, vanidosos y orientados hacia la apariencia y el buen nombre. Sólo una minoría tiene la suficiente paciencia para dejarse orientar por sus familias tradicionalistas. Una de sus cualidades es su atractivo físico, muy ejecutivo o muy señor, aferrados a los sentimientos y siempre a la búsqueda del idealismo. Sin embrago, vuelan por el infinito o por los horizontes como golondrinas a la espera de un buen verano, son amantes dependientes y aferrados a sus parejas. Esto significa que como amantes quieren ser fieles, abnegados, entregados, responsables, amables y encantadores; pero la verdad es que se dejan llevar por los encantos de la seducción ya que es un reto que les enloquece y no les permite medir las consecuencias de sus actos.

**En la salud:** es imprescindible que tengan cuidado con el alcohol y la marihuana, sobre todo por sus tendencia a las alucinaciones que, en algunos casos, pueden llegar a la esquizofrenia. Por lo tanto, deben evitar actos que puedan conducirles a sufrir enfermedades mentales. Se destacan de otros hombres (o varones) por su instinto narcisista y por un sentimiento de invencibilidad (imbatibilidad) lo que demuestra una faceta muy débil de ellos porque realmente les encanta que los adoren.

**En el dinero:** es aquí donde pueden brillar con éxito, siempre y cuando no se dejen llevar por la pereza que les produce desmotivación y dependencia de familiares. Sería prudente que se ayudaran a sí mismos escuchando buenos consejos para evitar fracasar en sus primeros intentos empresariales. Son buenos como dependientes en el ámbito laboral. No obstante deben cuidar su nombre ya que son susceptibles a verse involucrados en actos ilegales.

**En el amor:** es donde está su gran debilidad porque temen ser abandonados, manejan muchas dependencias emocionales. El sentimiento para ellos es muy importante, aconsejo a las personas que tengan algún miembro de la familia con este nombre que sean muy compresivos y le amen mucho, para que ellos se sientan protegidos.

El nombre dividido en dos, con su primera frase ALE, significa LIDERAR y su segunda sílaba, JANDRO, simboliza los SUEÑOS LEJANOS.

Es un mantra que a la inversa se lee ORDNAJELA, que significa LADRÓN de CORAZONES y ORFEBRE, porque ellos trabajan muy bien las pequeñas cosas y se interesan también en los detalles.

*Su clave del éxito y prosperidad es la terminación RO, la letra de su ADN es la A.*

# Alexandra

Qué maravilloso sería que no tuvieran tanto miedo, porque los motivos que les llevan a ser tan sensibles son la inseguridad y las fobias. Se destacan en sus nobles sentimientos, eso sí, con un mundo muy abstracto e irreal, donde el inconsciente les envía una información muy diferente de sus vidas a las que ellas viven. Es importante que sepan que manejan muchas patologías, la depresión, especialmente, hace mella en todos los ángulos de sus vidas e irremediablemente, si no se ponen a trabajar sobre eso, pondrían resultar seriamente afectadas en todos los sentidos. Pero yo me quedo con la riqueza de su alma porque son fantásticas, saben ser buenas amantes dando un amor muy puro. Por lo que he analizado en ellas destaca su sentimiento idealista, imaginándose al príncipe encantado al que quieren convertir en realidad, y cada oportunidad que han tenido de amar ha sido desafortunadamente desperdiciada o no correspondida. Si perdieran los miedos de disfrutar, además del miedo a no ser amadas, tal vez podrían ser más felices. Entonces, mi consejo es que, por favor, no desconfíen de la felicidad, porque ésta sí existe. Sólo deben preocuparse menos de las apariencias y de ciertos comentarios de padres y hermanos. En fin, que sean libres.

**En salud:** aquí es muy fácil descubrir que su mayor problema es, nada más y nada menos, la inseguridad. No se equivoquen, amigas, me refiero a las de carácter fuerte, ustedes no son tan seguras, pueden tener depresiones profundas, por las cuales deben asistir a tratamiento psiquiátrico.

**En el dinero:** aunque tengan estabilidad la inseguridad, repito, podría hacerles peligrar todos sus objetivos. Por lo general son personas preparadas y la mayoría dispone de estructuras estables.

**En el amor:** es aquí donde tienen una enorme habilidad para auto compadecerse y, sobre todo, de confundirse, porque para ellas el amor es irreconocible. Por eso, ante cualquier señal empiezan a soñar ¡Cuidado, amigas, éste es el mundo real!.

Dividido en dos, en su primera silaba, ALEX, ENCARNA a una FEMENINA ALERTA, GUERRERA y DISPUESTA a MORIR por su IDEAL, su segunda silaba, ANDRA, quiere decir ATAR O AMARRAR.

Este mantra a la inversa se lee ARDNAXELA, que significa MUJER DE HIERRO y MUJER DE PAZ; también muestra claramente como ambas se interrumpen el camino.

*Su letra del éxito y la prosperidad es la X y la de su ADN es la D.*

## Alfonsina

Es un nombre poético, inspirador pero no triunfador. Esto significa que los demás pueden ver la belleza que ellas no ven en sí mismas. Su personalidad es extraña, por eso no son muy populares en el medio que les rodea. Pueden ser de naturaleza parca, reservada o analítica, o bien, en igual proporción, absolutamente idealistas. Por alguna fuerza de la vida, casi la totalidad de ellas lo tiene todo: el amor de sus familias, buenas amistades, se divierten, escriben y sueñan. Sin embargo, una inmensa soledad habita en sus almas sin que puedan darse una explicación. En mi opinión esta soledad está representada por la necesidad que les invade de sentirse importantes en el amor. Su enorme desventaja es que tienen el lado masculino muy desarrollado, por eso se sumen en la amargura.

Ellas tienen una forma muy especial de asimilar la verdad y la justicia, esto genera una contradicción entre su forma de ver la vida y la manera de enfrentarla.

**En la salud:** es importante que cuiden su salud psicológica y espiritual.

**En el dinero:** suelen ser grandes dirigentes, esto es innegable. Sólo pierden su ruta las que se comportan de manera bohemia e irresponsable.

**En el amor:** mi sugerencia es que se den cuenta de que este don llega a todos los seres del universo, ¿por qué no habría entonces de llegarles a ellas?

Este nombre a la inversa se lee ANISNOFLA, que significa SUAVIDAD y PUREZA; también significa FUERA de la REALIDAD.

Dividido en dos, su frase ALFON representa a un MASCULINO que pierde su fuerza ante lo femenino y la frase SINA representa a un MINERAL.

*Su letra del éxito y la prosperidad es la F y la de su ADN es la I.*

## Alfonso

**H**ombres con mucho sentido de la vida, particularmente me gustan mucho por su caballerosidad, delicadeza, afecto y dulzura. Son pacientes y procuran siempre que sus actos no afecten a otras personas, aunque lo hacen y en su accionar no se dan cuenta. Llevan a cuestas muchas cruces, sobre todo con sus parejas, a las cuales ellos jamás llegan a entender. Es que a lo mejor ni ellos entienden cuáles de sus actos les producen dolor y resentimiento ¿Será que hay algo que aún no hemos descubierto de los Alfonzo? Es verdad que entre ellos hay muchos infieles, también son egocéntricos y autoritarios ¿Será eso? Bueno, de todos modos son muchas sus virtudes, como cuando encuentran una mujer que les llena y les comprende, entonces se entregan definitivamente. Pueden tener muchos hijos, la mitad fuera del hogar, aunque esto no es muy frecuente. También suelen quedarse casi toda su vida con un solo oficio, les encantan la electricidad, la carpintería, la albañilería, el campo y los jardines.

**En la salud:** son obsesivos, casi enfermizos, y no dejan jamás su bastón de mando. Esto les crea graves problemas cardiovasculares y aumenta su depresión sobre todo cuando tienen problemas económicos.

**En el dinero:** su otro extremo es la riqueza absoluta, porque algunos llegan al grado de formar enormes imperios. ¡Cuidado! que si no lo logran en la juventud corren el riesgo de no lograrlo luego. Por esto es importante que hagan las cosas en su momento y no dejan nada para mañana. La obsesión podría dejarlos solos, sin sus seres amados.

**En el amor:** serán eternamente jóvenes y jamás se les acabará el tiempo.

Es un nombre que dividido en dos, en su primera sílaba, AL, quiere decir IR a ÈL y su segunda frase FONZO simboliza al fondo o al abismo del alma.

Este mantra a la inversa se lee OZNOFLA que significa juego o ruleta de la suerte.

*Su letra del éxito y la prosperidad es la Z y la de su ADN es la O.*

# Alfredo Antonio Enrique

Su primera letra representa una casa espiritual y la "A" del segundo nombre significa grandes sentimientos. Sin embargo, la letra "E" de Enrique representa a la traición. Esto quiere decir que estos hombres deben elegir lo que quieren de la vida, incluyendo a sus amistades, para que puedan entenderse a sí mismos. Sería una forma de no traicionarse, venciendo la ansiedad y el desorden mental de modo que sus vidas se llenen de mucha gracia y felicidad. Deben tener como valores fundamentales la Fe, la paciencia, la prudencia y aprender que el valor y el amor son su mayor riqueza, porque cada uno de estos nombres pertenece a las generaciones que en su tiempo tenían mucha fe. Otra de sus grandes cualidades es la vocación de destacarse públicamente, porque ellos sienten que son verdaderos líderes y además les gusta hacer valer sus derechos. Con estas tres letras iniciales de sus nombres no cabe duda que podrán logra sus objetivos siempre y cuando tengan claro el camino que quieran seguir. Deben ser conscientes de que en algunos casos pueden llegar a violentarse despertando el sadismo.

**En la salud:** es bueno que cuiden sus pensamientos e instintos y, entre otras cosas, deben alejarse de las substancias químicas, de los calmantes autos recetados y drogas para los nervios, además del alcohol, que las substancias químicas podría ser más peligroso que cualquier fármaco.

**En el dinero:** aquí no quisiera desanimarlos pero deben procurar ser más emprendedores, de lo contrario podrían quedarse toda la vida en una misma empresa y en un solo cargo.

**En el amor:** pueden abrirse las puertas a una nueva experiencia afectiva con más confianza en sí mismos y una mayor posibilidad de amar y ser amado. No obstante, aún así les reitero que se cuiden de las obsesiones, del miedo a perder el control, de los celos y de la torpeza.

Dividido en tres, su primer nombre significa LENGUAS e IDIOMAS; Antonio, ÁRBOL FUERTE y Enrique, HOMBRE DE FE.

Este nombre a la inversa se lee EUQIRNEOINOTNAODERFLA que significa PALABRA ROMANA y EVANGELIO.

*Su letra del éxito y la prosperidad es la A y la de su ADN es la E.*

# Ana

Son mujeres con una impresionante tendencia a ser heroínas aunque en algunos momentos se sienten mártires. Pero, cuando menos lo pensamos, regresa nuevamente el valor y así se debate día tras día. Su casa espiritual es tan grande que, en mi concepto, ellas sólo se dejan llevar por sus sueños de espiritualidad y sentimientos por todo lo que sucede a su alrededor. Como no pueden salvar al mundo ni salvar su mundo, les embarga la tristeza y generan confusiones difíciles de sobrellevar por su mente. El juego de la vida les ha puesto a cuidar de las personas que tienen a su alrededor y también les ha dado el don de la nobleza, la capacidad de desarrollarse por sí mismas, la entrega, compasión y entereza, pero deben tener más firmeza a la hora de tomar sus decisiones y, sobre todo, pueden luchar tranquilas, ya que por lo general son maravillosas y pueden lograr grandes objetivos, sobre todo económicos.

**En la salud:** en este campo también les aconsejo cuidar su salud psíquica y psicológica, ya que soy consciente que como seres humanos podemos tener dones y capacidades pero cuando éstos no son bien comprendidos nos llevan a cometer demasiados errores. La fe no puede convertirse en idolatría ya que ésta es enfermiza y la pobreza no se puede confundir con la pobreza de espíritu, porque esto atenta contra el autoestima. Ellas manipulan a todos y a todo.

**En el dinero:** he aquí donde vuelvo a repetir que una cosa es ser pobre y otra serlo de espíritu. Estas mujeres tienen dos extremos: las que tienen mucha riqueza material y las que tienen mucha riqueza espiritual, pero es verdaderamente extraño saber que quienes menos saben administrar su riqueza y su fortuna son las segundas.

**En el amor:** hay una enorme contradicción ya que, en su mayoría, las ANAS son egocéntricas; entonces vamos a definir la situación en pocas palabras: ellas dan un dulce amor que sabe a HIEL.

Divido en dos, su primera letra, A, significa LA CASA DEL ESPÍRITU y su segunda frase, NA, representa al NÓMADA.

A la inversa este nombre se lee ANA que representa la BÚSQUEDA del ESPÍRITU y también representa al GUERRERO que NO CONOCE su BATALLA.

*Su clave del éxito y la prosperidad es la A y su letra del ADN es la A.*

*Ana Alicia*

Definitivamente son mujeres muy buenas, dedicadas, pero beligerantes. Sus familias son muy importantes para ellas y con su aporte personal las ALICIAS les entregan una gran riqueza. Sus hijos son protectores y trabajadores y sus hijas les acompañan en todo momento en sus emprendimientos. En realidad esta característica es de las mujeres más adultas, porque fueron criadas y educadas bajo un régimen demasiado estricto, pero las de nuestra generación, aunque un poco más rebeldes e independientes, suelen ser también tímidas o recatadas. Dentro de sus actividades laborales se desempeñan con mucha dedicación y les encanta dedicarse a una sola labor donde tengan todo bajo control. Les gusta la buena vida, independiente de que tengan o no buenas posibilidades económicas. Una mayoría significativa viene de familias de clase media que se van desarrollando y adquiriendo riqueza; En cambio, las restantes se dividen entre las que desenvuelven sus vida en pequeños pueblos y, en menor proporción, las que combinan características compartidas de las dos situaciones descritas. Hoy en ellas encontramos mujeres que se revelan ante la vida y la situación, queriendo un despertar diferente en un mundo lleno de oportunidades para salir adelante o haciendo lo que quieren sin importar las restricciones sociales.

**En la salud:** tienen la virtud de la longevidad y en muy raras ocasiones tienen que lidiar problemas psicológicos. No se conoce que sufran que sufran de enfermedades constantemente, a veces suelen tener una sola durante toda su vida, pero lo extraño es que sus hijos sí podrían heredar algunos problemas genéticos, entre otros los que conducen a sufrir la leucemia, diabetes y alteraciones en el carácter.

**En el dinero:** generalmente son muy estables, tal y como lo he dicho, y en términos generales son afortunadas. Las mujeres con este nombre que hoy tienen graves problemas económicos y pocas oportunidades es porque su carácter no les permite ver o buscar más allá.

**En el amor:** sostienen una búsqueda incansable, sobre todo las que están solas, ya que en su inconsciente saben que el hombre que llegue a su vida, aunque en ocasiones no las haga felices, sí les podrá dar estabilidad económica. Casi la totalidad de las ALICIAS son buenas compañeras y leales a sus parejas.

Dividido en dos, su frase ANAA representa al HOMBRE con el PODER para AMAR a MUCHAS MUJERES y LICIA representa a la REINA ENTRE TODAS.

Este nombre a la inversa se lee AICILA ANA, que representa al ES-CULTOR y a las MUJERES que se CONVIERTEN en REINAS por su PALABRA.

*Su clave del éxito y la prosperidad son todas sus letras A y la de su ADN es la I.*

## Ana Carola

El segundo nombre de esta combinación tiene mucha sensualidad, porque pertenece a mujeres bastante llamativas. Son mujeres que, para entregarse locamente, tienen que estar realmente enamoradas, pero ahí es asimismo donde pierden la cordura y el sentido, debido a que se convierten en amigas incondicionales y sobreprotectoras de sus parejas. Suelen ser alcahuetas de sus hijos y no son muy sofisticadas, aunque ellas creen tener buen gusto. Los hombres pueden llegar a rendirse a sus pies, debido a que en el aspecto sexual, cuando ellas se lo proponen, pueden enloquecer a cualquiera. Son, en cambio, muy pocas las que tienen definido a quién aman y, siendo muy honesta, pienso que la verdadera vocación de las CAROLAS es tener mucha comodidad y a alguien que les cumpla sus caprichos. Tal vez esto parezca demasiado frívolo pero no se podría definir de otra forma ya que entre muchas otras virtudes tienen también la particularidad de ejercer poder con su palabra (convencer fácilmente). Entre sus grandes cualidades podemos nombrar las siguientes: el amor por sus hijos, la capacidad e ingenio para lograr sus objetivos, su desarrollo emocional, su intuición, audacia y sensibilidad.

**En la salud:** en este aspecto son fuertes y muy resistentes a las agresiones del tiempo y de las circunstancias, pero altamente emocionales y depresivas. También están dentro del grupo de mujeres con tendencia al cáncer de mama, de matriz y de útero; el asma y accidentes de tránsito.

**En el dinero:** su capacidad competitiva se puede convertir en un problema, tanto con las personas más allegadas como dentro de sus actividades laborales.

**En el amor:** juegan a la ruleta rusa.

Al dividirlo en dos, la primera frase ANA significa MUJER de MUCHAS BATALLAS y SOLDADO VENCEDOR. CAROLA representa a la MUJER con FUERZA en la PALABRA. Con esta combinación, ellas pueden llegar muy lejos y pasar de ser una mujer normal a una mujer con poder.

A la inversa este nombre se lee ALORAC ANA y representa la LLAVE del CIELO y en el aspecto marial GUERRA DE ESPÍRITUS.

*Su clave del éxito y la prosperidad es la AA y su letra del ADN es la C.*

# Ana Carolina

Son seres difíciles de definir. Es verdad que uno de los conceptos que tengo de este nombre es que encierra las virtudes del amor y del egoísmo. También es cierto que en su mayoría pueden reflejar más la primera virtud que la segunda. He notado que las mujeres con este nombre cuando aman a sus familias se dejan orientar fácilmente por ellas, convirtiéndose en grandes amigas de sus madres. Su belleza física resalta a la vista, ya que algo tienen en sus ojos, su sonrisa o en su cuerpo, por lo que jamás dejan de atraer. Donde más las reconocemos es en el ámbito artístico - diseño, pasarelas, todo el mundo de la publicidad y el arte- porque nacieron con la virtud de llamar la atención. Son laboriosas, en los trabajos humildes suelen destacarse muchísimo y brillan en el nivel empresarial. Mas no le toquen la fibra de la ambición porque sin mover un solo dedo se vuelven grandes rivales, siendo protegidas, por su naturaleza, por personas de mucho poder. Mujeres tiernas e inocentes que necesitan el apoyo sobre todo por su ingenuidad. Por esta razón es mejor no dejarlas solas hasta que tengan una edad suficiente para defenderse. Cuando quieras lograr algo de una CAROLINA hazlo con muchísimo amor porque su tendencia a aparentar ser las mejores en todo no les permite darse el lujo de ser maltratadas o derrotadas, y no deben preocuparse porque su rebeldía es inofensiva.

**En la salud:** son mujeres relativamente sanas en el aspecto físico, pero con una tendencia en algunos casos a las drogas y el alcohol. Se decepcionan rápidamente de la gente y tienden a sentirse solas. Enfermedades físicas que podrían llegar a tener son la leucemia, cáncer de piel y mal de Parkinson.

**En el dinero:** son venturosas y como muchas vinieron a reinar la vida se les hace más fácil. Es muy difícil ver a una CAROLINA sufrir por problemas económicos, las que hoy sufren esta aciaga situación, es por karma.

**En el amor:** pueden recorrer todo un ejército masculino y no dejar jamás de sentirse solas, porque tal vez su búsqueda va más allá de lo pasional y siempre esperan que aquél que las ame, ame primero el alma antes que el cuerpo.

Divido en dos, su primera frase, ANA, significa MUJER de MUCHAS BATALLAS y SOLDADO VENCEDOR; CAROLINA representa el JARDÍN del AMOR.

A la inversa este nombre se lee ANILORAC ANA que representa la LLAVE del CIELO y MUJER de ALMA LIMPIA.

*Su clave del éxito y la prosperidad es la AA y su letra del ADN es la C.*

## Ángela

Éste es otro de los nombres con mantra y un gran significado, aunque cuando se pronuncia ANG se les está haciendo un llamado para que piensen, razonen, observen, escuchen y analicen. Las personas que lo tienen, en su mayoría, gozan de estabilidad emocional, son muy trabajadoras, intuitivas y un tanto conservadoras. Es precisamente por esta actitud conservadora que dan la impresión de ser manejables, manipulables y con mucha capacidad de razonar aunque ni ellas mismas se lo crean. La palabra GELA es un reproche, castigo o regaño. Debe ser por esto que tienden a representar el papel de madres en todas las acciones que realizan. Por otro lado deben convencerse a sí mismas que son grandes profesionales y personas necesarias tanto en sus casas como en sus actividades laborales. El mantra ÁNGELA es igual a ACCIÓN y AUTORIDAD.

**En la salud:** tienen mucha suerte, no se enferman con frecuencia pero, eso sí, cuando les cae una mala enfermedad mental o física ésta suele ser devastadora. Por tanto es mejor que no dejen tomar ventaja. Un buen consejo es la prudencia en actividades de riesgo como montar a caballo, motocicletas y conducir en estado de ebriedad; también deben cuidar la piel y el hígado.

**En el dinero:** traten de no llenarse de rabia y frustración ante la competencia ya que esa actitud podría llenarles de desmotivación.

**En el amor:** cuidarse de la infidelidad por su atrevida sensualidad y necesidad de ser valorada.

El nombre ÁNGELA a la inversa se lee ALEGNA y representa LO QUE NO SE QUIERE SENTIR NI VER. Es posible que el nombre ÁNGELA no haya existido en la otra vida, por eso da origen a la representación de un espacio o sitio; esto sería asi porque algunas de estas personas están iniciando su vida evolutiva, por lo tanto no deben tener un ser masculino o femenino anterior.

A ellas se les aconseja tener clara la diferencia entre la sumisión y el poder, para no convertirse en víctimas y realizar la mayoría de sus actividades basadas en la fe, que, paradójicamente, es una de sus grandes debilidades.

*Su letra del éxito y la prosperidad es la L, símbolo que representa la lucha, el camino y los obstáculos. La letra de su ADN es la A.*

## *Angélica*

Al pronunciar este nombre inmediatamente se siente la esencia de una energía, ya que es un sonido discreto, elegante, suave y tierno, pero tiene contradicción en las dos letras G y E, que representan a un ángel y a un demonio respectivamente. Esto es lo que da pie a las alucinaciones, temores y necesidades de sus portadoras. Por lo consiguiente ellas deben aprender a no renunciar fácilmente a sus proyectos, ya que en ocasiones se confunden y no saben realmente qué es lo que les conviene para triunfar. No es muy probable que ellas tengan y logren muchos objetivos, porque dentro de su ser aquello que no les permite sobresalir se les convierte en un terrible desafío. Las veremos por tanto en una lucha persistente, porque es usual en ellas la inestabilidad, el mal carácter y el desgano. Habiendo ya descrito su personalidad, conoceremos los puntos a favor en las tres facetas más importantes del ser humano:

**En la salud:** su desarrollo psíquico debe estar acompañado por la fuerza, la voluntad y el buen desempeño en sus acciones, porque si a ellas no les enseñaran estos pasos podrían convertirse en enemigas de sus familias y hasta de sí mismas, culpando a los demás de no haber podido alcanzar las metas de su vida. Así, sus mentes desencadenarían un sinnúmero de enfermedades psicosomáticas, convirtiéndolas en pacientes hipocondríacas.

**En el dinero:** no he conocido a ninguna con mucho poder económico, fácilmente podrían ser sus familias las que poseyeran riquezas o estabilidad. A pesar de que son capaces, trabajadoras, inteligentes, decididas y arriesgadas, lo que estas mujeres deben hacer para poder liberar su energía es darle paso al amor universal. Esto les traería mucha armonía dentro del aspecto económico. No olviden que es importante recibir pero es aún más importante dar.

**En el amor:** es imprescindible que aprendan a entenderse y a entender a los demás. Por lo general, ellas terminan su vida acompañadas con hogares y esposos pero dentro del contexto familiar siempre van a tener conflictos, sobre todo con aquellos miembros de su familia que no siguen sus ideas o no escuchan sus quejas. Y para las que aún no tienen una pareja debo aconsejarles que no se preocupen, porque para su fortuna el amor tarde o temprano les llega.

Al separar el nombre en dos su sílaba AN representa lo ANTERIOR A, y su frase GELICA representa los BAJOS INSTINTOS.

A la inversa este mantra se lee ACILEGNA, que significa la ALDEA de la FELICIDAD.

*Su letra del éxito y la prosperidad es la A y la de su ADN la G.*

# Ariani

**Es** un nombre que está representado con muchas casas espirituales y que ha generado entre sus portadoras algunas dificultades para poder entenderse a sí mismas. Habitualmente, ellas aparentan ser un encanto y quieren que los demás piensen que su alma es buena, pero cuando se enfurecen desarrollan mil personalidades a la vez, se deprimen si pierden su confianza, enloquecen cuando encuentran rivalidades y, aunque se alegran con el triunfo de otras personas, no pueden soportar sus propios fracasos, algo en su interior les dice que siempre deben ir adelante sin desfallecer con el fin de asegurar su futuro. Son muy ágiles, de hecho pueden sobresalir en las actividades académicas. Cuando no están de acuerdo con algunas situaciones familiares prefieren callar para no hacerse daño y no hacerle daño a los demás.

**En la salud:** les aconsejo controlar la mente debido a que su propensión a la paranoia puede dar de ellas una imagen de maníaco-compulsivo. Dentro del aspecto físico deben intentar no abusar de las cirugías estéticas y mucho menos de las dietas.

**En el dinero:** éste puede llegar a ser una bomba de tiempo para ellas, porque demasiado poder las saca de su cordura y las eleva a un mundo tan pobre espiritualmente que llegan hasta perder el buen sentido de la vida. El mejor consejo es que enfrenten siempre su pasado sin tener vergüenza de lo que son y sin tener miedo a las críticas.

**En el amor:** son irresistibles y a la vez no se resisten a un manjar de placer y de sexualidad. Les encanta experimentar y con sus familias muestran toda su agresividad. Tienen que procurar vencer las carencias y dejar de quejarse de los demás.

Fraccionando su nombre en dos partes, su primera frase, ARI, quiere decir TEJEDORA de SUEÑOS y la segunda frase, ANI, representa a los PERFUMES de la NATURALEZA.

Su mantra a la inversa se lee INAIRA, que significa SÍMBOLO de la INDIA,

*Su clave del éxito y la prosperidad son las letras A y A; las de su ADN son las dos I.*

# Armando

Es un nombre que representa la autoridad, el camino y la inestabilidad. Sus primeras letras contienen el mantra ARM por lo que cada individuo es un hombre especial, ya que les ayuda brillar o sobresalir. Éste es además uno de los mantras que traen frases simbólicas, sabias o santas.

En la sílaba ARM es donde lleva el mayor poder, porque cuando es pronunciada se está invocando una plegaria al Ser Supremo conocido en nuestro mundo por diferentes nombres, entre ellos DIOS. Esto puede hacerlos muy afortunados. La palabra ANDO representa distancia y regresar siempre a un mismo sitio.

Consecuentemente el mantra ARMANDO es igual al CAMINO HACIA DIOS. Sin embargo, a pesar de lo bendecidos que son, no han podido entender su verdadera misión en la vida. Podrían ser similares a un ejército de hombres llenos de sabiduría conduciendo o encaminando el mundo hacia una batalla de luz y de constante evolución de amor, pero no lo hacen.

**En la salud:** conducen su destino y no importa si es hacia la destrucción o hacia el poder; lo importante es que no dejan las armas, siempre están en pie de lucha, desafiantes y atrevidos. En condiciones extremas se dejan llevar por sus conflictos, el Ego y hasta la irresponsabilidad. Les aconsejo cuidar la MENTE. En cuanto a salud física, deben cuidarse de las siguientes extremas: deben cuidarse de enfermedades como la hidropesía, tumores, sobre todo en lunares y verrugas, y también de afecciones en la vejiga.

**En el dinero:** en este aspecto, ellos sacan todo el poder, el brillo, el placer y la lujuria.

**En el amor:** se destacan por el machismo y la soberbia, teniendo así dificultades para expresar sus sentimientos y esperando además que estos sean siempre correspondidos.

Es un mantra que a la inversa se lee ODNAMRA y muestra que en su mayoría pertenecieron a su mismo sexo. Por lo tanto es posible que muchos de ellos vengan de épocas de batallas o guerras. Sería aconsejable que pudieran evitar las armas, la codicia, la sevicia, el alcoholismo y el sexo sin precaución.

Afortunadamente tienen la necesidad de buscar su verdadero origen espiritual, que es SER PARTE del EJÉRCITO de "DIOS" para difundir el AMOR.

*Su letra del éxito y la prosperidad es la M que les enseña todos los caminos y la de su ADN es la O.*

## Arturo

Estos hombres se sienten diferentes a los demás grupos de varones, la necesidad de disfrutar de los placeres surgidos de la vida les hace sentirse héroes, convirtiéndolos en seres batalladores que además piensan que deben ser servidos, nunca servidores. Esta situación les crea una enorme contradicción en cuanto a sus vidas debido a que se desempeñan en un mundo irreal. Bajo estas condiciones manejan muchos problemas familiares y de identidad, así sean   sumamente destacados en las relaciones sociales y laborales.

**En la salud:** sus mayores trastornos son las tristezas profundas creadas por pérdidas de alguna parte de su cuerpo, de la memoria o de la potencia sexual.

**En el dinero:** en este campo sí son destacados y cuando quieren sobresalir abruman y compiten practicando la deslealtad.

**En el amor:** aquí son verdaderamente ciegos, ilusos, arrogantes, celosos, aunque igualmente románticos y dedicados.

Dividido su nombre en dos, su primera sílaba, AR, es sinónimo de GUERRERO y su frase TURO simboliza la DUREZA, la TERQUEDAD y el SILENCIO.

Su mantra a la inversa se lee ORUTRA, que significa HOMBRE de MUNDO y EXPERTO en el ARTE de AMAR.

*Su letra del éxito y la prosperidad es la R y la de su ADN es la A.*

## Augusto

Este nombre tiene como primeras letras, la "A" y la "U", que representan las grandes oportunidades, acompañadas por la "G" y la "U". Se advierte un comportamiento del destino sumamente favorable para ellos, por lo que estas personas deberán tener control de sus emociones y sus sueños. Aunque su inseguridad no atentará contra su inteligencia, un comportamiento inmaduro sí puede entorpecer su desarrollo como hombres, así tengan un excelente desempeño profesional.

**En la salud:** uno de sus grandes propósitos debería ser la protección de su alma y encontrarle un sentido más natural a la vida sin recordar las lesiones del pasado, teniendo bajo control y observación constante algunas actitudes violentas. Deben evitar herir con la palabra, además de fumar hierba y consumir antidepresivos. Además tienen que cuidarse de las molestias en los testículos.

**En el dinero:** es admirable la capacidad que tienen de ver y analizar la vida más allá de la simpleza; su mayor cualidad es la ayuda hacia los demás con lo que podrían explotar trabajos de desarrollo humano y social.

**En el amor:** estos seres humanos necesitan de una figura paterna que los guíe y los oriente con amor y que además les muestre como fortalecer el espíritu, ya que ellos requieren acabar de una vez por todas con la duda y el miedo, sin permitir que los conflictos familiares causen mella en su alma, creándoles depresiones profundas. Es ahí donde pueden sucumbir. Su pareja será siempre el apoyo más necesitado y sus hijos podrán siempre considerarse muy afortunados.

Al separar el nombre en dos partes, la primera sílaba AU, simboliza el CLAMOR de la ESPERANZA y su segunda frase, GUSTO, representa al HOMBRE que NACIÓ para los PLACERES.

El mantra a la inversa se lee OTSUGUA lo cual representa: ver, oír y hablar con sentido.

*Su letra del éxito y la prosperidad es la U y la de su ADN es la G.*

Nombres con la inicial
# "B"

# *Bárbara*

No es un nombre muy común para nuestra época y además por ser extraña la combinación de sus letras en la actualidad ya no debería ser utilizado. Dentro de él hay dos aspectos sobresalientes: en primer lugar, algunas mujeres se caracterizan por querer ser alegres con alma de niñas y lo segundo es que el hecho de preocuparse más por sus familias que por sí mismas les puede hacer sentir adultas a muy temprana edad.

Las que sobresalen necesitan ser el centro de atención, las más importantes, las más brillantes y es aún más interesante ver el énfasis que provoca la tilde sobre la primera A, porque representa su necesidad de corroborar un estado emocional. Y es que cuando el acento se encuentra en cualquier nombre representa la acción de auto convencerse.

Otra de las características presente en ellas es que su búsqueda está más dentro de lo espiritual que de lo sexual; eso nos ayudará a comprender el porqué mantienen el rosario en la mano y la angustia en el alma por los demás.

**En la salud:** algunas son depresivas, por lo tanto deberán cuidarse de enfermedades psicosomáticas; entre otras, tienen problema con la obesidad, la gastritis, los tumores, problemas de colon y circulatorios.

**En el dinero:** o bien esperan lo que les pueda ofrecer su familia o bien trabajan tan duro que se olvidan de vivir. Por lo tanto el consejo que les daré es que luchen y vivan.

**En el amor:** pienso que en ellas podría variar dependiendo del hombre que se convierta en esposo o compañero, ya que ofrecen un amor excesivamente protector.

Dividido en dos, su sílaba BAR representa un HOMBRE de BIEN y la frase BARA simboliza la FUERZA, CAPACIDAD y AMISTAD. Este nombre a la inversa se lee ARABRAB, que significa ARREBATAR.

*Su letra del éxito y la prosperidad es la B y la de su ADN es la R.*

## Beatriz

Es uno de los nombres femeninos con mayor popularidad y pertenece al grupo de mujeres más difíciles ya que en este nombre o mantra está marcado el símbolo de la enfermedad entre las edades de 40 a 50 años, por una marcada tendencia al desafío vinculada a historias vitales desgarradas que, en algunos casos, muestra a sus madres en actividades laborales denigrantes. Esto explicaría su propensión a la autodestrucción. Aunque se destacan académicamente, muy pocas alcanzan un elevado nivel profesional, además que como madres dejan mucho que desear por la incomprensión que demuestran hacia sus hijos. Por consiguiente, su necesidad es la de tener continuas parejas, por ello pueden llegar a procrear indiscriminadamente.

**En la salud:** algunas sufren de sobrepeso por la ansiedad; también dejan toda la energía en sus hogares Por la absoluta dedicación que les dispensan, favoreciendo así el aumento de las depresiones.

**En el dinero:** sobresalen cuando se dedican a trabajar con teson e inteligencia.

**En el amor:** los hombres que comparten con ellas les guardan un exagerado respeto, admiración y obediencia, pero lo mejor de todo es que la generación actual solo anda en la búsqueda de la libertad.

Dividido en dos, la silaba BE significa ENTREGA TOTAL; sin embargo, la frase ATRIZ muestra que FÁCILMENTE se PUEDEN RETRACTAR de lo que HACEN.

El nombre a la inversa se lee ZIRTAEB, que significa LEJOS de la MUERTE, además que simboliza a los ACERTIJOS.

*Su letra del éxito y la prosperidad es la I, símbolo que representa temple, temperamento, iluminación y conciencia. La letra de su ADN es la T.*

# Benjamín

Aunque este tipo de nombre es muy popular, la mayoría de las personas que lo llevan no son muy exitosas económicamente y es porque la palabra BEN representa el DAR y el ENTREGAR. Cuando este nombre se pronuncia, a ellos automáticamente se les está pidiendo todo lo que poseen. Además, la palabra JAMÍN es HINDÚ, cuyo significado es MAESTRO; por eso no son apegados al dinero pero sí tercos y autoritarios, debido a que no reconocen los cambios en el tiempo. Son seres que hacen el bien sin mirar a quién, ofreciendo fácilmente su mano; no obstante, su camino hacia la verdad es muy extenso porque ellos tienen entre la M y la N a la letra I, la cual les está mostrando que deben encontrar la frontera entre su capacidad mental y su capacidad espiritual. Como padres o esposos podrán ser muy buenos pero no saben dar ejemplo; como hijos, tienen y provocan muchos conflictos.

**En la salud:** una de sus grandes aficciones es el licor, por el cual podrían tener graves consecuencias.

**En el dinero:** es importante decirles que vayan a buscar su tesoro, que aún les falta mucho por luchar y vivir, convirtiéndose en guerreros, buscadores, luchadores, sobre todo en las riquezas de la tierra, cualquiera que éstas sean.

**En el amor:** mi único consejo en esta parte es que sigan luchando por la unión familiar y por ofrecer este sentimiento con honestidad.

Otro de los significados de este nombre es que representa a la MAGIA y a los TESOROS.

El mantra a la inversa se lee NIMAJNEB que representa a un BENE-FACTOR y también VENIR A MÍ o IR A ÉL.

*Su letra del éxito y la prosperidad es la J y la de su ADN es la B.*

## *Bruno*

**E**s el nombre de la esperanza, al mismo tiempo el del azote y el castigo, porque son seres humanos con mucho control mental y fuerte energía; les gusta la independencia y guardar su vida en secreto, aunque, a su vez, son muy sociables. Cuando se conoce lo que pueden hacer causan asombro. Es grandioso conocer como se desempeñan en la vida y, entre muchas cosas que pueden desarrollar está el ingenio. Como padres son admirados y como esposos, aunque no la mayoría, los que se lo proponen suelen ser admirables.

**En la salud:** se les recomienda tener mucho cuidado con los accidentes y agresiones inesperadas.

**En el dinero:** observando la R y la U en este nombre podremos observar que ser rebelde en la vida de manera positiva sí trae beneficios al ser humano. Lo digo porque ellos son fuertes, en esencia machistas, pero muy afortunados con la riqueza. En sus primeras letras analizaremos la B, la R y la U que representan el poder que algunos se proponen conseguir, sin importar por lo que puedan pasar.

**En el amor:** su gran ventaja es su parte física, son atractivos y utilizan la palabra para la verdad o la mentira; pueden llegar a tener varias parejas debido a que en momentos desafortunados pierden la estabilidad en su hogar por diversos conflictos y enfermedades.

Al separar en dos su nombre, la sílaba BRU habla de LUZ, CONOCIMIENTO, PODER y ECONOMÍA; la sílaba NO representa su resistencia a cometer errores en el camino de su vida. La palabra NO es otra de las frases negativas en los nombres y mantras, por lo tanto este nombre significa LUZ y OSCURIDAD, POSITIVO y NEGATIVO. Cuando se les llama por su nombre automáticamente se les está diciendo: TEN CONCIENCIA.

El mantra o nombre a la inversa no tiene ningún significado real, pero su terminación en O representa a los SERES que en una VIDA ANTERIOR TUVIERON MUCHO PODER o FUERON REYES.

*Su letra del éxito y la prosperidad es la U, su mayor obstáculo es la B y la de su ADN es la N.*

Nombres con la inicial

# *Camilo*

Este nombre es maravilloso ya que tiene algo muy importante en medio de su composición, que es la letra M, la cual representa a los CAMINOS y la ETERNIDAD. Por eso tienen un panorama muy extenso debido a que su propia visión se convierte cada vez en un reto encontrando: muchas posibilidades, personas que les ayuden, más ideas e ideales. Lo miraremos de la siguiente forma: la frase CAM, significa a OTRO NIVEL, OTRO ESTADO u OTRO RUMBO; la palabra MILO simboliza al HORIZONTE, el AGUA y la TRANSPARENCIA. Por lo tanto, CAMILO es igual a CAMINO HACIA la ESPERANZA. Se les sugiere tener más seguridad y serenidad, que es la representación del agua; desarrollar cada vez más la intuición y la inteligencia, representada en la I; callar cuando no estén conscientes de lo que piensan y quieren decir; pero siempre caminar, caminar y caminar, buscando nuevos rumbos y horizontes siempre que lo requieran.

**En la salud:** es muy importante que se cuiden de las úlceras varicosas, la flebitis, la obesidad, la calvicie y el hígado.

**En el dinero:** en este aspecto son más o menos sobresalientes, realmente ellos deben ser conscientes de que un error podría hacer que inspiren desconfianza.

**En el amor:** es bueno que comprendan lo maravilloso e importante que es amar a nuestros seres queridos, sobre todo a las madres, para no crear dependencia ni adicciones como el alcoholismo, que podría despertarles el instinto violento, y el tabaquismo.

Este mantra a la inversa se lee OLIMAC y simboliza a las MONTAÑAS de la SABIDURÍA y la PAZ; también fueron masculinos en una vida anterior y sus grandes virtudes son la sensibilidad, el agradecimiento y la amabilidad.

*Su letra del éxito y la prosperidad es la M, su gran defecto, la FRIAL-DAD y su reto, la HONESTIDAD. La letra de su ADN es la I.*

## Carlos

Es un nombre que tiene grandes ventajas debido a que después de la letra L vienen la O y la S. Es por esto que la mayoría son exitosos, populares y se las ingenian como sea para ser los primeros y más prósperos, estén o no en empresas, trabajando como dependientes o independientes. Poseen dedicación y mucha capacidad pero al mismo tiempo son mujeriegos, manipuladores, maliciosos y desordenados en su vida personal. La frase CAR tiene un significado especial ya que representa el EXCESO de PROCREACIÓN y por lo general tienen descendencia femenina. La frase LOS habla de CANTIDAD y CARISMA. En muchas oportunidades se sienten solos, abandonados y tratan de tener una vida personal muy independiente; siempre hacen lo que les gusta. En muy pocos hogares encontramos a uno de ellos con tendencia a la adicción; sin embargo, sí se encuentra a algunos rebeldes y violentos, que pueden atentar emocional y físicamente contra otros seres humanos.

**En la salud:** es posible que manejen mucha ansiedad, por ende son depresivos, aunque no es común en ellos dicha patología.

**En el dinero:** tienen una tendencia increíble e infinita de ayudar a los demás, más su capacidad para dirigir. Pueden ser empresarios, gerentes, administradores, ingenieros, médicos y odontólogos. En lo que más se destacan es en la política, en la economía mundial y en la realeza.

**En el amor:** sus vivencias en ocasiones les salen muy caras. Pienso que ellos no disfrutan de este sentimiento, que sólo lo viven y aprovechan; por ello, para las mujeres que comparten sus vidas siempre les será muy difícil entenderlos.

El mantra CARLOS representa a la CREACIÓN y a la VIDA.

A la inversa se lee SOLRAC y quiere decir BÚSQUEDA, INVESTI-GACIÓN, INVENTO y CREATIVIDAD. En sus existencias anteriores fueron mayormente seres masculinos y muchos pueden venir del continente europeo o africano.

*Su letra del éxito y la prosperidad es la O pero realmente es la S la que les da el poder del verbo. L a letra de su ADN es la A.*

## Carlos Ariel

Nombre compuesto por dos tipos de hombres: el primero, aquél que necesita solucionar su vida y tener experiencias más definidas desde todo contexto: el segundo el del ser que quiere renacer día tras día, tener fe y confianza en sí mismo. Tienen dos personalidades: la personalidad del hombre serio, reservado, maduro, luchador y constante y la del niño machista y también lleno de conflictos emocionales. De ambas, la primera es sin duda la mejor identidad ya que le hace destacar por su enorme calidad humana, aunque deben cuidar su salud y cuidarse de los problemas psicosomáticos emocionales. Ellos deben saber que la fe será la mejor alternativa para que la vida les sea más fácil. En términos generales es su nobleza, que viene del nombre ARIEL, es la que les salvará de todo lo que para ellos represente una dificultad, por lo que les aconsejo desde todo punto de vista que tengan mucho VALOR, es ésta la mayor riqueza del ser humano.

**En la salud:** cuídense de enfermedades crónicas, entre ellas la gastritis y el colesterol; también de los problemas sexuales, vinculados en cierta medida a las enfermedades de transmisión sexual.

**En el dinero:** la combinación CARLOS ARIEL tiene mucho poder ya que ARIEL, como nombre o mantra judío, representa a las grandes canteras de oro. Consecuentemente esta combinación puede representar a un hombre rico y poderoso, aunque no sea siempre ostentando poder económico.

**En el amor:** sería muy interesante que se ayudaran con el nombre CARLOS, debido a que este mantra tiene mucho poder, ya que los primeros son más conquistadores que los segundos, además de manejar el poder de la seducción. En cambio, los de nombre ARIEL, aunque suelen ser buenos amantes, son mucho más tímidos.

Dividido en dos, su primera frase, CARLOS, quiere decir HOMBRE RICO y su segundo nombre, ARIEL, quiere decir ÁNGEL u HOMBRE BUENO.

Este mantra a la inversa se lee LEIRA SOLRAC, que significa ENVIADO del UNIVERSO.

*Su letra del éxito y la prosperidad es la L y la de su ADN es la C.*

# *Carlos Octavio*

Son seres humanos que tienen ante sí dos grandes diferencias: los primeros suelen ser alegres, carismáticos, sencillos, en sus actividades laborables llegan a tener buen desempeño y a destacarse; por otra parte, los segundos se comportan como hombres muy adultos, desarrollados, serios y trabajadores. Esta gran diferencia hace muy buena la combinación para sus portadores. Es importante que ellos aprendan a no dejarse manipular para tratar de llevar una vida ostentosa, porque, aunque pueden estar tranquilamente entre la riqueza y la pobreza, también es muy cierto que pueden cometer grandes errores.

**En la salud:** debido al nombre OCTAVIO pueden ser propensos al cáncer de próstata y a otras enfermedades extrañas y difíciles de diagnosticar. Por el lado de los CARLOS, el vicio, el licor y los transplantes.

**En el dinero:** es aquí donde se pueden llevar grandes sorpresas en sus vidas, obteniendo una ganancia de azar sorpresiva, una herencia o realizando un gran descubrimiento a nivel laboral.

**En el amor:** por el nombre OCTAVIO suelen ser precavidos y, hagan lo que hagan, tratan de que nadie se dé cuenta; pero por el otro lado, el de CARLOS, son lo contrario y todo el mundo se entera. Por eso es importante que ellos mantengan como primera regla el respeto y la discreción.

Dividido en dos Carlos quiere decir HOMBRE RICO y Octavio representa a la ESPERANZA.

Este mantra a la inversa se lee OIVATCO SOLRAC, que significa LUZ del UNIVERSO.

*Su letra del éxito y la prosperidad es la O y la de su ADN es la T.*

# *Carmen*

La letra "C" en este nombre representa la altivez y también simboliza la    esencia pura de la belleza, la búsqueda del amor, las ambiciones de un ser humano que al final lo único que quiere es engrandecer su alma y liberarse de las cadenas del amor nocivo, según ellas para transcender como espíritu. Tienen asimismo la esencia suficiente para envolver en sus redes a los hombres  tanto las jóvenes como las adultas, usando como principal  estrategia la ingenuidad que transmiten a primera vista. Por lo general se quedan solas con sus hijos y tienden a ser muy sufridas, trabajan demasiado y tienen extraños líos familiares.

**En la salud:** aquí sí encontramos verdaderas carencias afectivas, emocionales y transferencias amorosas que ellas realizan constantemente. No obstante pienso que lo que nunca tuvieron fue una figura familiar que les ayudara a ser y a comportarse de una manera diferente, por lo que una de sus grandes enfermedades es la soledad.

**En el dinero:** día a día van construyendo una forma de vida con mucho esfuerzo y sacrificio. Si quieren saber lo que pienso de ello, es que por la misma razón que les gusta ser mártires también les gusta sufrir; así que las veremos en constante lucha y sacrificio.

**En el amor:** una de sus mayores distracciones, mal llamada por ellas responsabilidad, es la transferencia que hacen de padres a hijos, ya que al perder el amor de unos se lo entregan a los otros.

Divido en dos, su nombre quiere decir MUJER DE LUCHA; el mantra "CARMEN" es sinónimo de FE y ESPERANZA.

El mantra a la inversa se lee NEMRAC que significa ARMAS de la VIDA.

*Su letra del éxito y la prosperidad es la C y la de su ADN es la R.*

# Carmen Julia

Como ya sabemos, todo nombre cuyo inicio sea con C va a representar a la palabra, la soberbia y el mal carácter, mas, pero en su caso hay una mezcla de sensibilidad, ternura, ingenuidad, vocación y acción. Lo que no encuentro en ellas es idealismo, sueños, pero sí muchas esperanzas de que algo llegue de repente, sin que lo construyan con su mente. Esta situación se crea por el lado del nombre JULIA, ya que CARMEN es la que pone ese toque de frialdad e ingenuidad. También por el segundo nombre se ve la complicidad con los hijos, la necesidad de apoyarlos, protegerlos, convirtiendo a sus hijos en seres más dependientes. Muy pocas portadoras de este nombre, CARMEN JULIA, fracasan en sus intentos económicos y por lo general se destacan principalmente dentro del campo de la belleza, el diseño, la exportación e importación, las relaciones internacionales y las humanidades.

**En la salud:** tienen mucha representación, ayudan a las demás personas y viceversa. Hay algunas que buscan el ámbito social y humanitario para desempeñarse pero, en cuanto a ellas mismas, deben cuidar mucho sus sentimientos porque el papel de heroínas puede llegar a destruirlas y causarles graves problemas de salud.

**En el dinero:** es importante que no se dejen llenar los oídos de mentiras, de engaños y de falsedades. No son muy aconsejables las sociedades porque el fracaso puede llegar en cualquier momento.

**En el amor:** hay una combinación de las dos anteriores: mentiras, engaños y falsas ilusiones que pueden acabar para siempre con su fe en el sentimiento.

Este mantra se lee a la inversa AILUJ NEMRAC, que significa MU-JER que RENACERÁ, ALMA que NUNCA MUERE.

Al separar su nombre en dos, el primero CARMEN es sinónimo de FE y ESPERANZA y el segundo, JULIA significa REINA del MAR.

*Su letra del éxito y la prosperidad es la C y la de su ADN es la J.*

## Carmen Rosa

Aquí la letra "C" combinada con la A representa la altivez y también simboliza la esencia pura de la belleza, la búsqueda del amor, la ambiciones de un ser humano que al final lo que más quiere es engrandecer su alma. Algunas de ellas pueden hacer enloquecer a los hombres gracias a sus atributos pero en general son mujeres que se quedan solas con sus hijos, tendiendo a ser muy sufridas y a trabajar demasiado. Mientras, debido al segundo nombre son adorables, sensibles, activas y se desarrollan académicamente, aunque, en su aspecto emocional necesitan mucha protección y sentirse muy seguras con sus parejas. Teniendo en cuenta que son mujeres que cuando toman una decisión lo hacen después de haber soportado más de la cuenta, ellas tienden a ser esclavas del amor, por lo que deberán tener mucho cuidado al hacer cosas sin sentido saliéndose de los esquemas o de la estructura familiar.

**En la salud:** suelen sufrir agresiones físicas por parte de sus compañeros sentimentales, sobre todo por el nombre ROSA. Las enfermedades en ellas se manifiestan desde el punto de vista de las preocupaciones y angustias por pérdidas de familiares. Otras afecciones de las cuales deben cuidarse son las relativas al estómago.

**En el dinero:** tienen la capacidad de vender cualquier cosa por pequeña o grande que ésta sea ya que ellas se buscan la vida y no se rinden ante nada.

**En el amor:** sufren por su condición de mártir y esto afecta a toda su familia, en especial a sus madres quienes no saben como hacerlas despertar. Su ventaja es la fuerza de voluntad: cuanto más grande ésta sea, con mayor facilidad se liberarán del sufrimiento.

Divido su nombre en dos, quiere decir MUJER de LUCHA; su primera frase, es sinónimo de FE y ESPERANZA y ROSA es un falso AROMA.

Este mantra se lee a la inversa "ASOR NEMRAC" que significa ARMAS de la VIDA.

*Su letra del éxito y la prosperidad es la C y la de su ADN es la R.*

*Carol*

**L**as cinco letras que componen este mantra son la composición de una vida muy difícil y, sobre todo, el hecho de que este nombre termine en L hace que sus portadoras todo lo vean trágico y crean encontrarse diariamente con un duro camino por delante. Es prudente recordarles que, como no tienen otras letras delante de la L que puedan mostrarles el camino, todo lo que hagan debe ser guiado por su intuición o un buen consejo, aunque esto les cree una dependencia o una sensación de inseguridad para saber por dónde empezar. La sílaba CAR pareciera un mantra pero en realidad significa un VALOR y la sílaba OL representa la OBLIGACIÓN y la RESPONSABILIDAD. Por consiguiente el nombre CAROL simboliza el VALOR de LUCHAR. Pero hay una letra que podría ser su verdadera realización o un golpe de suerte, representada en la O, la cual simboliza el infinito, dándoles la oportunidad de reconciliarse con sus seres amados, con su vida y sus sueños. Las CAROL como madres pueden tener un desempeño regular, el papel de hermanas es cuestionable porque rivalizan y compiten. No obstante, habrá momentos en los que sus vidas cambiarán.

**En la salud:** dentro del aspecto psicológico está la obsesión; por ello les aconsejo que se alejen de la droga y del tabaco, también que se cuiden de la úlcera, gastritis y endometriosis.

**En el dinero:** podemos imaginarnos la lucha que ellas tienen para salir adelante pero no nos engañemos, ya tienen a su ángel guardián y con él salen de cualquier situación adversa que se les presente, porque las letras AR representan a un decreto o un ruego a las alturas.

**En el amor:** son muy soñadoras y del tipo de mujeres a las que les gusta escribir y recibir poemas, flores, chocolates. Sin embargo, tardan realmente en reconocer este sentimiento.

Este mantra a la inversa se lee LORAC, que representa la ACCIÓN y los OBJETIVOS por lo que mi consejo es que actúen sobre ellos sin rendirse jamás. No olviden que la O representa el conocimiento, la intuición, la inteligencia y la conquista del universo; la R está revelándose ante los obstáculos y venciéndolos con la organización, la paciencia y el optimismo. Ellas en su mayoría vienen de países europeos en sus existencias anteriores, por ejemplo, de Francia e Italia.

*Su letra del éxito y la prosperidad es la O y la de su ADN es la C.*

## *Carola Valentina*

Ojalá tengan una clara representación de sus vidas, porque los lamentos les pueden perjudicar, aunque soy consciente de sus luchas y esfuerzos para salir adelante en la vida. También soy consciente de que en términos de amor y de familia tienen grandes retos, no en vano ellas asumen en muchas ocasiones papeles de exagerada tolerancia y en otras el papel de mártires. Esto las hace realmente conflictivas, sobre todo a la hora de elegir y más aún a la hora de amar, porque no pueden distinguir la delgada línea que separa la tolerancia de la esclavitud. Pienso que como seres humanos y mujeres profesionales debemos ser conscientes de lo realmente importante que es la libertad, saber cómo utilizarla y evitar caer en situaciones que nos conviertan en esclavas. También les digo que el valor de amarse a sí mismos es una tarea ardua, pero que no compite con la dignidad. Deben tener cuidado porque su papel de excesivamente protectoras les sobrepasa en todos los límites. Sus estilos de vida son diversos pero algunas lo hacen mejor como amas de casa, esto les encanta, y otras se destacan dentro del ámbito profesional y lo cumplen a cabalidad.

**En la salud:** las del primer nombre son sensuales, apasionadas, pueden llegar a desarrollar adicciones sexuales, mientras que las del segundo nombre buscan precisamente eso; lo más recomendable es que se armonicen, se conozcan y se definan, para que no hayan abusos en este sentido. Además, es importante que no se presten a las violaciones y mucho menos al maltrato psicológico, podría decirse que es más peligrosa esta patología que una grave enfermedad física.

**En el dinero:** este nombre combinado hace una buena sociedad, el primero por ambicioso y el segundo por capaz.

**En el amor:** afortunadamente tienen el nombre VALENTINA, éste las está salvando de no caer en su propio abismo emocional porque ellas siempre saben lo que hacen y los riesgos son asumidos a pesar de todo.

Ninguno de sus nombres favorece el sentimiento del amor, deben luchar por no verse atrapadas por su pasado y superar los traumas que no les permiten amarse a sí mismas primero. A pesar de que podrían llegar a ser muy exitosas no son muy sobresalientes en el ámbito público, pienso que pierden mucho tiempo mezclando la mente con el corazón.

Dividido en dos, CAROLA es sinónimo de PALABRA y MENTE, entre otras cosas esto significa que ellas deben tener mucho cuidado con su salud mental; VALENTINA significa HEROÍNA.

Este mantra a la inversa se lee ANITNELAV ALORAC, que significa MUJER ROMANA y ALMA BLANCA.

*Su letra del éxito y la prosperidad es la C y la de su ADN es la V.*

# Carolina

Es un nombre muy nuevo en la generación humana, podemos asegurar que es el líder del siglo XXI y el primero que se les ocurre a las madres cuando van a bautizar a sus hijas. Tener a una CAROLINA en el hogar es pagar un precio alto; primero, porque ellas gozan del privilegio de la palabra y algunas la convierten en ley y, segundo, porque generalmente son muy independientes. Esto lo podemos observar en la I y en la R. Cuando tienen obstáculos para realizar alguna actividad tratan de vencerlos para seguir delante; al mismo tiempo, gozan de una gran imaginación que deben aprender a controlar para que no se mientan constantemente. La letra que más les favorece es la L, que representa en ellas la conciencia y la esperanza, fuera de eso les detiene para que no caigan en graves errores.

**En la salud:** pueden desarrollar cáncer de piel, problemas en las extremidades, como juanetes muy pronunciados, colesterol, obesidad, varices y deficiencia visual.

**En el dinero:** la primera frase de este nombre significa KARMA y la segunda, PRESTIGIO, ALTURA y NOBLEZA; es por eso que generalmente ellas vienen a reinar con títulos de princesas o de nobleza y las de extractos más humildes pueden desarrollar ideas empresariales.

**En el amor:** son muy conflictivas, pero aman y son muy buenas amantes.

Este mantra a la inversa se lee ANILORAC, que significa TESOROS ESCONDIDOS y otro de sus significados es SERPIENTE CORAL. Les aconsejo no envenenarse con ideas absurdas para que no se destruyan a sí mismas. Mi mensaje es que aprovechen el hecho de que están entre los pocos nombres que vienen a tener poderes en el mundo.

*Su letra del éxito y la prosperidad es la I, la letra de su ADN es la C.*

# *Cecilia*

En ellas hay un detalle y es que son mujeres cómplices, excesivamente tolerantes y serviciales. Si no aprenden a manejar el equilibrio emocional podrían quedarse sin dinero y llegar a tener grandes sufrimientos en la vida. Es preciso que no pierdan la visión ni la cabeza, que sepan hacia dónde van y lo que les espera, además de tratar de adoptar buenas decisiones, porque si complacen a los demás también deben hacerlo con sí mismas, sin confundirse ni permitir que otros saquen provecho de sus sentimientos. Deben saber que no importa cuánto sufrimiento hayan podido tener, lo cierto es que un golpe de suerte las sacará de lo imposible. Sus hijos suelen tener como característica la nobleza y pueden sufrir patologías como las depresiones profundas y tendencias a las adicciones.

**En la salud:** tendrán que cuidar sobre todo su piel, protegerla de los rayos solares para evitar las arrugas y la vejez prematura; también deben vigilar el cáncer en esta misma zona y en las mamas; finalmente otra situación que deben evitar es la manipulación emocional.

**En el dinero:** la complicidad, la falsificación y todo acto que realicen por apoyar ideales y corrupción de otras personas puede dañarles el nombre, por lo tanto es prudente tener mucho cuidado, ellas nacieron para ser públicas, unas por medio de la fama y otras por su palabra, que es lo que más deberán cuidar.

**En el amor:** no tiene discusión, pueden considerarse entre las más afortunadas, porque ellas compiten satisfaciendo plenamente a sus parejas; traten de desarrollar más su creatividad sexual.

Dividido en dos, su primera frase, CEC, hace honor a la MUJER CELOSA y su segunda frase, ILIA, simboliza a la REINA del IDEALISMO y de los SUEÑOS.

Este mantra a la inversa se lee AILICEC, que representa a la REINA y SALVADORA de ALMAS.

*Su letra del éxito y la prosperidad es la C y la de su ADN es la I.*

# *Cesar Armando*

Muchas veces queremos manejar el mundo sin ser consientes de lo que podemos provocar en los demás. Por lo tanto es preciso que, en el caso de estos hombres, aprendan a conocer sus fortalezas y debilidades y así no se crearán motivos de preocupación en la vida. Mi opinión sobre ellos es que piensan que son dueños de todo y de todos y esto, fuera de perjudicar a los demás les perjudica a sí mismos porque se van quedando solos en sus casas, tanto plano espiritual como en el plano físico. Es fácil entonces que puedan pensar que el mundo está en su contra, cayendo en desequilibrios emocionales devastadores; sin embargo, tienen aún mucho más poder del que nos imaginamos ya que se las ingenian a cada instante, jugándosela al destino, tratando de salir triunfadores en la partida e imponiendo una buena estrategia. Sería prudente que dejaran a un lado la soberbia ya que es lo único que les está impidiendo lograr sus objetivos.

**En la salud:** pienso que su mayor enfermedad es el ansia de poder, la falta de sentimientos y emociones, clasifico a este grupo de hombre como uno de los más propensos a sufrir accidentes, agresiones físicas y a tener cirugías por tumores.

**En el dinero:** una fortaleza les reconozco es la facilidad que tienen de defenderse y de arriesgarse, aunque les cueste su seguridad; realmente he visto muy pocos vencidos y derrotados, quienes llegan a este punto es porque no han recibido un buen ejemplo familiar, sobre todo por el lado del padre.

**En el amor:** lo que he notado es que pueden sacrificar este sentimiento y enamorarse más de una actividad que de una persona. Por lo tanto, la mujer que le llegue a amar deberá seguir sus ideales, de lo contrario fracasarán irremediablemente.

Divido en dos: CESAR representa al HOMBRE que CREA VARIOS IMPERIOS y ARMANDO representa a los EJÉRCITOS y a las ARTILLERÍAS.

Este mantra a la inversa se lee ODNAMRA RASEC, que quiere decir ORDENAR los PENSAMIENTOS, CUMPLIR los SUEÑOS y HOMBRE CAZADOR.

*Su letra del éxito y la prosperidad es la A y la de su ADN es la C.*

## Christian Andrés

Una combinación perfecta, casi excelente, ya que ellos son seres intuitivos y casi perfeccionistas. El inconveniente es que no aceptan las limitaciones de los demás, he ahí que el primer consejo que les daré es que aprendan a aceptar, a comprender y amar a todo y a todos porque vinieron a dirigir y a reinar. En el caso de los CHRISTIAN, han sido elegidos por la naturaleza para hacer siempre el bien, aunque son muy amantes del sexo femenino y un poco egoístas en su infancia, aunque aprenden a compartir mucho más a medida que se van convirtiendo en adultos y analizando mejor la vida. Su habilidad les lleva a ser muy ingeniosos como mecánicos, dibujantes, nadadores o jugadores de tenis; a la vez son objetivos, posesivos, pero qué más podemos decir si al fin y al cabo les gusta sentirse reyes.

**En la salud:** tienen como ventaja que sus células se pueden reconstruir muy fácilmente pero como desventaja que son muy atacados por los virus.

**En el dinero:** aquí es donde radica su fortuna ya que la mayoría de ellos vienen de familias con muchas posibilidades económicas y en el caso de que no fuera así gozan de la gran riqueza del amor. Además su futuro está prácticamente asegurado siempre y cuando ellos no manejen la tendencia a la autodestrucción.

**En el amor:** el carisma es lo que más les favorece pero pueden cambiar una caricia por un partido de fútbol, o una carrera de autos. En fin, lo que quiero decir es que para ganarse el amor de uno de ellos deben tenerse tres virtudes: la amistad, la indiferencia y la complicidad.

Dividido su nombre en dos: CHRISTIAN representa su LADO más SENSIBLE y GRACIOSO; ANDRÉS simboliza a un SER de BIEN y aquél que TODO lo PUEDE.

El mantra a la inversa se lee SERDNA NAITSIRHC, que representa a un DISCÍPULO DE CRISTO.

*Su letra del éxito y la prosperidad es la H y la de su ADN es la A.*

# *Cinthia*

$P$or ser su primera letra la C está mostrando la capacidad de compartir con los demás. Ellas quieren ser mimadas, observadas y tienen un extraño atrevimiento y necedad en su interior profundo, a veces con ideas un poco enfermizas, por lo que es prudente que se cuiden de los celos, las envidias, el resentimiento y la obsesión, situación que podría ser muy difícil de sobrellevar. En el otro lado, entre sus cualidades podemos remarcar: el compañerismo, los deseos de divertirse siempre con sus amistades y su capacidad para que el dinero les llegue de la nada o lo hereden. En fin, tienen lo que diríamos una buena espalda por su alegría y espontaneidad. A pesar de esto pueden esconder un cuadro muy diferente al que aparentan, con situaciones trágicas y drásticas, que les cambia radicalmente un esquema de vida del cual se niegan a salir ya que no quieren cambiar para siempre su existencia. Son más carismáticas que productivas, pero cuando se esfuerzan por hacer las cosas bien sobresalen a nivel social y gerencial. Sus grandes motivaciones son los hijos, el hogar y los amores a los que convierten en amoríos. Por sus comportamientos suelen ser inmaduras e incomprensibles a la vez que juguetonas.

**En la salud:** sus mayores dolencias son los problemas de presión arterial, bioquímicos, infecciones, bacterias, también quistes y los constantes cambios hormonales; todo ello es debido a que somatizan los problemas que no quieren dejar ver.

**En el dinero:** en gran medida son muy afortunadas al punto de que muy pocas tienen la necesidad de luchar en la vida, las grandes damnificadas son el pequeño grupo de las restantes al que sí le toca esforzarse. Al llevar en su nombre la H, suelen manejar múltiples problemas con la justicia de demandas o deben pelearse por lo que les pertenece.

**En el amor:** también hay dos grupos, el que es muy amado y al que realmente no les ha ido jamás bien dentro de este sentimiento. Esto en ellas está muy marcado, por eso deben pasar por muchas experiencias afectivas. Puede decirse que es aquí donde se la juegan a la lotería.

Dividido en dos, su primera sílaba, CIN, representa la ATRACCIÓN, el CARISMA y la ESPIRITUALIDAD y su segunda sílaba, THIA, representa AQUÉLLA que está PRESA EN LA VIDA, también las ANSIAS de LIBERTAD.

Este mantra a la inversa se lee AIHTNIC, que significa REINA de los FUERTES VIENTOS.

*Su letra del éxito y la prosperidad es la I y la de su ADN es la T.*

# Ciro Marcelo

**E**n primera instancia, su sílaba CI indica que se deben ayudar mucho con el verbo ya que una mala popularidad puede dañarles fácilmente el prestigio, sobre todo en el caso de que no se cuiden de la mentira. Es importante que sus familias comprendan los perjuicios de la protección excesiva para estos hombres, varones y que además estén atentos a las reacciones e instintos de los que aún son niños. La mayoría nació para ser hombres de bien, trabajadores, empresarios, orgullosos y soberbios, a la vez que dulces y románticos en el amor, sensibles, buenos hijos y amantes del padre. Todas estas cualidades las tienen por el lado de

MARCELO. A diferencia de los del primer nombre, los portadores del segundo nacieron para triunfar y aunque la combinación de ambos nombres no es la mejor, los primeros deberán tomar la vida más en serio, el arte, la belleza, el deporte y la muestra de afecto constante es lo que pone el toque especial en esta combinación.

**En la salud:** definitivamente de lo que más se deben cuidar es de la obsesión compulsiva debido a que puede ser en ellos una forma de vida.

**En el dinero:** arriesgan cualquier cosa con el fin de obtener los frutos que consideran propios por derecho y que, al de fin de cuentas, son reflejo de una aguda necesidad de control. Los CIRO jamás quieren perder, esta situación podría llegar a ser devastadora en cierto sentido.

**En el amor:** deben controlar sus emociones fuertes y desesperadas, entre ellas el machismo y la posesión, situación que no los hará felices ni a ellos ni a sus parejas.

Divido su nombre en dos: CIRO es INQUIETUD e INESTABILIDAD y Marcelo SEÑOR de los SENTIMIENTOS y UNIVERSO de PASIONES.

Este mantra a la inversa se lee OLECRAM ORIC y significa el SÍMBOLO de ORIÓN.

*Su letra del éxito y la prosperidad es la O y la de su ADN es la N.*

# *Claudia*

La vida las ha premiado con poder, valor y seguridad. En su mayoría son del tipo de mujeres que no le encuentran obstáculos a la vida ni se rinden ante lo que deben hacer; paradójicamente, se les puede encontrar problemas de inseguridad pero ello no les impide seguir soñando en exceso. Por lo general son muy realistas, implacables, una actitud que les lleva a desempeñar cargos gerenciales de mucho poder en el ámbito del derecho, las administraciones, etc., así como en la medicina, la ciencia y las ingenierías, etc. Son mujeres con un alto coeficiente intelectual. No obstante les quiero hacer una crítica constructiva: deben tener cuidado con la competencia porque en situaciones de este tipo pueden comportarse como fieras, dejando aflorar todos sus temores. Son mujeres con un compromiso muy fuerte con sus familias y decididas a la hora de asumir las responsabilidades cuando es necesario.

**En la salud:** deben ser prudentes en el momento de procrear para evitar problemas; la matriz, los ovarios, el útero, son órganos de alto cuidado y seguimiento, por lo que deben vigilarlos especialmente ya que ahí somatizan sus angustias y necesidades.

**En el dinero:** como ya lo he dicho sin discusión, las que quieren triunfar llegan muy lejos, y las que no lo han hecho deben despertar porque las oportunidades se dan sólo una vez.

**En el amor:** son karmáticas, prácticamente la mayoría no ha conocido aún la felicidad. Mi consejo es que no olviden que ellas antes que esposas y madres son mujeres.

Al dividir el nombre en dos partes, CLAU, representa el LÍDER de un PUEBLO o una NACIÓN, o un AUTOPROCLAMADO REINA; su segunda frase, DIA, simboliza la LUZ y el ATARDECER.

Este mantra a la inversa se lee "AIDUALC", que quiere decir CAU-
DAL de VIDA y de ÉXITO.

*Su letra del éxito y la prosperidad es la U y la de su ADN es la D.*

## Claudia Lorena

Otras que nacieron para la administración y para el campo científico, muchas pueden llegar a tener un alto coeficiente aportado por el nombre CLAUDIA. No permiten la invasión de sus espacios, pueden llegar a sufrir problemas depresivos y de baja autoestima, lloran con mucha facilidad y quieren lograr sus objetivos sea como sea. Las CLAUDIA LORENA tienen problemas para alcanzar un bienestar económico o un triunfo, siendo el principal motivo que se enredan mucho debido a la influencia que su segundo nombre ejerce en ellas. Un buen consejo que les quiero dar es que tengan cuidado, ya que de nada sirve una mente brillante y audaz si no hay sabiduría para avanzar en la vida. Las LORENA se distinguen por la inseguridad, por la necesidad de ganarse el cariño y apoyo de los demás y por llamar la atención; son excelentes como amigas y se destacan con la familia por su nobleza y capacidad de agradecimiento, siempre y cuando su historia vital no sea autodestruc-tiva, ya que en este caso personifican a un ser muy carente en el ámbito emocional que va buscando el amor por la vida y que convierte esta búsqueda en lo más importante de su existencia. Ambos nombres tienen un detalle sobresaliente y es que algunas carecen del apoyo de sus familias, las cuales son muy estrictas; esto impide que ellas se desarrollen emocionalmente en sus primeros años de vida.

**En la salud:** por el lado del nombre LORENA son muy depresivas y con problemas genéticos que pueden heredar sobre todo sus hijos; también deben cuidar la piel y les recomiendo el protector solar constantemente.

**En el dinero:** por ambos lados tienen la posibilidad de ser afortunadas, por lo tanto es raro verlas con problemas económicos y donde más triunfan es en el ámbito empresarial e independiente.

**En el amor:** debido a sus dos nombres podrían tener fracasos si no basan su mundo en realidades y controlan el idealismo.

Dividido en sus dos nombres, CLAUDIA significa PORTAL de ESPERANZA y LORENA representa a la NOBLEZA y la REALEZA.

Este mantra a la inversa se lee ANEROL AIDUALC, que quiere decir CEREBRO, MENTE, CUERPO y ESPÍRITU.

*Su letra del éxito y la prosperidad es la U y la de su ADN es la D.*

## Claudia Verónica

Son mujeres que que también nacieron para la administración. En menor medida, algunas pueden desarrollar su creatividad. En general les gusta sentirse y que las vean hermosas, debido a su vanidad. Las que triunfan en el ámbito público o en el estrellato lo hacen como reinas, modelos o artistas, por el aporte del nombre CLAUDIA, y, como ya sabemos, son muy pocas las que no alcanzan el bienestar económico. Su único inconveniente es que son inmaduras, lloran con mucha facilidad y quieren lograr sus objetivos sea como sea, esto añadido por el nombre VERÓNICA.

**En la salud:** las CLAUDIAS son melancólicas y las VERÓNICAS un poco más alegres, despectivas y tranquilas en algunos ámbitos. A las primeras las tengo dentro del grupo de mujeres con tendencia al cáncer de mama, matriz, ovario y múltiples dificultades para procrear.

**En el dinero:** son muy afortunadas, sobre todo por el nombre CLAUDIA; la mayoría todo lo consigue, todo lo puede y todo lo logra, así que debo decirles que el futuro es hacia delante, sobre todo para las que sufren de depresiones y viven del pasado.

**En el amor:** las VERÓNICAS tienen más fortuna y, en resumen, mi consejo para estas mujeres es que entreguen su amor propio a los hombres con los que comparten su vida .

Es un mantra que a la inversa se lee "ACINOREV AIDUALC" y quiere decir CAUDAL DE VIDA y DE ÉXITO.

Divido en dos es su primera frase "CLAU" representa el líder de un pueblo o de una nación, o un autoproclamada reyna. En su frase "DIA" representa la luz y el atardecer.

*Su letra del éxito y la prosperidad es la U y la de su ADN es la D.*

Nombres con la inicial

# *Daniel*

Otro de los nombres en los que la letra L obstaculiza la visión hacia el futuro, además de tener la letra más difícil del abecedario, que es la letra D y, como se ve, al comienzo del nombre. Como consecuencia ellos pueden tener tendencia a deprimirse y a reprimirse, aunque aparenten ser traviesos, juguetones, al punto casi de enloquecer a quienes les rodean debido a su hiperactividad. La explicación es que no expresan el dolor, porque en muchos casos les ha quedado una responsabilidad familiar.

Las letras que más deberían aprovechar en su nombre son la N y la I, las cuales les ayudarán siempre a sobreponerse ante cualquier obstáculo, y evitarán ser vencidos por sus malas elecciones de vida. Esta clave es muy importante en su vida y servirá para lograr grandes éxitos, por lo que para tenerla bien presente deben desarrollar mucho más la visión e intuición.

**En la salud:** es una lástima que sean inestables, además de tener que luchar con la pereza mental. Mi concepto es que esto se da porque los malcrían y sobreprotegen. Otra situación que se advierte son los cambios en su estructura física, siendo la más peligrosa de todas la obesidad. También es bueno advertirles sobre problemas bioquímicos, además de la pérdida de la motivación y el interés.

**En el dinero:** pueden aprender a hacer las cosas bien, aunque hay una característica sobresaliente en ellos y es su desorganización mental, por lo que no importa cuántas empresas puedan crear o cuánta riqueza lleguen a poseer, lo más importante es que ojalá mantengan la cabeza en su lugar.

**En el amor:** en este sentimiento son débiles, pero amados y valorados, cuando encuentran el verdadero sentimiento. Mi consejo es que no se cansen de buscarlo.

La frase DAN SIGNIFICA POSESIÓN y DESTRUCCIÓN; la frase IEL representa el DOLOR, la AMARGURA y las HERIDAS; es por eso que el nombre DANIEL quiere decir EVITAR el DOLOR.

Este mantra a la inversa se lee LEINAD, que significa SIN RE-CIBIR, por eso quiero dejarles este mensaje: no olviden que si dan amor podrán recibir abundancia.

*La letra que les puede traer éxito y prosperidad es la N, pero su letra de la sabiduría es la I; si en algún momento ellos quisieran ser parte de la historia del mundo lo podrían lograr sólo con un momento de genialidad, mas no olvidemos que todos los nombres terminados en EL son los enviados de DIOS.*

*Su segunda letra del éxito y la prosperidad es la letra I, que representa la llave que les ayuda a abrir la puerta hacia otra dimensión, donde conocerán el amor y el poder de perdonar a sus enemigos. La letra de su ADN es la I.*

## *Dannya*

Siempre que haya dos letras iguales en un nombre están representando a la doble personalidad. La pregunta en este caso es: ¿Con cuál de las dos se quisieran quedar? ¿Con la que se hacen amar o con la que se destruyen a sí mismas?. No olviden además que también se presenta la tercera opción, que es el libre albedrío. Algo que no saben manejar pero que sí llegan a manipular es el sentimiento del amor, al que convierten en un juego debido a traumas y resentimientos que han tenido durante toda su vida.

**En la salud:** ojalá no lleguen a extremos, sería prudente que se valoraran y respetaran a sí mismas, sobre todo en el aspecto sexual, para que no se sientan utilizadas y a su vez respeten los sentimientos ajenos.

La principal apuesta como meta para su destino es vivir con felicidad. Además deben cuidarse de los siguientes síntomas: quistes ováricos, de senos, problemas de trompas y columna.

**En el dinero:** deben apoyarse en personas que también tengan grandes capacidades, ya que les conviene aprender a trabajar en equipo y sobre todo aprender a delegar.

**En el amor:** no sólo es encontrar a alguien que las valore y ayude a salir adelante, también es encontrar cómo perdonar y perdonarse.

Dividido en dos, su primera frase, DANN, representa los DOS CAMINOS del ALMA y en su terminación, YA, encarna a la MUJER que AMA y que DA.

Este mantra a la inversa se lee AYNNAD, que significa DEUDAS con la VIDA,

*Su letra del éxito y la prosperidad es la  Y y su letra del ADN es la N.*

# *Darcy Lizbet*

Mujeres muy hábiles y a la vez con un porte físico muy escaso, el cual no se sabe si es o no atrayente. Muestran inclinación por el ámbito artístico y tiene vocación de servicio, logrando con esto ser educadoras o psicólogas. Lo que sí es muy importante es la madurez personal que alcanzan y una productividad más grande que muchas personas de su edad; su alma de niñas les impide tener actos impulsivos o agresivos puesto que generalmente tienen una sana mentalidad. Alcanzan sus metas de triunfo por medio del materialismo y por su segundo nombre tienen algunos conflictos que podrían acercarles a algún tipo de adicción; por eso les sugiero cuidar su mente y cuerpo, ya que no obstante podrían pasar de un destino maravilloso a una autodestrucción innecesaria.

**En la salud:** precisamente la combinación del nombre LIZBET es lo que las debe mantener alerta en todos los sentidos, debido a que si se afecta la salud psicológica automáticamente se afecta la salud física.

**En el dinero:** son empresarias, altas ejecutivas, diseñadoras, comunicadoras sociales, abogadas, administradoras publicas; en fin, tienen mucho donde aferrarse para triunfar.

**En el amor:** a las LIZBET les falta y las DARCY deben aprender a valorarlo.

Dividido en sus dos nombres, el primero, DARCY quiere decir ENTREGA TOTAL y añadido, LIZBET, significa NECEDAD.

Este mantra a la inversa se lee TEBZIL YCRAD, que significa DESTINO ASEGURADO.

*Su letra del éxito y la prosperidad es la D y la de su ADN es la S.*

# *Diana*

Uno de los mayores retos de estas mujeres está representado en la letra "D" y digo retos porque en ellas se muestran los mayores conflictos de nuestro género. Al mismo tiempo, la composición de sus letras nos muestra a mujeres inestables y fáciles de manipular, difíciles al mismo tiempo de controlar. Nacieron para creer que son reinas ya sea en sus hogares, o en la vida pública.

Se destacan, saben sobresalir, convirtiéndose en estrellas y en personas muy importantes; para esto les ayuda mucho la letra I seguida de la A, que quiere decir: SER LA PRIMERA o la MÁS IMPORTANTE.

La frase DIA representa el NACIMIENTO y el DESPERTAR y la sílaba NA significa IMPORTANCIA y ORIGINALIDAD; por lo tanto DIANA es igual al DESPERTAR de un NUEVO SER.

Con todo esto es bueno que escuchen un consejo: no miren la leve oscuridad de sus caminos ya que es sólo la luz la que les llevará hasta el final.

**En la salud:** sus mayores problemas son psicosomáticos, representados en la depresión, la bulimia y la anorexia; son caprichosas, conflictivas y paradójicamente dulces y nobles. Ahora, imaginemos el conflicto que tienen ellas para mostrar una sola personalidad.

**En el dinero:** es importante que sepan que nacieron con una estrella y que sólo está en sus manos hacerla brillar.

**En el amor:** en este aspecto hay una incógnita, porque su forma de amar está alejada completamente de la pureza y del alma; ojalá conozcamos algún día siquiera a una que sea feliz.

Este mantra a la inversa se lee ANAID y significa SIN POSEER.

*Su letra del éxito y la prosperidad es la I y la de su ADN es la A.*

# Diego

Generalmente son hombres muy atractivos pero, como su mismo nombre lo dice, son igualmente ciegos, tercos, egoístas y temperamentales. Son muy pocos los que poseen un alma sensible, se interesan mucho más por controlar lo que está a su alrededor con el propósito de asentar su prestigio, la fama o los intereses económicos. Sin embargo, será bienaventurada aquella mujer a la que un hombre llamado DIEGO la ame porque cuando lo hacen ponen toda su fuerza y pasión, aunque no esperen que sean muy apasionados sexualmente pero sí con la vida. Su capacidad les permite ser hombres de buena economía pero atrevidos y machistas. Uno de sus grandes poderes lo adquieren desde la familia, puesto que son éstas las que les entregan todo el respeto y la administración, teniendo en cuenta que lo hacen independientemente de los problemas que tengan entre sí.

**En la salud:** sus mayores afecciones son los problemas visuales, los nódulos en la garganta, el dolor en los testículos y síntomas cardiacos.

**En el dinero:** es la labor principal a la que se dedican, obteniendo mucha riqueza y a la vez ganándose problemas con sus parejas. Otro de los nombres que vienen a disfrutar de la prosperidad.

**En el amor:** además de sentirse afortunada la compañera de uno de estos hombres, debe tener otro ingrediente más para ser feliz, fuera de los ya nombrados: la SUMISIÓN, porque los DIEGOS son celosos y posesivos.

La frase DIE significa INTELIGENCIA OCULTA, también MONE-
DAS DE ORO y RIQUEZA. La sílaba GO representa el EGO y el EGO-
CENTRISMO; por eso el mantra DIEGO es igual AL PODER DEL EGO.

Otra de las ventajas que ellos tienen es que no dan importancia a
las críticas, ya que son capaces de elegir su destino por sí solos; en este
nombre está el símbolo de la homosexualidad y la bisexualidad, por eso
los machistas se enfrentan con su propia debilidad.

Este mantra a la inversa se lee OGEID y quiere decir BATALLA,
PODER y TRIUNFO.

*Su letra del éxito y la prosperidad es la letra O y la de su ADN es la D.*

## Dora

Otro nombre o mantra con muchos problemas y me gustaría que los
lectores  pensaran si en alguna oportunidad han visto a alguna de ellas
que sea feliz. La explicación descansa en una pequeña desventaja: son
demasiado entregadas y sensibles., Pocas se unen por amor, y arrastran
traumas y necesidades a lo largo de su historia vital, provocando que
en el mayor de los casos se queden solas trabajando y protegiendo a
sus hijos, con el temor de que los padres les muestren un mal ejemplo
y puedan causarles un daño futuro. En este nombre, a excepción de la
"O", no se encuentra ninguna otra letra que simbolice la prosperidad.
La mayoría se dedica totalmente a sus hogares ya que sus compañeros
afectivos son muy inestables en el ámbito laboral, tienen algún tipo de
vicio o las maltratan físicamente, convirtiéndolas en víctimas; también

llegan a una edad donde desarrollan mucha Fe por algo que ni ellas saben qué es; otras batallan por un nuevo amor y por tratar de reconstruir nuevamente sus vidas.

**En la salud:** por el lado psicológico les recomiendo controlar la histeria y la angustia que puede afectarles el estómago, causándoles hinchazón sin motivo aparente; es del grupo de mujeres propensas al cáncer.

**En el dinero:** estas mujeres son realmente muy valientes y las que pueden triunfar llegan a ser grandes representantes en el ámbito ejecutivo, creadoras de innumerables proyectos; pueden llegar a ser primeras damas, reinas de belleza, etc.

**En el amor:** aquí ellas tienen un destino marcado, no precisamente para vivir y disfrutar este sentimiento sino para llorar amargas lágrimas.

Es prudente que, si no quieren que esto les suceda, sepan elegir a sus parejas, asegurándose de que realmente están enamoradas de la persona con la que se unen.

La sílaba DO de este nombre significa ENIGMA, DOCTRINA y CONOCIMIENTO; la sílaba RA simboliza la ORACIÓN, DAR, RECIBIR y EVOLUCIONAR. Por lo tanto, el mantra DORA es igual a ENTREGA TOTAL.

A la inversa se lee AROD y representa el JUEGO, el DESTINO y la RULETA, situación que se les puede convertir en algo real para su destino; por lo tanto no deben perder el dado más importante.

*Su letra del éxito y la prosperidad es la O, la cual deberían aprovechar al máximo porque es la entrada hacia nuevos mundos y la de su ADN es la D.*

Nombres con la inicial

# *Eduardo*

Representa a los hombres amantes del mundo físico y material, se debaten entre la responsabilidad y la irresponsabilidad, pero a quienes más cuidan en sus vidas es a sus hijos. Es muy difícil que pierdan la motivación y le den la espalda a su futuro, también tratan de no aferrarse demasiado al pasado ya que ellos saben que la dependencia y baja autoestima podrían cambiarles el panorama convirtiéndoles en irresponsables. Sin embargo, la letra "U" les está ayudando a ser bendecidos con la fortuna o lo inesperado y aunque ellos no sean muy luchadores sí son productivos porque: la frase EDU tiene mucho poder sobre este nombre. Esto se debe a que la "U" representa la ABUNDANCIA y la RIQUEZA de la TIERRA; sin embargo, la "D" nos está mostrando al ser que lo amarra; por lo tanto EDU simboliza al ahorro y ARDO, que tiene un mantra en la sílaba AR y la terminación O, agrega a este nombre una pronunciación muy poderosa. Esto hace inexplicable que algunos tengan dificultades en la economía y el amor. Cuando se les llama por su nombre se les está diciendo HOMBRE RICO y PODEROSO; también, TESORO ESCONDIDO.

**En la salud:** otro grupo que tiene tendencia a los episodios inesperados y, en otro aspecto, a las acciones agresivas por su intolerancia y necesidad de control; deben cuidarse de problemas en los testículos, además de la próstata.

**En el dinero:** pertenecen al grupo de los bendecidos, pero es muy importante que aprendan a dar.

**En el amor:** pueden quedarse solos a temprana edad, ya sea por separación o viudez; pero la vida los premiará con un amor mucho mejor del que ya han tenido.

Este mantra a la inversa se lee ODRAUDE, que significa AZAR del DESTINO; PRETENCIOSO, ABUSADOR y POSIBLE COBRADOR de IMPUESTOS en una VIDA ANTERIOR.

*Su letra del éxito y la prosperidad es la letra U y la de su ADN es la D.*

# Edwin

Ellos tienen esta letra que les hace ser invencibles: la "W", la cual representa a las personas inteligentes, de mucho conocimiento, hiperactivas y deseosas de conocerlo todo en la vida. En ocasiones son un poco maleducados por la forma en que se expresan y tienen la costumbre de esconder lo que sienten y piensan, Utilizando para ello las malas palabras. Tienen altibajos en la economía debido a cierta inclinación a la irresponsabilidad en el manejo de la vida. Jamás dejarán de ser niños en los asuntos pequeños pero en los grandes se desenvuelven como hombres y fieras. En el nivel familiar, por su rebeldía pueden llegar a ser la oveja negra de la familia e inconscientemente compiten con los hermanos mayores; ellos pueden ganarse más fácilmente el cariño de las madres y las demás mujeres los adoran.

**En la salud:** sería bueno que se prevengan de las adicciones y de las malas amistades, pero de lo que más se deberán cuidar es de tener accidente extremos, porque sueñan con el peligro y además lo desafían.

**En el dinero:** lo mejor de todo es que en su mayoría podrían ser muy ricos con negocios independientes, como la mecánica, ingenierías o en los deportes. Entre sus vocaciones destacan el periodismo, la medicina y odontología.

**En el amor:** como lo he dicho anteriormente, tienen mucha suerte en el ámbito afectivo, debe ser por su carisma, alegría y porque gastan el dinero cuando les conviene, y además son muy sensuales. El consejo que les quiero dar es que nunca huyan de su responsabilidad y de la oportunidad de amar.

A la inversa este mantra se lee NIWDE que significa IMPULSO y SOBERBIA.

Dividido en dos, su primera frase, EDW, quiere decir HOMBRE que ENSEÑA y su sílaba IN, SOÑADOR.

*Su letra del éxito y la prosperidad es la W y la de su ADN es la E.*

## Eiddy Inelda

**M**ujeres llenas de esperanzas, de sueños tan incontenibles que pueden estar listas para despegar en cualquier momento de sus vidas. El problema es que le temen a alzar el vuelo, sobre todo en el sentimiento. Es importante para ellas no desesperase ni comprometerse con lo que no pueden llevar en su corazón. Una sugerencia que les quiero hacer es que controlen sus impulsos, no se llenen de tantas necesidades, no acumulen sus impulsos y mucho menos acumulen sentimientos en el alma que les causarían dolores innecesarios. Por lo general, son la luz que ilumina su propio universo y donde quiera que van llevan la magia necesaria para romper las barreras que les impiden tener éxito, embelleciendo su vida con un mundo lleno de acciones y sueños.

**En la salud:** es importante que sepan asumir los retos con mucha claridad y aprendizaje, que los fracasos no se conviertan en enfermedades psicosomáticas. Deben cuidarse la piel del rostro, la sangre y cualquier cicatriz o lunar que tenga protuberancias.

**En el dinero:** ojalá desarrollen la capacidad de ahorro y de razonar antes de entregar lo que les pertenece; son del grupo de mujeres a las que le sacan todo por medio de las promesas.

**En el amor:** dejen de creer en tantas mentiras.

Dividido en sus dos frases: EIDDY representa la INOCENCIA e INELDA representa el PODER MUNDIAL.

Este mantra a la inversa se lee ADLENI YDDIE, que significa VIVIR para el BIEN.

*Su letra del éxito y la prosperidad es la E y la de su ADN es la D.*

## Elffy Gaithe

Hay personas que eligen quedarse solas en su vida afectiva y, aunque éste sea uno de los casos, no debemos olvidar que ellas toman la decisión aun teniendo seres que las aman. Pienso que es debido a que sienten que mucha gente se ha aprovechado de su capacidad de entrega y de servicio, además de su carácter difícil de descifrar unido a una actitud desafiante.

Aquéllos que las rodean no saben si son egocéntricas o simplemente mujeres con mucho temor; lloran a escondidas porque no encuentran el amor verdadero y es otro de los grupos que manejan la doble personalidad y la autocompasión.

**En la salud:** pienso que los componentes para que ellas algún día estén bien son los siguientes: el valor y el carácter bien definido, fortaleciendo la autoestima.

**En el dinero:** es posible augurarles buena fortuna siempre y cuando puedan tener la firmeza suficiente para defender sus derechos y no dejen que les quiten lo que les pertenece, desde lo laboral hasta emprendimientos propios.

**En el amor:** les puedo asegurar que su búsqueda no es en vano y que en cualquier momento de sus vidas llegará quien les hará feliz.

Al final un consejo y es que no traten de controlarlo todo sin tener primero el control de sus vidas y la certeza de que tarde o temprano encontrarán lo que están buscando, el amor y la gratitud.

Dividido en sus dos frases: ELFFY representa la FUERZA y el CARÁCTER y GAITHE quiere decir GANADORA.

Este mantra a la inversa se lee EHTIAG YFFLE que significa MUJER LLENA de FE.

*Su clave del éxito y la prosperidad son la dos FF y la de su ADN es la Y.*

# *Eliana*

Estas mujeres tienen una característica desfavorable: su temperamento conflictivo y un poco agresivo. Primero, porque creen que los demás quieren perjudicarlas y algunas no se dan cuenta que su forma de ser y sus pequeños complejos son los que no permiten que vean otra realidad.

Tienen muchas ventajas físicas y es otro de los grupos de nuestro género con muchos atributos, destacándose por su cabellera.

Son las preferidas de los productores de cine, de sus jefes, de sus padres y las más buscadas por los hombres para que sean sus novias o esposas. Por consiguiente suelen ser afortunadas por su sensualidad y carisma; al mismo tiempo quieren sentirse libres, seductoras y audaces; por lo que resulta inexplicable que puedan sufrir de baja autoestima, situación que desde mi análisis debe provenir de situaciones de abandono, desilusiones o la necesidad de competir con los miembros del grupo familiar.

**En la salud:** es aconsejable que maduren desarrollando su seguridad, dejando atrás la envidia y el resentimiento para que esto no traiga las siguientes enfermedades psicosomáticas: indigestiones, náuseas, mareos, dolores de cabeza, de espalda y problemas renales.

**En el dinero:** les diré sólo dos palabras para que entiendan la magnitud de su bendición: si el mundo llegara a perder todas sus riquezas, una de ustedes las encontraría.

**En el amor:** es importante que aprendan que no solamente merecen ser amadas sino que también deben dar amor, pero sobre todo comprensión y aceptación.

La frase ELI significa MOVIMIENTO CONSTANTE y la frase

ANA representa la NOBLEZA; por ello el mantra ELIANA quiere decir NOBLEZA y COMPASIÓN.

Si observamos la letra N en medio de las dos A sabremos que tienen desde que nacen hasta que mueren miles de oportunidades en la vida porque su destino constantemente se está moviendo y cambiando.

Este mantra a la inversa se lee ANAILE y representa a las mujeres que en algunas existencias anteriores fueron indígenas o indias pertenecientes a nuestro continente americano.

*Su letra del éxito y la prosperidad es la A y la de su ADN es la E.*

## Eliana Deira

Siempre pueden desarrollar actividades de confianza aunque les cuesta bastante no renegar cuando tiene la oportunidad de hacerlo. Sus disgustos no son violentos pero sí son muy críticas. Al margen de ello tienen buen desarrollo profesional. Sin embargo, les advierto que podrían quedarse estancadas sino asumen más responsabilidades, por eso sería bueno que superaran sus limitaciones. Aquí hay dos tipos de mujeres: las que se esconden y se protegen y las que no se esconden pero se previenen, prefiriendo escuchar las tristezas de los demás para no aceptar las propias; también creen captar todo lo que sucede a su alrededor pero no se entienden como deberían. Sus sueños terminan donde comienzan los de los seres que aman, teniendo muy poca conciencia de las obligaciones consigo mismas.

**En la salud:** deben evitar mentirse, es importante cuando hagan algo, o quieran presumir de sus logros, que lo lleven a cabo realmente para que puedan cruzar la línea entre el idealismo y la realidad; así se evitarán problemas psicológicos y decepciones que pueden acabar desmotivándolas. A su vez, deben proteger su cabello, las mamas, evitar ulceras, los problemas de colon y de columna.

**En el dinero:** sería muy bueno que pensaran en tener más éxito, no es bueno ver mujeres que se esfuerzan tanto para que al final no se sientan conformes y felices. Les falta más claridad en el futuro.

**En el amor:** deberían tener la capacidad para saber qué les hace verdaderamente felices, es alarmante que se permitan el dolor llevadas por una ilusión sin medir las consecuencias.

Divido en dos sus nombres: ELIANA significa que REQUIERE de más AGILIDAD, PRECISIÓN y RAPIDEZ sobre todo para TOMAR DECISIONES y DEIRA representa las DEUDAS con el DESTINO.

Este mantra a la inversa se lee ARIED ANAILE, que significa INESTABILIDAD.

*Su letra del éxito y la prosperidad es la D y la de su ADN es la E.*

## Elizabeth

El significado de este nombre no es para nada alentador pero ello no significa que no sea un buen designio. Aunque en su camino haya alguna roca atravesada para no dejarles continuar mi sugerencia es que no la lancen al abismo, ya que al pasar por el mismo sendero es posible que ella caiga sobre ustedes; es mejor que avancen venciendo con el optimismo todos los obstáculos y llevando como espada de lucha la AUDACIA, que estoy segura de que la tienen muy desarrollada. Estas mujeres también poseen en su nombre la letra más punzante y dañina del abecedario: la E, y por estar al comienzo y seguirle una L obviamente el panorama no seria nada alentador si no fuera porque a ésta le sigue una I. De no ser así este nombre sería muy difícil. Es extraño ver que utilizan la rebeldía como mecanismo de protección y para demostrar su fuerza, su garra y ganas de vivir. La terminación TH representa el puente entre la vida y la muerte, por lo que si ellas tienen la capacidad de vencer un coma, podrán superar cualquier situación complicada que se les presente. Algo que pueden aparecer conflictos familiares cuando se sienten lastimadas porque en lo más profundo de su ser tienen demasiada sensibilidad.

**En la salud:** sus mayores afecciones están relacionadas con tendencia a la autodestrucción, la presión arterial, lupus y epilepsia. Además, son mujeres muy procreadoras pero que podrían pasar por varios abortos.

**En el dinero:** sin la intención de desanimarles, les falta más dedicación en sus proyectos de vida.

**En el amor:** son seductoras pero a la vez tienen mucho conflicto con sus parejas. La mayoría de ellas se unen con un hombre muy adinerado o trabajador.

La frase ELIZ significa INESTABILIDAD y DESEO de HUIR y la frase ABETH, entremezcla lo masculino con lo femenino, también tiene una representación de la cultura Árabe.

Como posiblemente algunas necesitan reafirmar su identidad un poco más, pueden sacar provecho de su parte masculina para afianzar su temperamento, fortaleza y estabilidad.

Este mantra a la inversa se lee HTEBAZILE, que significa MI VERDAD.

*Su clave del éxito y la prosperidad son la letra I y la terminación TH, siempre y cuando ellas las aprovechen, porque son de las riquezas más grandes que cualquier ser humano pueda tener; la letra de su ADN es la T.*

## *Erica María*

La ventaja de este nombre es que tiene a Erica empujándola hacia delante y ayudándola a fortalecerse. Su camino es muy prometedor, se podría decir que maravilloso, aunque deben cuidarse de las malas amistades y de las ambiciones desmedidas, por lo que es mejor o aconsejable que sean bien orientadas desde niñas. A su vez, las MARÍAS son personas con mucha inestabilidad emocional y en contraposición la ventaja que ofrecen las ERICAS es que tienen decisión y convicción, sobre todo cuando se trata de alcanzar cualquier meta sin importarles el peligro que puedan correr. Aparentemente son buenas compañeras, tienen mucho carisma con las personas y se acompañan de la candidez y de la ternura, pero hay un fondo que muy pocos conocen y que podría ser visto como envidia, desafío y paranoia. Por su segundo nombre podrían llegar a ser bondadosas y protectoras, ello no garantiza que puedan llegar a tener más equilibrio.

**En la salud:** sería bueno que se propusieran cuidar su aspecto psicológico ya que la obsesión y el resentimiento les saca de todos los esquemas; eviten el licor y la droga porque algunas podrían convertirse en maniaco depresivas.

**En el dinero:** en este aspecto hay una búsqueda y una constante necesidad que llega desde la proyección de la vida de la infancia y adolescencia, por ello deben procurar tener como su única búsqueda la paz y la tranquilidad, por ende la felicidad.

**En el amor:** aquí tienen más espinas que rosas, pero en este camino su enorme ventaja es que cuando logran conseguirlo, no sólo tienen a un hombre sino que también tienen a un cómplice.

Divido en sus dos nombres: MARÍA significa MUJER MÁRTIR y MADRE UNIVERSAL y ERICA representa la INSEGURIDAD.

A la inversa este mantra se lee ACIRE AIRAM que representa a una MUJER DE PESO, LÍDER y REPRESENTATIVA.

*Su letra del éxito y la prosperidad es la A y la de su ADN es la I.*

## Erik

También comienza con la E y la R, pero su mejor letra es la K porque representa el paso hacia delante. Por esta razón a ellos no podrá irles mal en la vida, debido a que son muy pocos los que llevando este nombre se ven desamparados; pero si esto llegara a suceder es porque no han aprovechado bien las oportunidades. Tampoco saben que siempre habrá alguien que les ayude, les empuje y sea su incondicional. Son nobles, sensibles, ingenuos, pasivos, deprimidos, reprimidos, solos y tristes, además de tímidos. La sílaba ER es un decreto que invoca al PODER, es así que cuando a ellos se les llama por su nombre, automáticamente se les está diciendo TE ENTREGO el PODER; la sílaba IK representa a los INDIOS o INDÍGENAS, también a la cultura MAYA o INCA. Por lo tanto ERICK significa EL PODER de la SABIDURÍA.

**En la salud:** algo muy importante que deben comprender es que, por encima de todo, se les aconseja prudencia para cuidar y valorar la vida.

**En el dinero:** en este aspecto podría suceder que por la ambición de abarcarlo todo lo pierdan todo.

**En el amor:** el machismo y el egoísmo podrían impedirles ser felices.

Su mantra a la inversa se lee KIRE, que nos enseña a DAR, RECIBIR y QUERER; no nos extrañe que sean muy amplios y especiales con el dinero. La letra que muestra los obstáculos de este nombre es la E.

*Su clave del éxito y la prosperidad es su terminación IK. La letra de su ADN es la E.*

# Esther

**S**on mujeres encantadoras, además de distinguirse por su capacidad de trabajo y por el amor que profesan siempre a los suyos. Las más adultas se sacrifican mucho por los demás y al final resultan utilizadas; sin embargo, en su interior tienen una enorme esperanza representada en su hogar y en sus hijos. En el mundo afectivo y en el amor entregan todo lo que tienen y no siempre son correspondidas, en muchas ocasiones sus esposos o compañeros les dejan toda la carga. Quiero darles un mensaje muy importante y es que deben elegir si al final su deseo es seguir viviendo con felicidad o creyéndose víctimas del dolor. Sus hijos las aman, protegen y ayudan en todo lo que pueden porque ellos al igual que sus madres suelen ser seres nobles y, así no sean los mejores, tengan traumas o desorientación, si ellos se proponen salir adelante pueden triunfar y llegar muy lejos con el ejemplo de su madre y aunque éstas sean exigentes y excesivamente protectoras.

**En la salud:** la ansiedad, el estrés, la obsesión y el miedo a la soledad, dentro del aspecto psicológico; en el físico deben cuidarse de problemas en la matriz, los ovarios, el útero, además de la obesidad, que puede traer graves problemas cardiovasculares.

**En el dinero:** se ve que la lucha es intensa pero ustedes lo pueden lograr, sigan adelante que tarde o temprano encontrarán esa luz que les alumbre el camino.

**En el amor:** les aconsejo no comprar el sentimiento y tengan cuidado con la forma en que son amadas porque el amor no puede ser un cúmulo de intereses.

Divido en dos, su primera sílaba, EST, quiere decir GRANDES LUCHAS y BATALLAS y la segunda sílaba HER significa INDIVIDUALIDAD y EGOCENTRISMO.

Este mantra a la inversa se lee REHTSE, que significa VOLVER al PASADO.

*Su clave del éxito y la prosperidad es la terminación HER. Su letra del ADN es la letra E.*

Nombres con la inicial

# *Fabiana*

Otro nombre famoso dentro del género femenino, son esenciales en la vida porque eso que a ellas les sobra a muchas de nosotras nos falta.

En su mayoría son capaces de luchar, aun siendo muy consentidas en su grupo familiar. Esto es debido a que tienen una letra que les da mucho poder: la B. La A es la letra que les despierta la rivalidad y las impulsa a conflictos con cuanta mujer que se les cruce en el camino. Ellas nunca esperan a que las cosas lleguen por sí solas sino que van y buscan sus objetivos aunque tengan que soportar el qué dirán; tampoco se cansan en el dolor o en la frustración. Tienen tres casas espirituales representadas en las tres A y la letra I es el símbolo de la inteligencia; este nombre es bello pero no es aconsejable colocárselo a más de una persona dentro de un grupo familiar y mucho menos combinarlo con otro nombre porque ahí las enredarían y les harían difícil su vida.

**En la salud:** sus mayores problemas son bioquímicos y cancerígenos debido a que viven en su interior una intensa lucha emocional y para equilibrarse deben comportarse hasta de forma rebelde.

**En el dinero:** éste jamás será un problema para ellas, puesto que si no lo consiguen por trabajo lo consiguen por herencia y casi en su mayoría son excelentes profesionales.

**En el amor:** aquí encontramos cuál es principal búsqueda, aunque en su caso es diferente porque ellas vienen a este mundo a salvar a alguien a quien han amado mucho en otras existencias.

Dividido en dos se observa que: FABI es árabe pero ANA es latino; esto significa que en el nombre hay mucha descendencia y mezcla de etnias y culturas; la frase FABI representa la ACCIÓN y la NECESI-

DAD, ANA simboliza la PUREZA y una MUJER SANTA. Por lo tanto estas mujeres vienen en la búsqueda del sentimiento profundo. Su nombre significa CONOCIMIENTO DIVINO, por eso no les extrañe que algunas de ellas sean muy buenas y tengan el deseo de encontrarse a sí mismas, destacándose en la vida. Deben encontrar cuanto antes la espiritualidad, ya que la mayoría necesita conocer claramente su identidad para realizarse en este mundo.

Este mantra a la inversa se lee ANAIBAF, que representa a la ORACIÓN o la PALABRA DEL PUEBLO; por ello les recomiendo que no se dejen llevar por lo que dicen las masas sino que manejen su libre albedrío, fortaleza y su fe.

*Su clave del éxito y la prosperidad es la B y la I. La letra de su ADN es la A.*

## *Fabiola*

Este mantra pertenece a personas a las cuales les encanta hacer favores, son buenas amigas compañeras; algunas aprovechan demasiado el verbo para aconsejar pero a su vez juzgar y criticar; aunque no lo creamos en su interior tienen mucha lujuria pero por cuestiones religiosas y familiares se esconden en sí mismas para aparentar otra actitud y otra forma de vida. No todas pertenecen a una clase social alta y menos al poder pero tienden hacerse las más importantes en sus hogares, con su familia y amigos. En fin, se desempeñan a la perfección en el ámbito familiar, algunas veces tienen una vida sedentaria, los hermanos las quieren, las respetan y las ven como a una madre.

**En la salud:** también pertenecen al grupo de mujeres con muchos problemas en este sentido, sobre todo los psicosomáticos. Sufren de pena moral, incontinencia urinaria, colon, inapetencia sexual, además de la ceguera.

**En el dinero:** les gusta iniciar pequeños negocios como las ventas caseras o las artesanías, pero esto no es garantía de riqueza. Entonces, al menos las de la generación actual deben proyectar su vida hacia un futuro promisorio desarrollándose académicamente.

**En el amor:** una sugerencia: cuanto más difícil lo vean, más difícil será que lo encuentren.

Dividiremos este nombre en dos de la siguiente forma: FABI, que quiere decir REVOLUCIÓN, FAMA y SERVIR, y OLA que representa TODO LO QUE SE VA, se ESFUMA y se CONVIERTE en INTANGIBLE; por lo tanto, el mantra FABIOLA significa DESEOS DE VOLAR; en consecuencia les resulta difícil alcanzar el éxito y la riqueza. Si bien la mayoría de ellas son muy intuitivas y audaces también puede decirse que son pasivas, siendo su mayor obstáculo la letra L. Les recomiendo cuidarse en la entrega del amor a sus hijos porque ellos pueden llegar a abusar de sus cuidados y protección.

Este mantra a la inversa se lee ALOIBAF que representa los TESOROS PERDIDOS y la DIFAMACIÓN; es un nombre turco, además vienen de ser mujeres en una vida anterior.

Otro consejo es que depuren la palabra y sobre todo sus pensamientos, para no verse afectadas por los mismos.

*Su letra del éxito y la prosperidad es la O y la de su ADN es la B.*

# *Farith*

Estas mujeres pueden llegar a ser inmortales porque gozan de la pureza del misticismo, son inteligentes, son geniales y algunas además muy responsables, sobre todo las que quieren alcanzar una meta. Asimismo pueden llegar a convertirse en una leyenda dentro de su trabajo y en su profesión, sobresalen entre muchas personas por su capacidad de entendimiento y comprensión pero se equivocan cuando piensan que, a pesar de todas estas virtudes, no pueden llegar mas allá de lo quieren.

Ellas pueden explotar esa magia que tienen junto a su sentido común, por lo tanto les aconsejo que no se queden en un solo punto, que emigren, que abran nuevas puertas y horizontes en todo el mundo, a su vez el conocimiento y la intuición; aún más, jamás se cansen de vivir, luchar y amar.

**En la salud:** sabemos que un embarazo no es una enfermedad pero sí quiero prevenirles de abortos por descuido y a su vez de problemas en sus órganos procreadores, además de las enfermedades por transmisión sexual como la hepatitis B y el VIH, hemorragias por ciclo menstrual, hongos y problemas de ovarios.

**En el dinero:** el gran objetivo de sus vidas es salvar y engrandecer a sus familias, tenerlas en un lugar seguro, y esto, claro está, será posible porque ellas así lo han elegido; si siguen adelante no habrá nada que las detenga para lograr sus sueños.

**El amor:** éste es un aspecto muy positivo en ellas pero podrían sufrir también asedios o acoso sexual, así que, amigas, tienen que distinguir si lo que les prometen es amor o pasión.

Dividido en dos, su primera sílaba FA representa la ANSIEDAD y la ANGUSTIA, mientras que RITH es la MUJER que ENCUENTRA la SABIDURÍA.

A la inversa, este nombre se lee HTIRAF, que significa TRIUNFO SEGURO.

*Su clave del éxito y la prosperidad es la letra I. La letra de su ADN es la H.*

## *Felipe*

Estos hombres deben saber lo importante que es para ellos tomar las riendas de su vida, en este caso tienen un buen ejemplo con la letra "F", que representa a la persona que siempre está mirando hacia delante. Es por eso que muchos de estos hombres no tienen ni rivales ni obstáculos en su camino, sobre todo porque hay algo invisible que les protege su inteligencia y su razón y, a la vez les causa dolor. Esa esencia es el SEN-TIMIENTO. Por tanto es importante que encuentren la respuesta a sus dudas afectivas lo antes posible ya que pueden pasar los años sin que ellos se den cuenta de que tienen el amor universal a sus pies. Como ya sabemos, la letra "I" es la más importante del abecedario, la cual representa a la inteligencia del ser humano y es el símbolo de la felicidad. Ellos siempre tendrán una vida de grandes responsabilidades pero la mayor de todas es con su entorno familiar y la sociedad. Pienso que su mayor misión es ser los primeros, los representantes y los más impor-tantes, situación que les genera mucho estrés, por la responsabilidad tan grande que ni ellos mismos quieren tener en algunos momentos.

**En la salud:** deben ser conscientes de que la vida tiene grandes misterios y tratar de descifrarlos puede representar aislamientos en el ser humano; esto colabora a las depresiones profundas, además de los grandes temores; es mejor que se cuiden del miedo, la histeria, la obsesión, ya que al final puede dar como resultado la paranoia.

**En el dinero:** tienen una estrella que jamás se apagará, los FELIPE suelen ser los más poderosos de su género.

**En el amor:** es por este sentimiento que podrían entregar hasta su vida entera porque cuando se enamoran no les importa absolutamente nada más que el ser que han elegido.

Dividido en dos, su primera sílaba, FE, representa la CONFIANZA en SÍ MISMO y la frase LIPE simboliza la PUREZA.

Este mantra a la inversa se lee EPILEF, que significa REINAR, FIDELIDAD, HONESTIDAD y LEALTAD.

*Su letra del éxito y la prosperidad es la F y la de su ADN es la E.*

## Fernando

Hombres fuertes, arriesgados, mujeriegos y excelentes amantes. Cuando se proponen conquistar a una mujer lo hacen con su ternura y calidez. Son hombres que tienen muchas expectativas y corren demasiados riesgos para conseguir la riqueza, porque para ellos no es tan importante cómo llegue pero que llegue; son buenos hijos, algunos son muy atentos y considerados con sus madres, pero implacables hasta con sus seres amados; eso significa que muy pocos vencen las barreras del Ego y del orgullo.

**En la salud:** debido a su osadía con la vida, o dicho de otra manera, por su naturaleza desafiante, es prudente que conozcan el camino por el que transcurrirán, las amistades que tendrán y que también evalúen sus pensamientos en los momentos de angustias. Estos hombres no se preocupan mucho por lo que puede sentir su cuerpo, ya que lo que buscan son emociones fuertes; sin embargo, deben cuidarse de patologías mentales y problemas de circulación.

**En el amor:** ellos tienen una lucha y una búsqueda por este sentimiento pero, a modo de información para las mujeres interesadas, no buscan tanto quién les dé amor sino a quién dar sus sentimientos; eso hace que los que no son comprendidos sean infelices con sus parejas.

La frase FER en este nombre cuando se pronuncia tiene una entonación descendente, nunca ascendente; esto sirve para deducir que su MATERIALISMO puede ser muy PELIGROSO. No tienen mucha espiritualidad, pero son realistas a su manera. La palabra NANDO habla de PEREGRINO, BOHEMIO, SOÑADOR e ILUSO. Por consiguiente el nombre FERNANDO es igual a IRREALIDAD.

A estos seres humanos les aconsejo que traten de no mirar la vida tan deportivamente y que recuerden que la irresponsabilidad es una de sus grandes debilidades.

Este mantra a la inversa se lee ODNANREF, que simboliza la FUERZA y el ABANDONO, lo cual quiere decir que ellos son TEMERARIOS; no podría asegurar que sean muy organizados y si supieran aprovechar adecuadamente este materialismo podrían llegar a ser más afortunados.

En este nombre no hay ninguna frase que emita un decreto.

*Sus letras del éxito y la prosperidad son las tres primeras letras que lo componen, debido a que son su mayor fuerza, y la de su ADN es la O.*

## Fernando Adonai

En apariencia son suaves pero eso es un engaño visual ya que en su interior son muy fuertes de carácter; también son arriesgados, mujeriegos y excelentes amantes cuando se proponen entregarse realmente. No son buenos ni malos hijos, pero sí muy atentos con sus madres e invariablemente implacables con sus seres amados. Esto significa que muy pocos pueden derribar la barreras del ego y el orgullo. Aunque representen los buenos sentimientos el hecho de contar con el nombre de FERNANDO hace que se les despierten las ambiciones, sin importarles si lo que hacen es bueno o malo. Por el mismo lado tienen tendencia a la codicia y aún más a los negocios de alto riesgo. El nombre Adonai representa la fama y el reconocimiento por logros en investigaciones y descubrimientos. En su mayoría nacieron para las ingenierías, la medicina y la música. ¡Claro! estamos hablando de dos personalidades: el primer nombre es carismático y el segundo, místico por lo cual conocer a los portadores de estos dos nombres será todo un misterio. El nombre Adonai significa Calor Humano, adoración por sí mismo, en otras palabras, "narcisismo". Además, para que lo tengamos en cuenta, es un nombre masculino y femenino.

**En la salud:** otro de los grupos de este género que tienen tendencia a sufrir acciones violentas, también problemas de obesidad, de columna, desgarres musculares, sueño pesado, mala digestión y cáncer de próstata.

**En el dinero:** son hombres con muchas expectativas y pueden correr demasiados riesgos para conseguir la riqueza y el reconocimiento porque para ellos no es tan importante cómo lleguen pero sí que finalmente lo puedan conseguir.

**En el amor:** cuando quieren conquistar a una mujer hacen lo que sea explotando su ternura y calidez.

Dividido en sus dos frases: FERNANDO tiene como inicio la sílaba FER, que hacia abajo está mostrando al HOMBRE MATERIAL y hacia arriba al ESPIRITUAL. ADONAI significa ADORAR la RIQUEZA y el PODER.

Este mantra a la inversa se lee IANODA ODNANREF que significa FUERZA y ABANDONO, también VENDEDOR de SUEÑOS y AMAPOLAS.

*Su letra del éxito y la prosperidad es la F y la de su ADN es la I.*

## Flavia

Es un nombre sutil, no tiene un verdadero sentido ni una clara explicación, pero colabora mucho a la grandeza del Ego; principalmente, porque que las que lo poseen aparentan ser tímidas, sin embargo manejan una doble personalidad, observando e imitando siempre otras acciones para ver cómo competir; así mismo, ostentan una fuerza muy grande cuando se trata de rivalizar. Es indispensable que tomen cartas en el asunto para que sus vidas no se les conviertan en una competencia y traten de evitar así los problemas emocionales y los conflictos personales. Son conscientes de que su carácter independiente las hace vivir de forma peculiar y que incluso no se dan a conocer fácilmente ni siquiera con sus propias familias. No obstante, es paradójico que su nombre les dé tantas oportunidades para alcanzar lo que quieran.

**En la salud:** los nervios, las desilusiones, la terquedad, eso dentro del aspecto emocional; en el aspecto físico: inflamaciones en las encías, dolor en los huesos, las fracturas, los accidentes en vehículos pequeños, además de las infecciones respiratorias.

**En el dinero:** es trascendente verlas pararse ante la vida con mucha fe y fuerza cuando lo necesitan, más que todo, al desarrollar sus talentos, pero deben aprender a sobrellevar el carácter, que podría ser lo más importante.

**En el amor:** les daré solamente un consejo: no se compite, se vive.

Dividido en dos, su primera sílaba, FLA, representa lo inesperado e inexistente; su segunda frase, VIA, simboliza el triunfo y la esperanza. Es un mantra que a la inversa se lee AIVALF, que significa poder del alma y la fuerza de la vida.

*Su letra del éxito y la prosperidad es la A y la de su ADN es la F.*

## *Francisco*

Este nombre es realmente importante y pertenece a los caballeros porque es un decreto puro que representa a la santidad. Las personas que lo portan son muy objetivas y extremadamente realistas, sobre todo los adultos; entre los jóvenes hay algunos que sorprenden por su rectitud, los demás son igualmente especiales pero un poco obsesivos o impulsivos. Los FRANCISCOS tienen la predisposición a unir a las personas, sobre todo en su hogar, pero cuando las cosas no les funcionan o no son obedecidos ellos se aíslan y no intervienen más en los problemas de sus familiares ni de su entorno. Llevan una vida llena de ocupaciones, distinciones y hasta tormentos, son ejecutivos e incursionan con éxito en el ámbito de la medicina, muy hábiles para los deportes extremos, creativos, excelentes periodistas, maestros y grandes oradores.

**En la salud:** quiero darles un consejo simple y es que no olviden que la depresión trae muerte física y espiritual.

**En el dinero:** están dentro del grupo de hombres más afortunados ya que no sólo nacieron para tener riqueza física sino también espiritual.

**En el amor:** la buena noticia es que éste será el único que les salvará, ayudándoles a encontrar la luz para avanzar.

Miraremos el nombre FRANCISCO dividido en dos: su primera frase, FRAN, significa PASAR LAS BARRERAS y la frase CISCO se interpreta como CÁLIZ y SANGRE; por lo tanto, FRANCISCO quiere decir RENUNCIAR A LAS BARRERAS DEL DOLOR. Es por eso que ellos tienen tanta sabiduría y serenidad; estos seres humanos realmente son afortunados ya que lo que no logran por sí mismos lo consiguen por medio de otra persona. Por eso ellos entrarán en un cambio constante de su condición humana y deben saber que tendrán que sacar su alma de las profundidades.

El mantra a la inversa se lee OCSICNARF, que representa el PODER, la RIQUEZA y el ABISMO.

*Su clave del éxito y la prosperidad está compuesta por cuatro letras: I, S, C y O. La letra de su ADN es la C.*

# Freddy

Se destacan sobre todo en su adolescencia por una forma muy indefinida de ser y de actuar. Algunos se ven tiernos, nobles y tímidos; otros, inestables, confusos; y los demás tratan de llevar una vida familiar en plena armonía. Otra atributo que los caracteriza es que se convencen de algo y tratan de llevarlo a cabo hasta que se cansan y lo dejan. Una de sus mayores riquezas es la originalidad y el talento, la mayoría vienen de familias de clase media, con mucha unión y fe; además, los hijos mayores pretenden ocupan el lugar del padre. Otro hecho que les caracteriza es su tendencia a la procreación, pero, a pesar de ello, sus progenies no son muy extensas. Sin embargo ellos sí provienen de familias grandes, las cuales por momentos tienen problemas entre sí aunque luego recuperen la cohesión y el apoyo mutuo. Poseen varias aptitudes, pero su mayor motivación es representar un buen papel a nivel familiar y de amigos; como aspecto sobresaliente tienen el hecho de ser consentidos y Protegidos excesivamente por sus madres, convirtiéndose en hombres machistas y necesitados de que sus mujeres los traten de igual manera. Y aquéllos que son abandonados desde niños tienden a ser muy posesivos con ellas.

**En la salud:** en este aspecto quiero dedicar estas líneas para alertar a sus madres y demás miembros familiares porque los FREDDY si llegan a sufrir de maltrato físico pueden elegir un camino terrible. Su autoestima es tan vulnerable y frágil que una mala elección los haría perderse entre la droga, la delincuencia y aún más los alejaría de sus hogares casi para siempre.

**El dinero:** es otro aspecto en el que deben ser cuidadosos debido a que no saben controlar su ambición. Lo extraño es que cuantas más cosas ilegales hacen para conseguir riquezas, jamás la consiguen.

**En el amor:** suelen aferrarse a un solo sentimiento. Esta actitud la considero una obsesión que puede desembocar en los peligrosos celos sexuales.

Dividido en dos, su primera frase FRE representa el HOMBRE BROMISTA y el BUEN AMIGO; su segunda sílaba, DDY, significa HOMBRE CONFUNDIDO.

Este mantra a la inversa se lee YDDERF, que significa HOMBRE DIFERENTE y PERSONA de MUCHA FE.

*Su letra del éxito y la prosperidad es la Y y la clave de su ADN es la DD.*

Nombres con la inicial

# *Gabriela*

Sin importar cuál sea su combinación, representa la necesidad de destacarse, de ser reconocida, aceptada y, sobre todo, valorada. Esto significa llamar la atención. Usualmente tienen una fijación muy marcada con las madres, teniendo en cuenta que sus progenitoras tratan de darles todas las posibilidades para que ellas sean felices e independientes. Pero hay algo que les falta, que es similar a la actitud, la fuerza, la capacidad, la independencia y la creatividad. Les sugeriría más vibración para que el cuerpo tenga una mejor conducta con respecto a la expresión motriz, al igual que deben desarrollar más la mete y aprender que en la vida no sólo se consigue lo que se sueña sino también lo que se persigue. La inseguridad, la autocompasión e inestabilidad pueden influenciarlas de forma negativa.

**En la salud:** aquí puede haber enfermedades congénitas, constantes depresiones y una predisposición a enfrentarse coléricamente, sobre todo con las personas que aman.

**En el dinero:** si ellas no luchan en la vida pueden estar mucho tiempo sin conocer la prosperidad.

**En el amor:** un buen consejo es que no deben tratar de controlar a los demás, es asombroso que estas mujeres con apariencia pacífica tengan tanta soberbia y necesidad de manipular; teniendo en cuenta esto, también quiero recordarles que el amor de las madres siempre debe ser un trago dulce y no un amargo elixir; esto les digo porque de nuestro género ellas son algunas de las que manejan muchos conflictos y más pronto pierden a sus madres.

Dividido en dos, su primera frase, GABRI, representa TERQUEDAD y su segunda frase, ELA, quiere decir MUJER que se DEBATE ENTRE lo MASCULINO y lo FEMENINO.

Este mantra a la inversa se lee: ALEIRBAG, que significa ALFA y OMEGA.

*Su letra del éxito y la prosperidad es la I y la letra del ADN es la B.*

## Gelin

En este nombre se ve un contexto indescifrable en el carácter de estas mujeres. Su letra más sobresaliente es la G, porque les transmite mucha fuerza, carácter y poder, pero no obstante se convierten en personas problemáticas y a pesar de tener un enorme sentido de la consciencia a veces no controlan los impulsos. Esto es comprensible ya que para algunas no es fácil manejar un estilo de vida que cumpla sus sueños porque desde niñas han tenido represiones en su comportamiento y han entregado toda la energía a su familia, por una complicada historia vital. Me refiero a que seguramente les faltó una orientación más proyectada a sí mismas, a su responsabilidad y sobre todo al Amor. Sin embargo, esto no quiere decir que deban quedarse dando vueltas en un círculo emocional, tampoco es prudente que se depriman, ya que esto les puede llevar a la inconsciencia, dañando a otras personas con su dolor. No son muy públicas pero sí pueden llegar a ser exitosas, tienen mucha astucia y sufren de ansiedad por las cosas que no pueden lograr a tiempo. Algunas logran gozar de grandes riquezas por herencia o porque se unen a un hombre de mucho dinero.

**En la salud:** enfermedades psicosomáticas como el asma, las dolencias físicas y los tumores que se convierten con el tiempo en físicas pueden hacerles la vida muy difícil. Mi consejo es que se protejan de las depresiones profundas.

**En el dinero:** aquí deben desarrollar más las ambiciones, sería maravilloso que abrieran mucho más su intuición, dejándose guiar por el ser interno para que éste les muestre su verdadero destino.

**En el amor:** solamente tienen un sentimiento y es por sí mismas, aunque no olvidemos que sólo recibe aquél que sabe dar.

Dividido en dos, su primera sílaba, GE, representa el gran jefe y el enemigo de sí mismo y su segunda sílaba, LIN, quiere decir campanas de la vida.

Este mantra a la inversa se lee NILEG, que significa mujer que AVANZA.

*Su letra del éxito y la prosperidad es la letra G y la de su ADN es la N.*

## Gina

Es preciso darles un buen consejo y es que deben tratar de no caer en constantes depresiones y ojalá conserven una alta autoestima además de la calma. Les reitero que no es bueno subyugar a los demás, sobretodo con la palabra, recuerden que es maravilloso amar y ser amado y que es aún mucho mejor amarse a sí mismos. En cuanto a lo laboral y académico, es un factor importantísimo ya que es prácticamente lo que les abre las puertas del futuro, de todas maneras, lo que realmente tiene una importancia extrema para ellas es que sepan ponerle ganas a la vida ya que así evitarán perder el equilibrio emocional. Con respecto a la familia suelen ser muy entregadas a sus parejas e hijos por algún motivo muy poderoso que les mueve, que deduzco pueden ser los recuerdos de sus vidas. Quizás por eso les cuesta tanto encontrar la felicidad merecida.

**En la salud:** hay actos irrelevantes en el ser humano y habitualmente éstos terminan dañando a los demás aunque no lo queramos. Más alarmante resulta encontrar personas que se dañan a sí mismas.

**En el dinero:** me da la sensación de que ellas le temen a la búsqueda de la prosperidad y la riqueza. Cuando le pierdan el temor al merecimiento se encontrarán con un mundo lleno de felicidad.

**En el amor:** sus mayores conflictos están relacionados con la dependencia y la temible soledad, sería maravilloso que evitaran caer en esta trampa.

Divido en dos, su primera sílaba, GI, quiere decir TESORO ESCONDIDO y su segunda sílaba, NA, significa SEGUIR ADELANTE.

Este mantra a la inversa se lee ANIG, que simboliza IMPERIO y PODER ECONÓMICO y algo que ellas deben comprender, es misión de vida.

*Su clave del éxito y la prosperidad es la letra G y su letra del ADN es la letra N.*

# Gloria

En este nombre también se insinúan los problemas de baja autoestima convirtiéndose incluso en un caso especial, ya que he llegado a la conclusión de que son muy extrañas, indefinidas y además he conocido a muchas cuyos padres llevan vidas absolutamente desordenadas. Ello les hace perder la conciencia del valor por sí mismas y el amor propio. Hay otras a las que la familia se les convierte en una absoluta responsabilidad. A las demás no se les conoce más que trabajo y lucha.

Para referirnos a su forma de ser veremos sólo dos tipos de mujeres: en primer lugar, las honestas, responsables, trabajadoras, aunque asimismo mezquinas y celosas, las cuales saben llegar con el arte de la palabra a las personas porque tienen muy claro el hecho de que les creen fácilmente por lo que aparentan; el otro grupo lo forman aquéllas que descuidan su aspecto físico debido a su ilimitada inseguridad y que ni siquiera tienen la capacidad de desenvolverse laboralmente.

**En la salud:** necesitan control mental, cuidarse de los dolores fuertes de cabeza y estomacales.

**En el dinero:** deben desprenderse de su actitud pasiva ante la vida y potenciar un carácter diferente, con firmeza, voluntad y seguridad para así beneficiarse de un mejor futuro.

**En el amor:** tendrán una búsqueda eterna pero la plena seguridad de que el amor les llegará finalmente, ya sea en la adolescencia, juventud o en la vejez.

Al dividirlo en dos, su primera sílaba, GLO, significa ELEVARSE a las ALTURAS y su segunda frase, RIA, representa la BÚSQUEDA de la ALEGRÍA

A la inversa este mantra se lee AIROLG, que significa VUELO hacia la INMENSIDAD.

*Su letra del éxito y la prosperidad es la I y la de su ADN es la G.*

## Gonzalo

A este nombre le favorece la letra G, claro que dependiendo de la forma en que se realicen, por ejemplo: (G - g -), en cada una de ellas está reflejando un comportamiento, una acción o necesidad. En la primera podemos observar a una persona que gasta a manos llenas; en la segunda, los rasgos de la homosexualidad, conducta maniaco depresiva, depresión profunda y comportamiento psicópata. Pero hay diferentes definiciones o dimensiones, por ejemplo: vemos al individuo que fantasea con aquello que no posee y al hombre que quiere representar una imagen diferente a la que realmente tiene, ya sea positiva o negativa. Pero si la costumbre es hacerla totalmente cerrada, los GONZALOS podrán tener mucha prosperidad. Sin embargo, así sean muy afortunados, las cosas no se les presentarán tan fácilmente. Hay una minoría que se busca problemas y sufrimientos tanto a nivel personal como económico, por lo que les aconsejo jamás escribir la G abierta. En el caso de la letra Z, ésta muestra impedimentos por los lazos afectivos que les unen al pasado.

Los GONZALOS son en su juventud chicos normales, a veces un poco traviesos; les encanta aparentar y dentro de sus familias son importantes porque a algunos les toca manejar la parte financiera o ayudar a criar a sus demás hermanos. Es posible que unos pocos queden huérfanos a temprana edad y les toque asumir la economía del hogar. Además, son nobles, sensibles y en un gran porcentaje, afortunadamente, honestos y trabajadores a tal punto que paso a paso van conformando grandes y pequeñas empresas o trabajan mucho tiempo como empleados en un solo sitio. Fuera de eso sorprenden con sus genialidades.

**En la salud:** definitivamente su gran perdición serían las adicciones. La situación que ellos deberían impedir sobre todas las cosas son las apuestas.

**En el dinero:** tienen mucha fortuna por su espiritualidad y nobleza, esa gran mayoría que quiere hacer el bien y ayudar a los demás y la pequeña minoría que se sale de estas reglas y tiende a crearse dolores y sufrimientos. Es por lo que se les aconseja que eleven día a día una oración al Ser Supremo del universo y no permitan que las ambiciones les dañen la capacidad de amar impidiéndoles afianzarse en la fe.

**En el amor:** sería prudente que no pusieran tantas reglas a la hora de amar y además reciban el sentimiento libre como los demás se lo quieran dar, sobre todo en el aspecto sentimental.

Este nombre dividido en dos muestra que la primera frase, GON, es un poderosísimo mantra salido del sonido de las campanas; GON emite UNA PLEGARIA O SÚPLICA A DIOS y la frase ZALO, es DESAFÍO Y FORTUNA. Por eso GONZALO significa SABIDURÍA PARA ALCANZAR EL PODER.

Es un mantra que a la inversa se lee OLAZNOG y representa los ESLABONES y la ELEVACIÓN HACIA EL UNIVERSO O HACIA LA ESPIRITUALIDAD.

*Su letra del éxito y la prosperidad es la G y la de su ADN definitivamente es la G.*

# Grushenka

Nombre ruso checoslovaco pero con sus raíces en la India; nombre que podría hacer a su portadora una persona notable y famosa; capaz de representar a cualquier ideología o nación, inteligentes por naturaleza y con sus raíces estrictas por herencia genética del padre. Capaces de lograr grandes objetivos económicos además de poder construir una generación de hijos llenos de virtudes. Aparentemente respetuosas de sus familias, la capacidad de liderazgo las lleva a manejar todo lo que pueden a su alrededor.

**En la salud:** pueden sufrir de problemas de afasia y ver por tanto afectada su capacidad para el lenguaje, además de tener algunos problemas mentales y psíquicos. Por el lado emocional ven alterada su capacidad e inteligencia por traumas de violaciones en su estado físico o psicológico.

**En el dinero:** tienen la posibilidad de variar su forma de vida por conceptos que necesitan organizar sobre todo en el razonamiento. Por lo tanto, más que un consejo es un impulso el que me gustaría que tuvieran, con estas palabras, para que se ayuden con la voluntad y no olviden que pueden empezar sus planes para el éxito en cualquier parte del mundo.

**En el amor:** las palabras sanas y sabias les transformarían la vida. Por tanto los hombres que las cortejan deben aprender que ésta es la única manera de que ellas amen con felicidad.

Divido en dos, su primera sílaba GRUS quiere decir BUEN GUSTO y PROMINENCIA y su segunda sílaba, HENKA, significa ESCÁNDALO O BAILARINA; esto muestra que en lo posible deberían manejar un buen estilo de vida para el desarrollo de un comportamiento ideal.

Este mantra a la inversa se lee AKNEHSURG, que representa la MUJER DE UN REY, también SUEÑOS Y DESVENTURAS.

*Su letra del éxito y la prosperidad es la K y la de su ADN es la H.*

## *Guillermo*

Todo nombre que comienza con "G" en su primera letra representa a los seres que, sea como sea, siempre tendrán mucha fortuna y con muy poco esfuerzo, pero deben aprender a cuidarla porque dependiendo como la consigan también puede representar las pérdidas y la mentira. Que se ayuden a cuidar esta parte de su vida puede ser muy importante teniendo en cuenta que ellos son los futuros empresarios y su dinero puede venir de la fama en el deporte, en el arte o de las ingenierías (sobre todo la mecánica), arquitectura, el periodismo, el derecho y la medicina, bioenergética u homeópata. Ellos definitivamente siempre serán coronados por el símbolo del dinero, representado en la letra "U". Algunos desarrollan tendencias a las adicciones, entre otras sustancias destacarían el alcohol mezclado con los fármacos; además de ser mujeriegos, tienen carisma, ternura y pureza en el alma; son necios y extrovertidos.

**En la salud:** disfrutan de un buen sistema inmunológico, por ello sus enfermedades pueden ser una entre mil, excepto cuando se las busquen. Aparte de las infecciones por transmisión sexual o situaciones accidentales su enfermedad más grave es la necesidad de estar buscando el sexo de forma diferente.

**En el dinero:** en este aspecto, lo repito nuevamente, nacieron con buena estrella, sería maravilloso que no la dejaran apagar por la inseguridad o el temor.

En el amor: eternamente buscarán a su ideal y tal vez algunos no lo encuentren jamás.

Dividido en dos, su primera sílaba, GUI, muestra al SER que GUÍA hacia la LUZ, su segunda frase, LLERMO, representa un ÁRBOL muy FUERTE y las VELOCIDADES; por eso deben CUIDAR su VIDA de los ACCIDENTES.

Este mantra a la inversa se lee OMRELLIUG, que representa el HOMBRE de HONOR y ORGULLO.

*Su letra del éxito y la prosperidad es la G y la de su ADN es la N.*

# Gustavo

Tal vez nos parecerá increíble cómo, en un solo nombre, puede haber tantas diversificaciones del destino. Lo digo por nombres como AUGUSTO, CARLOS, NAPOLEÓN, ANDRÉS y JORGE, que son algunos de los que representan el poder en el mundo. Con todo en GUSTAVO hay una respuesta muy clara si observamos la letra con que comienza, o sea la G, seguida de las letras U, S, T, A y la V. Significan en conjunto frutos y laureles. Se completa el nombre con la O, que es el símbolo de la sabiduría universal y que les está dando constantemente más conocimiento y fuerza. Por tanto, tienen todas las posibilidades e ingredientes para pertenecer a los más célebres e importantes. La pregunta es: ¿qué GUSTAVO no da qué hablar, tanto en las familias como en las empresas? Absolutamente todos porque tienen el sello representado por la S y si ellos supieran este significado no cometerían errores en la vida puesto que todo lo pueden lograr, realizando sueños no sólo económicos sino para el beneficio de la humanidad.

**En la salud:** traten de no dejarse manipular los sentimientos porque son comprensivos, compasivos, eviten que los excesos les produzcan enfermedades de transmisión sexual e intoxicaciones y cuiden su columna de accidentes.

**En el dinero:** me gustaría aconsejarles que todo sueño se tiene que construir sobre la base sólida que llamamos LOS PRINCIPIOS.

**En el amor:** hay muchas incoherencias a causa de que argumentan no ser entendidos y respetados en su libre albedrío.

Este nombre se puede dividir en tres partes, pero sólo les mostraré las dos principales: GUS representa las SENSACIONES y el AGRADO. TAVO es una frase implacable, que además simboliza la MONEDA. Por lo tanto el nombre GUSTAVO significa LA BÚSQUEDA. Se les aconseja mantener discreción y paciencia ya que no importa el tiempo que pase, tarde o temprano todo lo obtendrá.

Este mantra a la inversa se lee OVATSUG que significa ECHAR, ALEJAR O DESTRUIR, mostrando así que no aceptan lo que no les gusta o no les conviene.

*Sus letras del éxito y la prosperidad son la V y la U. La letra de su ADN es la A.*

Nombres con la inicial

# "H"

# Hariam Mauricio

Hariam significa: juego de la vida, rey egipcio y sueño inconcluso. Tienen la magia, el poder y la astucia, mientras que Mauricio personifica a un hombre noble. Sería prudente que se alejaran de los vicios y de las malas amistades para que, en nombre del amor y la lealtad, no llegue ninguna persona a manipularles, ya que eso les podría costar la seguridad y la integridad física. Además, deben ser cuidadosos y evitar las estafas, los negocios oscuros y las ambiciones desmedidas. La facilidad con la que cuentan para conseguir la riqueza es tan grande como la facilidad con la que nace el sol; asimismo, la habilidad con la que ellos evaden el amor es de maestros porque nunca saben cuál es el momento ideal para convertirse en responsables. Una sugerencia sería conveniente, que se comprometan más con la vida y que desarrollen sueños e ideales, porque la meta es no perder la motivación para seguir evolucionando.

**En la salud:** eviten las agresiones físicas y definitivamente las drogas, teniendo en cuenta que la mayoría de ellos tiene esta tendencia autodestructiva.

**En el dinero:** deben protegerse de la ambición y la codicia, que primero les aportará mucho y luego les quitará todo.

**En el amor:** deben disfrutarlo y aprovecharlo cada vez que llegue, sobre todo pongan los pies en la tierra y jamás olviden que fuera de los amigos y sus actividades también existe el amor de una mujer.

Dividido en sus dos nombres: HARIAM quiere decir TEJEDOR de SUEÑOS y MAURICIO, la FRONTERA ENTRE el BIEN y el MAL.

Este mantra a la inversa se lee OICIRUAM MAIRAH, que significa ORÁCULO de la FORTUNA.

*Su letra del éxito y la prosperidad es la H y la de su ADN es la M.*

# *Hebert Emenzon*

Se les recomienda a los portadores de este nombre que actúen según sus propios criterios pero comprendiendo en todo momento el contexto y sabiéndolo analizar para elegir bien el camino, pues en caso contrario podrían sucumbir a graves errores en sus actuaciones y en la elección de sus destinos. También se les aconseja evitar problemas con la justicia así como las complicaciones familiares e incluso los incidentes con personas ajenas a su círculo porque manejan una energía muy propicia para atraerlos. Fuera de esto es posible que ellos en su interior manejen una forma de actuar no muy conveniente para su espíritu; sin embargo salen adelante fácilmente porque su audacia y capacidad rebasa los límites, lo que les puede ayudar a sobreponerse.

**En la salud:** la influencia de la maldad puede ser una pésima elección porque luego no sabrán cómo controlarla. Realmente quieren ser buenos pero tienen temores que los desestabilizan totalmente por lo que les resulta muy difícil entender sus necesidades, angustias y miedos, entre ellos el miedo a la pobreza. Les recomiendo que para tener una buena salud mental y física tengan una vida sana cuidándose de los problemas con los bioquímicos.

**En el dinero:** los HEBERT pueden alcanzar la fama por medio de los deportes, el comercio, y la creación de empresas. Los EMENZON son un poco más dedicados, buscadores y acertados.

**En el amor:** ninguno de los dos tiene grandes fracasos pero sí una necesidad de saciar sus deseos, llegando a ser impulsivos en el amor y el sexo; aunque no se les convierte en un problema psicológico podría traerles otro tipo de inconvenientes que no les dejaría ser felices.

Dividido en dos frases, HEBERT quiere decir HOMBRE de LEYES y EMENZON significa ELOCUENCIA o FACILIDAD de PALABRA.

Este mantra a la inversa se lee NOZNEME TREBEH que representa la nostalgia y los recuerdos, también la PIEDRA ONIX.

*Su letra del éxito y la prosperidad es la N y la de su ADN es la H.*

## Héctor Alberto

Los seres humanos tenemos la tendencia a construir cárceles en nuestro entorno, ya sean mentales, emocionales, espirituales o materiales. De forma visible o invisible. También, a dar marcha atrás ante las responsabilidades. Los portadores de este nombre tienen una línea equivocada entre la Fe, la esperanza, la ambición, el ocio y el esfuerzo.

Propensos a los pensamientos indefinidos, son como niños, inmaduros de aspecto atractivo y sencillos, que les hace ver como personas diferentes a lo que realmente son. Por el lado de HÉCTOR llevan a cuestas la cruz de la angustia en el nivel afectivo y la explicación es la siguiente: algunos, de una u otra forma, "abusan" de sus cargos o del poder que manejan para seducir a la mujer o a las personas más débiles. Por otra parte, y también vinculado con el nombre HÉCTOR, suelen tener mucha suerte en el ámbito laboral, ganan mucho dinero, son audaces y autosuficientes. Por el lado de ALBERTO las posibilidades aumentan porque suelen ser grandes profesionales, con una buena trayectoria, permitiéndoles esta condición disfrutar de una vida cómoda sin necesidad de que lleguen a ser demasiado adinerados. Adicionalmente mientras los ALBERTO brillan por su mal carácter, los HÉCTOR son buena gente y aparentan delicadeza y cordialidad.

**En la salud:** entre sus mayores defectos o faltas se encuentran el autoritarismo y, por el lado de ALBERTO, la agresividad y la intolerancia. Esto convierte a los HECTOR ALBERTO en portadores de un síndrome Hitleriano. Otras enfermedades comunes son es la hidropesía, la gastritis, el colesterol y problemas del sistema cardíaco.

**En el dinero:** no hay mucho que decir, me quito el sombrero ante estos hombres tan afortunados, sólo un consejo: no se duerman ante todo lo que DIOS les ha dado.

**En el amor:** fracasan bastante por este lado y casi podría decirse un elevado número de ellos ya están separados, debido a su proclividad hacia los vicios relacionados con las mujeres, si bien no siempre se conviertan en casos de adicción. Aunque muchos de los ALBERTO pueden convertirse en solterones a la espera del amor ideal. ¿Pero quieren saber ustedes cuál es este ideal? Es aquélla que sepa realizar las labores domésticas tal como las hacía la madre o la hermana mayor.

Este mantra a la inversa se lee OTREBLA ROTCEH, que significa la OTRA CARA de la MONEDA.

*Su letra del éxito y la prosperidad es la O y la de su ADN es la T.*

# *Heidy*

$M$e encantaría que las HEIDYS se dieran cuenta de que la base más importante de sus vidas es el AMOR. Ellas inspiran respeto, bondad, ternura y todo lo que llame la atención, pues lo hacen con calidez y consideración. Son afortunadas y aunque su nombre comience con H en muy pocas ocasiones tienen problemas de adicciones o con la justicia. La explicación es muy sencilla: son mujeres sobreprotegidas; el resultado de esto es que sufren pocas carencias afectivas, aunque la falta de libertad puede ocasionarles algún tipo de dificultades. Siempre tratan de buscar las vivencias de la infancia en su desarrollo, mucho más si ésta fue maravillosa o admiraron mucho a sus padres. El nombre HEIDY tiene un componente bastante importante, la terminación Y, letra que simboliza la espiritualidad; o sea, que también las protege el universo.

**En la salud:** sus mayores enfermedades son la soledad, la depresión las afecciones psicosomáticas, representadas en el cáncer.

**En el dinero:** tal y como nos podemos imaginar, hablamos de grandes y prósperas siembras. Pero, a la vez, diluvios, soledad y pobreza; eso quiere decir que HEIDI es igual a FRUTOS QUE BROTAN DE LA TIERRA.

**En el amor:** siempre será un gusto para ellas disfrutar de este sentimiento y para los que no lo sepan hay que decirles que las HEIDYS son grandes amantes.

Al dividir este nombre en dos partes, su primera sílaba, HE, significa SER, ESTAR y AQUEL; la frase IDY representa VIDA, ALMA Y CONOCIMIENTO. Por consiguiente HEIDY es igual a igual a ESTAR DENTRO DE LA CONCIENCIA. Con esta información tienen tal vez la oportunidad más importante para conocer no sólo su verdadera naturaleza sino que pueden definir un maravilloso camino dentro de su vida material o espiritual, lo cual las convierte en las más especiales dentro de nuestro género. Les sugiero evitar la mentira puesto que a veces se salen mucho de su realidad.

Este mantra a la inversa se lee YDIEH que significa DIEZMO, LIMOSNA, SEMILLA Y HURACÁN.

*Su letra del éxito y la prosperidad es la letra Y. La letra de su ADN es la D.*

# Helena

Otro nombre que lleva rejas, pero su significado es diferente debido a que en esta ocasión la cárcel es psicológica y emocional. Muchos hemos notado que la mayoría de estas mujeres son muy reprimidas, que no saben manifestar sus emociones porque piensan que pueden dañar a los de su entorno. Es un buen planteamiento debido a que la única forma real de comunicación que existe en el ser humano es la palabra. Sin embargo son expertas en demostrar sus enojos con los gestos y actos. No es fácil de explicar esto, pero estas mujeres son tan simples que no se sienten, ni se saborean, ni se degustan; les falta magia y emoción; porque fingen la alegría, porque necesitan escapar siempre de lo que las agobia y las entristece. Algunas prefieren vivir solas, alejarse de la familia y casualmente es ahí donde están sus mayores conflictos; otras le temen al pasado. Su mayor riqueza espiritual es que les gusta servir y enseñar; viven tratando de solucionar problemas, asumiendo miles de responsabilidades, lo cual no les favorece.

**En la salud:** su corazón es lo que más sufre en el momento de los dolores afectivos, cuídenlo.

**En el dinero:** mi consejo es que conserven todos sus espacios, desde el alma hasta su universo material, ya que con eso romperán muchas barreras, no guarden lo que les dañe su forma de vida y les impida continuar.

**En el amor:** su espíritu siempre se eleva, eso significa que son más notables espiritual que físicamente; esto explica sus constantes rupturas afectivas.

Al dividir su nombre en dos, su primera frase, HEL, nos recuerda el significado de ENVIADA DE DIOS; en cualquier nombre en el que se halle la palabra EL, no importa en que posición esté, encontraremos a un buen ser humano; la palabra ENA habla de la naturaleza, de la frescura y de la pureza. Por lo tanto, el nombre HELENA es igual a DAR Y RECIBIR.

Este mantra a la inversa se lee ANELEH y es una protesta masiva, por lo tanto significa ELEVAR TU VOZ.

*Su letra del éxito y la prosperidad es la frase HELE, ya que al escribir el nombre HELENA forma una alabanza, que se traduce como: guía tu vida con equilibrio, que tu mayor sabiduría. La letra de su ADN es la H.*

# *Hernan*

Un importante consejo para ellos es que no deben hacer la letra inicial H con barrotes porque ésta representa las rejas, y esto puede significar que cualquier error que cometan en sus vidas podría traerles problemas con la justicia, provocándoles traumas psicológicos muy perjudiciales para su desarrollo de vida. Al margen de esto es un nombre muy representativo puesto que son del grupo más popular en el género masculino aunque sus actos sean comunes y corrientes, con un trabajo y hogar normales. Abarcan amplios espacios pero saben solucionar problemas por sus cualidades psicológicas y su vivacidad, lo que les convierte en buenos estudiantes. Ojalá sobre todo ellos aprovecharan esto.

**En la salud:** tal vez sean de los pocos seres en el mundo que conocen la sensación del dolor en el alma por pérdidas afectivas.

**En el dinero:** algo que deben asimilar y aprovechar es su carisma, capacidad intelectual y conocimientos por la posibilidad de abarcar espacios notables dentro del ámbito administrativo, la psicología, la medicina y la odontología.

Dividiendo su nombre en dos nos daremos cuenta que la frase HER habla de acusación y persecución; aunque la letra R forme un mantra, éste no se eleva aunque sí nos da un modelo para amar a nuestros semejantes; por eso cuando pronunciamos HER inconscientemente estamos diciendo que todos son maravillosos. La palabra NÁN sí es un decreto pero está encerrado entre dos N que simbolizan el camino hacia el bien y el mal.

**En el amor:** el nombre HERNAN es igual a GUIAR AL HERMANO; por eso les aconsejo que se dejen llevar por su noble corazón e intuición, aprendiendo no sólo a dirigir al hermano sino también a dirigir su propia vida.

A medida que pase el tiempo este nombre, como muchos otros, irá desapareciendo; el motivo es que tomarán más fuerza nombres más cortos, por ejemplo, JACK, EMILY, SOFI, etc., por la proyección futurista de la humanidad, lo cual nos indica que los nombres no tienen un origen real porque cualquiera y de cualquier forma se pueden crear. El nombre HERNAN puede tranquilamente convertirse en la frase HER y con una buena combinación sería espectacular, por los componentes de sus letras. Por el momento les dejaré este mensaje a los HERNAN, para que desarrollen mucho más su fuerza intelectual y abran la posibilidad de tener muchos más dones.

Este nombre a la inversa se lee NANREH, el cual no tiene sentido; es posible que muchos de ellos en sus vidas anteriores no hayan tenido un espacio o un      lugar, o inclusive no hayan existido, por lo que no son almas muy antiguas.

*Sus letras del éxito y la prosperidad son las H-E-R y la de su ADN es la N.*

## Hugo

**D**entro de este nombre hay situaciones realmente paradójicas ya que ellos pueden ser honestos, leales, buenos, comprensivos, pasivos, talentosos, creativos, artísticos, o todo lo contrario, seres agresivos, soberbios, adictos, perezosos, mentirosos y deshonestos. Es posible que sorprenda esta definición de los HUGO y les diré dónde está el gran secreto: letras, la H, U y G están muy próximas. Entonces, si la H representa el encierro o las rejas, U simboliza el dinero y la riqueza y la G la posesión, el gasto excesivo y los maniacos depresivos, obviamente la la deducción es sencilla: no se puede confiar en ellos y esto proviene de la desconfianza en sí mismos, no depende de los demás. Los que tienen traumas por su historia vital se convierten en seres exageradamente violentos.

**En la salud:** podrían llegar a tener graves patologías psicológicas si no se les detecta estos problemas a tiempo y desde la niñez. Entre éstas están; la paranoia, obsesiones compulsivas y, en algunos casos alarmantes, la esquizofrenia. También podrían presentar enfermedades bioquímicas y cerebrales.

**En el dinero:** hay algunos con muchas posibilidades y oportunidades pero la mayoría son los más inestables del sexo masculino.

**En el amor:** la necesidad de una identidad en los HUGO no les permite pisar tierra firma ni darse cuenta de sus problemas, mucho menos adoptar una posición como esposos o buenos padres.

Dividiendo el nombre en dos, su sílaba HU simboliza el precio de la moneda, pero como está acompañada por la H representa el VALOR de la libertad. La sílaba GO muestra el JUEGO y la HUIDA. Por lo tanto HUGO es igual al VALOR DE LA LIBERTAD. A ellos les aconsejo no huirle tanto a las responsabilidades, deben despertar ya que el mundo se los puede tragar sin haber iniciado un camino.

Este mantra a la inversa se lee OGUH, que tampoco tiene sentido y sigue mostrando la unión que hay entre la H y la U; por eso yo diría que el nombre HUGO puede significar IR HACIA OTROS RUMBOS.

*Su letra del éxito y la prosperidad es la O y la de su ADN es la H.*

Nombres con la inicial

# *Ignacio Alonso*

Si me ponen a elegir, me gusta más el segundo que el primero de estos nombres, la razón es que el IGNACIO es un nombre para hombres no muy conocidos, además practican más el formalismo y la diplomacia; sin embargo, sus portadores no son muy seductores ni carismáticos, por el contrario, son más bien fríos y dados a ejercer el mando y la autoridad.

**En la salud:** cuando ellos se encuentran en las etapas de la niñez, la pre-adolescencia y adolescencia, son hiperactivos, algunos roban muchas energías por la necesidad de atención y son muy pocos los que desde la niñez empiezan a demostrar sus capacidades intelectuales. De adultos adoptan posiciones responsables, tienen tendencia a los vicios por traumas psicológicos.

**En el dinero:** los portadores de estos nombres podrían desempeñarse mejor como profesionales filósofos, psicólogos, educadores, ingenieros, como buenos odontólogos, médicos, en fin, una variedad de actividades que les permitan demostrar sus condiciones y cualidades.

**En el amor:** les gusta tener hogares estables, mujeres buenas, hacendosas y dedicadas a los quehaceres domésticos y aunque dan la sensación de modernidad nunca cambiarán su machismo.

Dividido en sus dos frases: IGNACIO quiere decir HOMBRE de INGENIO y PODER; ALONSO representa el CARISMA. Debido a la influencia que tiene sobre ellos el nombre IGNACIO sería prudente que su salud física y psicológica fuese examinada constantemente.

Este mantra a la inversa se lee OSNOLA OICANGI, que significa MILAGRO de la VIDA.

*Su letra del éxito y la prosperidad es la G y la de su ADN es la I.*

# *Inés*

Tenemos ya el conocimiento de la importancia del símbolo de la prosperidad y de los grandes imperios representados en la letra I. Éste es un buen nombre pero no para la época actual porque la composición de sus letras son un tributo a la necesidad. Puede ser que la mayoría de las mujeres que lo portan sean un poco necias y sus hijos las complazcan demasiado, siendo afortunadas en este sentido. Fuera de esto, los demás se dan cuenta de sus debilidades y su manipulación.

La frase NÉS es un soneto negativo, por lo tanto INES significa: NO PUEDE SER y no es de extrañarse que sea un nombre común entre las mujeres adultas por lo que acabo de explicar. Durante el siglo pasado pudo haber sido un nombre muy popular pero ya no es muy habitual entre las mujeres más batalladoras y vanguardistas de la época actual. Para la mayoría las cosas son mucho más fáciles y a las que les ha tocado sufrir para lograr sus objetivos han olvidado la forma de dar amor. Las amas de casas son muy dedicadas al hogar y su vejez la pasan entre las iglesias, sus amigas y el té.

**En la salud:** son hipocondríacas, debe ser porque no tienen otra cosa diferente de qué preocuparse que de los demás y lógicamente pueden crearse un sinnúmero de enfermedades psicosomáticas.

**En el dinero:** en este aspecto las mujeres de nuestro siglo actual son las que más pueden luchar y conseguir, no olviden que les favorece el tener el símbolo de la inteligencia y la prosperidad. Aférrense a sus sueños.

**En el amor:** es un sentimiento que casi no conocen, la mayoría no lo han vivido totalmente, lo único que les quiero decir es que está en todas partes y que para vivirlo hay que permitirse sentirlo.

La primera sílaba IN representa a una IDENTIDAD y SELLO y su sílaba ES simboliza lo único y extraordinario, he ahí que el nombre INÉS es igual a SERES ÚNICOS; ellas suelen ser afortunadas pero deben sacarle más provecho a su    extraordinario poder, que es el DAR.

Este mantra a la inversa se lee SENI, que habla de proporciones y espiritualidad. En resumen, las INÉS son mujeres especialmente bondadosas, creyentes y serviciales.

*Su letra del éxito y la prosperidad es la I. La letra de su ADN es la E.*

## Ingrid

Las INGRID para evitar la tristeza necesitan elevar la autoestima y alimentarse con amor ya que la admiración que se profesan las lleva a desarrollar un Ego que confunde sus emociones. Son afectivas, amistosas, amorosas, se acercan mucho a las personas, y viceversa, debido a su enorme atracción física. Pero a su vez son beligerantes y su carácter las desborda, sobreviviendo con una actitud desafiante. Son en cierta forma responsables económicamente de sus hijos y también, la mayoría de las veces, de su hogar en general. Tienen desórdenes emocionales constantes y, de una u otra forma, necesitan límites para no caer en la trampa de los malos hábitos. Aceptan a las rivales y a medida que pasan los años su empatía va disminuyendo. Además, son primarias en evolución, deberán ayudarse por medio del conocimiento espiritual.

**En la salud:** su inconsciente está lleno de nostalgia y tristeza, éste es otro de los grupos que también tiene la ventaja de la absorción de los antioxidantes, por lo tanto, a no ser por los problemas inmunológicos que pueden llegar repentinamente debido a alguna crisis psicológica, podrían tener el don de la longevidad.

**En el dinero:** el verdadero conflicto es su falta de inteligencia emocional y necesitan descubrir sus grandes virtudes para luchar y triunfar en el ámbito público, sobre todo artístico, incluyendo también el periodismo y el diseño.

**En el amor:** es la única estación donde ellas se detienen; si no encuentran a su pasajero ideal tienen que continuar vacías; mi consejo es que acepten a las personas que llegan a sus vidas tal y como éstas son.

Al dividir su nombre en dos, la primera sílaba, IN, representa la indiferencia y su frase GRID quiere decir GRITO DESESPERADO.

Este mantra a la inversa se lee DIRGNI, que significa DRAGÓN del UNIVERSO, FUERZA INTERIOR y GRAN DIRIGENTE.

*Su clave del éxito y la prosperidad es la letra O y su letra del ADN es la G.*

# Irma

Estas representantes del género femenino son la más rebeldes y agresivas y las que más se enfrentan con las personas; también a las que les gusta la libertad, viajar, trabajar, procrear, sin importar si sus hijos pertenecen o no a un solo hombre; es irónico que sus hijas sean similares a ellas en comportamiento y en actitudes ante la vida. Las IRMAS no son entusiastas, más bien un tanto inestables; pero se puede confiar en ellas por su autenticidad, irreverencia, honestidad, gentileza y amistad. Les gusta ayudar, son racionales, no dejan problemas sin solucionar, así sean muy graves. Con sentido común o no, son buenas hijas, buenas madres y apoyan a sus familias.

**En la salud:** este grupo de mujeres está dentro de aquéllas que deben cuidarse de accidentes, de las armas, de los robos y también del cáncer de matriz, mama y los cálculos renales

**En el dinero:** ellas buscan, buscan y buscan el dinero, son muy hiperactivas en este aspecto, pero para lograr su estabilidad deberán mezclar la inteligencia con la imaginación.

**En el amor:** lean esto con mucha atención para que conozcan mejor este perfil: estas mujeres son más posesivas con los hijos que con sus parejas sentimentales.

La sílaba IR en este nombre significa DESAFÍO y REGRESO; la sílaba MA es una PLEGARIA AL AMOR y a LA COMPRENSIÓN. Por lo tanto, el nombre IRMA es igual a MÁS ALLÁ DEL ALMA; su gran proyección es viajar, situación que se convierte en un desafío.

Este mantra a la inversa se lee AMRI y nos muestra que en su mayoría vienen del sexo femenino de épocas anteriores y de lugares desérticos. Irma también es igual a  BUSCAR EL AMOR ENTRE LAS ARENAS.

*Sus letras del éxito y la prosperidad son la I y la R, pero como mensaje les dejaré estas palabras: su mayor éxito será vencer la soledad. La letra de su ADN es la M.*

# *Isabel*

Es el nombre que representa a los grandes imperios, pero a la vez es también contradictorio. Una parte de estas mujeres es la que por naturaleza viene a portar coronas y grandes riquezas, otra parte es la de las mujeres conflictivas con enormes tendencias autodestructivas. La mejor de todas es la mujer creativa, artística, soñadora y futurista, aunque en lo personal las que más me gustan son las primeras, ya que reflejan mejor el carácter primordial de las ISABEL, su esencia triunfadora; si no viene a reinar en una nación al menos lo harán en sus casas, aunque sea utilizando la manipulación. Tienen el símbolo de los imperios muy bien representado por la letra I.

**En la salud:** insisto en sus problemas psicológicos.

**En el dinero:** no cabe duda de que tienen para dar y convidar.

**En el amor:** casi todas tienen actividades en la parte humanitaria, escogen mucho a sus amistades pero no así a los hombres que han de amar, la mayoría se une a muy temprana edad, debido a que les gusta el hogar y la procreación. De ellas sólo se quedará sola y soltera la que así lo decida. Sin embargo les tocará sobrellevar el amor.

Este nombre dividido en dos, su primera frase, ISA, significa honores y la primera letra de su nombre, la I, definitivamente es el símbolo del poder, la riqueza, la inteligencia y las genialidades; la palabra BEL es velar, cuidar y proteger. Por eso, el nombre ISABEL es igual a velar por la reina; ésta es la explicación por la cual son afortunadas y aunque en este nombre está al final la letra L podemos contrarrestar totalmente las barreras que ella produce con la letra I. Hoy en día sus progenies no son muy extensas pero las anteriores lo hacían en un número extenso, o ampliamente. Su terminación en la silaba EL encarna a un ENVIADO DE DIOS y ellas lo serán y gozarán de la aprobación del universo siempre y cuando sepan hacer las cosas bien hechas.

Su mantra a la inversa se lee LEBASI y representa la LITERATURA, el CONOCIMIENTO y la ESTRUCTURA; la frase ASI es un reto a la vida y a las personas, por ello en este nombre encontramos este mensaje: CON EL CONOCIMIENTO PODRÁS VENCER.

Sabiendo el gran poder que tienen en su nombre, no cabe duda de que tienen la mitad de su vida asegurada, la otra mitad es la que busquen por sí mismas.

*Su letra del éxito y la prosperidad es todo el componente del mismo, por lo tanto ISABEL no tiene ninguna letra que le desfavorezca. La letra de su ADN es la B.*

# Iván

También muestra en su primera letra los imperios y la casa de la espiritualidad, en la V la victoria, en la A su lado femenino y en la N lo positivo y negativo. El resultado es el siguiente: al momento de conocer a estas personas pueden ser encantadoras, positivas y soñadoras, inclusive pueden estar en la búsqueda del conocimiento espiritual, pero cuando se les entra a fondo suprimir podemos encontrarnos con sorpresas desagradables, porque en su vida afectiva y material tienen mucha desorientación. Sin embargo, ellos creen ser perfectos, físicamente atractivos. Por eso tienen dificultades en la vida afectiva y en el ámbito económico la mayoría están perdidos. No son muy amantes de las adicciones, es extraño ver a alguno de ellos con tendencias psicópatas o involucrados en problemas judiciales pero lo que arrastran es un egocentrismo que no les deja conocer el mundo real.

**En la salud:** en este aspecto lo más importante es la coordinación entre mente, alma y espíritu.

**En el dinero:** es más importante aún que reconozcan sus talentos ya que no es que no logren objetivos, el problema es que algunos no saben cuáles son.

**En el amor:** estos seres humanos pueden causar grandes dudas sobre si compartir o no la vida afectiva con ellos.

La sílaba IV en este nombre significa PEDIR, PERDER y RESTAR; la sílaba AN representa la necesidad. Por eso IVÁN es igual a BUSCAR. Sin embargo, ellos deben comprender que algunas búsquedas pueden llevar a dañar el espíritu; como consejo les sugiero que encuentren lo que necesita su alma para crecer en esencia. Este mantra a la inversa se lee NAVI, también de esencia masculina en una vida anterior; nombre sagrado, místico y romano.

*Sus letras del éxito y la prosperidad son la V y la I. La letra de su ADN es la N.*

Nombres con la inicial

# Jacob

Es un nombre sagrado cuya esencia es la manifestación pura de la iluminación y a pesar de eso los portadores del nombre pueden ser egocéntricos e incomprensibles, pero si lograran comprender que lo más importante de su esencia es es el espíritu, representado en el amor, podrían encontrar la solución a todos sus problemas, incluyendo el económico, porque canalizarían las energías más positivas del plano material.

Sin embargo, una de sus preocupaciones debería ser su salud emocional y psicológica porque podrían llegar a la violencia en algún momento de su vida, y es que hay muchos cambios en su personalidad. Evitando las enfermedades psicológicas y psicosomáticas lógicamente evitarán enfermedades físicas. Ciertamente son complicados, se desestabilizan fácilmente, pero son muy buenos para recoger las cosechas de lo que siembran, siendo así que sería ideal que el bienestar que se dan a sí mismos sea productivo también para su familia y las personas que le rodean

**En la salud:** en este aspecto es prudente aconsejarles cuidar los pulmones, la tiroides y los riñones.

**En el dinero;** aquí hay una frase para que jamás la olviden: sólo cosecha aquél que además de lanzar la semilla la supo cultivar.

**En el amor:** es preciso amar no sólo con el alma sino también con humildad.

Divido en dos, su primera sílaba, JA, significa BUSCANDO PUREZA y COB simboliza un ESPÍRITU DIVINOs.

Este mantra a la inversa se lee "BOCAJ" que representa EL BUEN SEMBRADOR.

*Su letra del éxito y la prosperidad es la letra B y la de su ADN J.*

## Jairo

Este nombre se puede interpretar como un decreto, la letra "J" simboliza la esencia, la magia y también representa el gancho o el anzuelo. Ello puede traer a su portador la oportunidad y la esperanza de no abandonar jamás sus sueños, porque éstos fluirán día tras día, sin importar los obstáculos.

La letra "A" representa la casa de su espíritu, expresando que, por muy rudos, impulsivos e irascibles que parezcan, tienen un gran corazón. Mas su nobleza, acompañada del deseo de tener algo real en sus vidas, podría ayudarles a vencer cualquier problema psicológico y emocional.

La "R" simboliza el ser rebelde que en ocasiones se desorienta y la "I" les ayuda con el destello de inteligencia, dándoles el poder para no rendirse, por lo que ésta debería ser su mayor riqueza, unida al liderazgo y a la fuerza, sobre todo de voluntad. El aspecto desfavorable es que a veces pierden la confianza en sí mismos tratando de verse como víctimas sin reparar que ellos son los verdaderos victimarios.

**En la salud:** es importante que se cuiden de los accidentes. Son además propensos a los acontecimientos inesperados y con frecuencia sufren de úlceras y problemas de alcoholismo.

**En el dinero:** definitivamente son del grupo de los afortunados; hay algunos que logran desarrollar grandes imperios y pueden ser envidiados y estafados.

**En el amor:** son fríos, egocéntricos y, en resumen, no saben amar.

Dividido en dos, su primera frase, JAI, simboliza la CULTURA ASIÁTICA y ALEMANA; la sílaba RO representa el PODER, el ORGULLO y la FUERZA MENTAL

Este mantra a la inversa se escribe ORIAJ, que representa la HEREJÍA.

*Su letra del éxito y la prosperidad es la I y la de su ADN es la A.*

## Janina

Nombre vinculado con personas manipuladoras y a las que además les gusta ser castigadas por traumas psicológicos. Eligen una vida en la que, a pesar de querer que los demás las amen y toleren, se disgustan por cualquier cosa, son celosas y posesivas. Dentro de sus grandes aspiraciones está contar con un hermoso hogar, con sus hijos y esposos sólo para ellas. A veces intolerantes, son asimismo grandes compañeras de sus seres amados, trabajadoras y pragmáticas, sobre todo dentro del hogar. Cuando les toca ser sus socias o buscárselas hombro a hombro lo hacen muy bien. Audaces e intuitivas, muy difíciles de engañar, románticas, idealistas y soñadoras, si quisieran ser madres les iría mucho mejor con los vástagos varones que con las mujeres porque éstas heredarían los celos y la rivalidad.

**En la salud:** antes de procrear sería maravilloso que pudieran hacerse revisiones de los órganos reproductivos. Es igualmente otro grupo de mujeres que debe cuidarse del cáncer.

**En el dinero:** aquí son irremplazables, sobre todo en la puesta en práctica de las ideas, debido a su fortaleza.

**En el amor:** las caracterizo como mujeres posesivas, dominantes e impulsivas.

Divido en dos, su primera frase, JANI, es ALTIVEZ y RESPETO y su última sílaba, NA, representa la SOLEDAD.

Este mantra a la inversa se lee ANINAJ, que significa CULTURA NINJA y CONQUISTADORAS.

*Su clave del éxito y la prosperidad es la I y la de su ADN es la J.*

## Javier

Otro de los buenos nombres dentro del género masculino. Generalmente están capacitados para crear grandes estructuras, cosas diferentes y cambiar todos los métodos. Son personas idóneas para dirigir un proyecto, una empresa o una obra por su capacidad analítica, ingeniosa y calculadora; además se destacan por la virtud de la reflexión. Ellos asimilan muy bien las cosas y se proyectan con mucha claridad. Normalmente son respetuosos y sanos, pero en sus momentos desinhibidos se comportan como niños. Si por algún motivo alguno de ellos tienen problemas emocionales y tendencia a la autodestrucción puede recuperarse fácilmente con ayuda y apoyo. Los JAVIER, así se encuentren cerca o lejos de su familia, imperecederamente recibirán respeto y afecto. Se da ciertamente el caso de que en gran medida se encuentran separados de padres y hermanos por lo que al buscar pareja tratan de buscar en ella una estabilidad que compensen la situación anterior. Igualmente, aman a sus hijos como a sí mismos, siendo al mismo tiempo, y paradójicamente, desprendidos con ellos.

**En la salud:** también están en el grupo con tendencia a sufrir lesiones violentas, y deberán cuidar sus órganos sexuales de infecciones y bacterias. Ellos no son muy hormonales pero les encanta tener mujeres para presumir.

**En el dinero:** sería maravilloso que aprendieran a ser discretos con lo que tienen, sin presumir o alardear. Esta actitud o este comportamiento se crea por el deseo de llamar la atención, también por la vanidad y el ego.

La humildad y sencillez les abrirán otros caminos.

**En el amor:** quiero expresarme de esta forma: he ahí donde pueden vivir o morir, pero lo cierto es que no hay opción.

Dividido en dos, su primera sílaba, JAV, significa APÓSTOL y BIENAVENTURANZA y su frase IER simboliza las MONTAÑAS, los CAMINOS, la DIRECCIÓN u otro OBJETIVO. Por lo tanto, este nombre es igual a ENCAMINARSE HACIA ÉL y es aquí donde encontramos que algunos tienen la inmensa capacidad de guiar a las personas y de ayudar a sus AMIGOS.

Este mantra a la inversa se lee REIVAJ, que es igual a CAMINAR O VIAJAR; no tienen género masculino ni femenino en una vida anterior porque siempre muestran un sendero. Quiero decirles que su mayor virtud es la nobleza y su objetivo de lucha deberá ser siempre la convocatoria y la acción de delegar.

*Su clave del éxito y la prosperidad son la V y la R porque la R en ellos significa la libertad de elegir. La letra de su ADN es la V.*

# *Jenny*

Seres iluminados, tienen mucha intuición y a la vez compasión, pero pueden caer fácilmente en la trampa de la infelicidad, la irreverencia y la palabra nociva. Están siempre muy comprometidas con el afecto y les gusta prestar atención a quienes la necesitan. Su capacidad les convierte en personas manipuladoras; sin embargo, tienen mucha objetividad, capacidad para pensar y razonar. El nombre "Jenny" representa dos personalidades: una, con tendencia a la tristeza, a la depresión, a la angustia y sobre todo, a la soledad; la otra, llena de luz, espiritualidad y una fuerza increíble para el amor. Al tener la doble "NN", que simboliza el camino hacia la luz o hacia la oscuridad, están vinculadas a los viajes tanto en el ámbito espiritual como en el material. También se prestan a diversos análisis: principalmente, porque algunas son muy procreadoras y las restantes no disfrutan de este don, aunque todas se llevan muy bien con los hijos y tienen mucha paciencia y calma, siendo referentes para sus amistades. El despertar espiritual les puede traer grandes beneficios a nivel personal.

**En la salud:** puede haber problemas congénitos, como el mal de Parkinson o parálisis parciales. No obstante, éste es otro de grupo de mujeres que con un buen cuidado físico y emocional pueden disfrutar de la longevidad.

**En el dinero:** idealistas, artísticas, humanitarias, podrían estar destinadas a trabajar en el área de la medicina, el diseño y las ingenierías; sumamente inteligentes y fuertes aunque no lo parezcan. Dentro de la prosperidad tienen un símbolo muy poderoso representado por la doble NN que nos advierte de que con la pareja sentimental que elijan podrán tener una extraordinaria sociedad económica o por el contrario, sufrir una destrucción completa.

**En el amor:** no importa lo que hagan, adónde vayan, si se refugian o no, éste les encontrará en cualquier momento o lugar.

Dividido en dos, su primera sílaba, JEN, representa lo CONTRARIO DEL MAL y su segunda sílaba, NY, simboliza la FUERZA DEL AMOR.

Este mantra a la inversa se lee "YNNEJ", que representa la MUJER de la VIDA, MUJER DEL VIENTO y CENTRO DEL UNIVERSO.

*Su letra del éxito y la prosperidad es la Y y la de su ADN es la N.*

## Johanna

La característica más representativa en este nombre es que cuenta con una letra que ella sola podría dañar toda su estructura. Esta letra es la H. Por lo tanto, si estas mujeres pudieran suprimirla o escribirla con diferente trazo sería una magnífica idea. De cualquier forma, entran en el grupo de aquéllas que vienen con fortuna. No es un nombre muy antiguo, con lo cual, sería aconsejable combinarlo adecuadamente con otro nombre, evitando el de MARÍA porque esta composición las podría convertir en mártires. Las JOHANNA son valientes, bellas y con un nombre sofisticado, lo que más destaca es el Ego, que constantemente hace tributo al SER DIVINO de los seres humanos. Cuando es escrito como YOANNA representa la MAGNA PRESENCIA y UN SOLO SER UNIVERSAL, he ahí que cuando las llamamos estamos diciéndoles automáticamente que son ÚNICAS e IRREMPLAZABLES.

**En la salud:** sus principales afecciones están relacionadas con la obesidad, sinusitis, migrañas y problemas de pulmón.

**En el dinero:** llegan a ser excelentes socias, sobre todo con sus parejas sentimentales. Son creativas y trabajadoras.

**En el amor;** brillan con mucha intensidad porque dentro de nuestro género también están en el grupo de las afortunadas.

Dividido en dos, su primera frase, JOH, es igual a IR CON ÉL o HACIA ÉL y la segunda frase, ANNA, significa BONDAD y MARTIRIO porque incluye las dos casas espirituales, un camino y una plegaria. Así que JOHANNA simboliza SEGUIRME A MÍ o ESTAR EN MÍ. Como es un ser que puede desarrollar un Ego bastante grande, pueden volverse indiferentes con la vida o un poco despectivas. Por lo tanto, a las JOHANNA se les recomienda humildad, que escuchen su interior o su conciencia y reflexionen antes de dar siempre el primer paso. Este nombre viene de ISRAEL pero su última descendencia es asiática y siempre han sido mujeres en sus vidas anteriores.

Es un mantra que a la inversa simboliza la EVOLUCIÓN.

*Su clave del éxito y la prosperidad son las letras N y J. La letra de su ADN es la O.*

# Jorge

Por lo general son unos caballeros simpáticos, agradables, atractivos y competitivos. El único problema es que a veces exageran un poco con la competencia pero en términos generales son encantadores, buenos amigos y serviciales.

El otro lado de la moneda en cuanto a ellos es que suelen ser implacables ya sea en los momentos de seriedad o al hacer sus bromas pesadas y aunque tengan temperamento necio, sin que sea una regla general, algunos de ellos destacan por su sensibilidad. Cuentan dentro de su grupo con una minoría de tendencia homosexual.

Sus progenies no son extensas, suelen ser protectores y en cierta forma, desinhibidos. Son proclives a desentenderse de sus familias. Por el hecho de haber vivido antecedentes de violencia familiar.

En su mayoría son ejecutivos, además de representantes, con altos coeficientes intelectuales. Un minoría no significativa entre ellos puede haber vivido situaciones de los ha convertido en perdidos, desorientados o alcohólicos.

Pienso que algo que ellos aún no han podido comprender es la diversidad de tendencias y sentimientos en sus familias y es precisamente por ahí que se llega a los enfrentamientos.

**En la salud:** pueden sufrir de diferentes problemas psicosomáticos, como, por ejemplo, úlceras en el duodeno, estreñimiento, afecciones en el hígado, sensación de mareo y desequilibrio en el peso.

**En el dinero:** son destacados, exitosos y en lo posible tratan de no afectar su entorno. Se puede decir que los JORGE, a pesar de sus capacidades, en el ámbito económico y empresarial enfrentan una disyuntiva.

**En el amor:** necesitan saber a quién o qué es lo que quieren amar, pues mientras no tengan esto bien claro no podrán elegir a su pareja.

Dividido en dos, la sílaba JOR significa EL BIEN o UN HOMBRE BUENO y la sílaba GE es una QUEJA o INTERROGANTE. Por lo tanto, JORGE es igual a ¿QUÉ O QUIÉN ES EL BIEN? Peró, aunque este nombre a la inversa no tiene sentido, algunas de sus letras muestran el ACTUAR BIEN o ACTUAR MEJOR; por esta razón ellos logran lo imposible. La invitación que les quiero hacer es que lo tomen todo con calma para que no presionen a las personas ni a su destino.

*Su letra del éxito y la prosperidad es la O y la de su ADN es la G.*

## *José Luís*

Es importante recordarles que están atravesando una línea sutil y a la vez muy importante en sus vidas, sobre todo por sus objetivos y deseos. Que además comprendan que atentar contra la sensibilidad también tiene sus límites porque no es prudente exagerar. Que deben pisar firmemente en la vida, comportándose como verdaderos hombres de acción, de fuerza y de mucha seguridad, sin utilizar esto en contra de las personas. Aprovecharse de la ingenuidad podría crearles graves conflictos emocionales. No olviden que no saber hacia dónde vamos es desconecer qué nos podemos encontrar. Que tengan en cuenta que sus grandes capacidades están representadas en el acto, es por eso que para mañana todo es tarde.

El deporte, la música, la pintura, las ventas, asesorías y todo lo que represente la capacidad de oratoria pueden ser alternativas válidas para buscar progreso en la vida.

**En la salud:** no todo lo dicho anteriormente es absoluto porque hay algunos excesivamente fanáticos que piensan que son los dueños del mundo y de las personas, caracterizándose por el ansia de control, su renuencia frente a opiniones contrarias y su carácter obsesivo compulsivo. El estómago, corazón, el hígado y la potencia sexual son los más afectados por el carácter impetuoso de estos seres.

**En el dinero:** algunos tienen una búsqueda constante y la mayoría se desenvuelve en el mundo empresarial, artístico y deportivo, además del político.

**En el amor:** se caracterizan por su machismo y su necesidad de controlar los sentimientos, prácticamente pienso que las mujeres de estos hombres son dependientes o sadomasoquistas.

Divido en dos, su primera frase, JOSÉ, representa las PERSONAS que CUANDO DECIDEN DEJARLO TODO para EMPEZAR de NUEVO en la VIDA, LO HACEN; el nombre LUÍS refleja NOBLEZA.

Este mantra a la inversa se lee SIUL ESOJ, que significa el ALMA del MAESTRO.

*Su letra del éxito y la prosperidad es la U y la de su ADN es la L.*

# *Joselin*

Como lo he explicado hasta ahora, todas las personas que tiene la "J" al comienzo de sus nombres poseen una magia que ni ellas mismas han podido descubrir. Algunas lo utilizan con su carisma, otras se complican un poco y pelean consigo mismas porque no encuentran ese algo especial que les ayude a sobresalir y piensan que todo tiene que ver con los demás, sin darse cuenta que las verdaderas responsables de sus vidas son ellas. Su mayor evasión es darle el amor y el afecto a quien menos se lo merece; por lo que deberán aprender a descubrir que su verdadero valor está en su inteligencia y en su capacidad de amar.

**En la salud:** deben vigilar y precaver definitivamente los traumas, sobre todo aquéllos creados por las madres en las que ellas diariamente se ven reflejadas. También las tendencias suicidas pueden ser comunes en estas mujeres. Las afecciones en los ganglios son otro tipo de enfermedades psicosomáticas que deben atender y pueden localizarse en diferentes partes del cuerpo, especialmente en la laringe y la glándula tiroides.

**En el dinero:** aquí las esperanzas son muy pocas, a menos que reciban ayuda de sus compañeros sentimentales o de su familia, porque pierden fácilmente la fe y la motivación para seguir adelante. Pero en el momento en que emprenden un proyecto personal pueden llegar muy lejos y triunfar tanto como jamás lo hubieran imaginado.

**En el amor:** son niñas y juegan con todo, incluso con los sentimientos. Los hombres que las quieran conquistar deben convertirse en ROMEOS.

Dividido en dos, su primera frase, JOSÉ quiere decir SABIO y su segunda sílaba, LIN, significa CAMPANAS DE AMOR.

Este mantra a la inversa se lee NILESOJ, que significa PERSONA NECIA, de FUERTE CARÁCTER, MANIPULADORA pero a su vez MUJER de ALMA NOBLE.

*Su letra del éxito y la prosperidad es la O y la de su ADN es la S.*

## Juan

Parece ser un nombre simple, sin un sentido más allá de una corta pronunciación; sin embargo, en él se encierra tanta sabiduría que representa a un guardián del espíritu. Tal vez haya pasado en muchas familias que el hijo llamado JUAN sea desorganizado, agresivo, independiente, posiblemente bohemio, drogadicto o amante de las magias negras, mientras que el de sus vecinas es sacerdote o medico, en fin, un profesional reconocido, amado y respetado. La razón que explica esta situación es la siguiente: la J acompañada de la U representa las falsas riquezas, mientras que la A y la N muestran la casa del espíritu junto al bien y al mal, simbolizado en la N.

El nombre JUAN nunca deberá ir solo, preferiblemente podría ser combinado de las siguientes maneras: JUAN MANUEL, JUAN NICOLÁS o JUAN ANDRÉS, entre otros, debido a que estos segundos nombres le cambiarán el significado. Cuando el trazo del báculo que tiene la N sea hacia arriba nos encontraremos ante el JUAN espiritual, y sus familias serán muy afortunadas, mientras que cuando sea hacia abajo sólo quedará rezar por él.

**En la salud:** sufren principalmente de su sistema cardiovascular, también hay problemas de encías o de la vista.

**En el dinero:** son exitosos dependiendo de la combinación de nombres que lo componga, porque el nombre a secas tiene mucha confusión.

Deberán elegir de todas maneras entre trabajar y luchar por el bien de la humanidad o por la riqueza propia, la respuesta depende de ellos.

**En el amor:** son totalmente desorientados porque así como buscan lo espiritual, también buscan lo carnal por todos lados. Esto es debido a su naturaleza procreadora. Dividido en dos, su primera sílaba, JU, es SÍMBOLO de LUCHA y la segunda, AN, significa GRITO de LIBERTAD.

Este mantra a la inversa se lee NAUJ y representa la TENTACIÓN.

*Su letra del éxito y la prosperidad es la U y la de su ADN es la A.*

## Juan Gabriel

Hombres de ensueño, románticos, delicados, extremadamente compasivos, extremadamente duros y a veces excesivos, pero no tienen la culpa de su dualidad. Aunque se equivoquen siempre tienen una explicación: lloran por amor, lloran por fingir ¡pero lloran que es lo más importante!. El mundo jamás los comprenderá pero si los conocerá, porque este nombre es famoso y aunque algunos de sus portadores no lleguen a la fama internacional, sí llegarán a la fama entre amigos y familiares.

Donde quiera que vaya un JUAN GABRIEL llegan dos hombres: el alegre, sensible delicado y el de carácter impulsivo, agresivo; ambos son aceptados porque gustan y sorprenden.

**En la salud:** deben cuidarse de problemas digestivos, próstata, también de enfermedades por transmisión sexual, pero sobre todo no deben abusar de los fármacos.

**En el dinero:** su imaginación les ayuda a crear grandes empresas, nacieron para triunfar y para ser los pioneros en todo; pero si se descuidan pueden perder hasta el respeto por sí mismos, ya que son débiles ante las tentaciones.

**En el amor;** siempre lo buscarán en todas partes, logran tener buenos hogares pero no estabilidad en el sentimiento ya que son muy soñadores y es posible que no encuentren en sus vidas un solo y verdadero amor; pueden ser muchas sus conquistas e amores platónicos, pero a su vez, un porcentaje apreciable de ellos no tiene definida su preferencia sexual. Este mantra a la inversa se lee LEIRBAG NAUJ, que significa ENVIADO de LUZ y es así porque tiene su definición en una sola palabra: JUANGABRIEL, que quiere decir ENVIADO de DIOS.

*Su letra del éxito y la prosperidad es la G y la de su ADN es la A.*

## Juan Carlos

**S**eres bondadosos que unen la fuerza del espíritu con las acciones más intensas y profundas y con riesgosas emociones. La combinación Juan Carlos es un decreto que crea confusión en el espíritu, es por eso que ellos no saben si se sienten absolutamente buenos o desorientados y conflictivos; esto también les puede crear problemas de inestabilidad. Los Juan Carlos son más administradores que intelectuales. El nombre

"Juan" no sólo es místico, también puede desarrollarse profesionalmente dentro de las humanidades. Es muy importante que conozcan la riqueza de su ser, porque en su interior lo que más predomina es la necesidad de ser amados y escuchados, para que no olviden que vinieron al mundo como mensajeros.

**En la salud:** tienen que cuidarse porque exageran en sus actividades y cuando les toca no dormir dos o tres días por cumplir sus objetivos lo hacen irremediablemente. El estrés, la tensióny los problemas gástricos podrían ser sus grandes limitantes.

**En el dinero:** también desarrollan su magia con el carisma y la ternura, sobre todo si se lo proponen podrán ser muy exitosos en el arte y en todo lo que representa el desarrollo humano.

**En el amor:** son muy amados por sus familias y amigos, especialmente por las mujeres, ya que la gran mayoría tiene la capacidad de entregar mucho afecto y demostrar gran sensibilidad

Dividido en sus dos frases, Juan y Carlos, representa un HECHICERO ASTUTO y a la vez ENCANTADOR de SERPIENTES o de PERSONAS.

Este nombre a la inversa se lee SOLRAC NAUJ, nombre ÁRABE y MAJESTUOSO que HABLA del GRAN LÍDER DIRIGENTE y REY.

*Su letra del éxito y la prosperidad es la J y la letra de su ADN es la C.*

# *Juan José*

Seres sumamente bondadosos que unen la fuerza del espíritu con las emociones intensas, profundas y riesgosas. La combinación "Juan José" es maravillosa, aunque ellos deben entender que no necesitan del maestro para ser buenos apóstoles, guías y predicadores, puesto que pueden llegar a la cúspide más alta del mundo gracias al don especial que poseen de ser escuchados por todo el mundo, generando la confianza suficiente para superar cualquier barrera. Algunas veces pueden tener problemas de autoestima es imprescindible que conozcan que en su interior predomina la necesidad de ser amados y escuchados. Poseen cualidades importantes para desarrollar su magia especial, como el carisma y la ternura. Si se lo proponen podrán ser muy exitosos en el arte y en lo que representa el desarrollo humano.

**En la salud:** deben combatir para que no se les convierta el sentimiento en una enfermedad, la agresividad en el arma mortal y la manipulación en la cura.

**En el dinero:** son más administradores que intelectuales, pero el nombre "Juan" no sólo es místico, también tiene tendencia a las humanidades.

**En el amor:** necesitan conocer cuál es su verdadera esencia: deben decidir si es que desean trabajar por el amor divino y universal o primero buscar y conocer el amor carnal.

Dividido en dos representa un MENSAJERO DIVINO; sus dos frases simbolizan un HECHICERO ASTUTO y a la vez ENCANTADOR de SERPIENTES o de PERSONAS.

Este nombre a la inversa se lee ESOJ NAUJ esto significa que NO

DEBEN DEJAR IR las OPORTUNIDADES; nombre árabe majestuoso que habla del GRAN LÍDER DIRIGENTE y REY.

*Su letra del éxito y la prosperidad es la J y la letra de su ADN es la S.*

## *Juana*

Mujeres mártires por naturaleza, ni ellas mismas saben qué hacer con tantas espadas que poseen y menos qué tipo de batallas están librando con la vida; lo cierto es que manejan angustias y necesidades constantes, aunque hoy creo que las puedo entender, debido a que sus problemas emocionales les llegan de la necesidad que tienen de convertir su mundo y el de los demás, incluyendo el de su propia familia, en algo diferente.

Sus razones son importantes debido a que están basadas en sus expectativas e ideales, lo cual les causa inestabilidad. Mas es bueno aconsejarles que aprendan a tomar decisiones en sus vidas de una vez por todas ya que, de una u otra forma, ellas necesitarán defenderse y al final del camino siempre vencerán. Es muy importante no pronunciar el nombre en forma de diminutivo, es decir, JUANITA, porque esto sólo sirve para perturbar el equilibrio emocional, aumentar la soberbia e incluso reducir las energías de la prosperidad.

**En la salud:** alucinaciones, pérdida de la inteligencia emocional, también aumenta la probabilidad de sufrir problemas gástricos debido a las depresiones. Es otro grupo de candidatas al cáncer de mama y matriz.

**En el dinero:** son guerreras por naturaleza pero no todas llegan a tener grandes riquezas.

**En el amor:** es su única inspiración, por la cual deben luchar para ser felices y procurar que sea lo más importante. Al conocer y vivir este sentimiento podrán desarrollar una gran motivación por la vida .

Dividido en dos, su primera sílaba, JU, quiere decir JUEGOS DE AZAR y la segunda, ANA, representa la CASA ESPIRITUAL de la SABIDURÍA.

Este mantra a la inversa se lee ANAUJ, que significa VENCEDORA del MAL.

*Su letra del éxito y la prosperidad es la J y la de su ADN es la N.*

## Judith

Un nombre realmente simbólico, pues representa a una raza o cultura. Es muy común que sus portadoras demuestren valor y a la vez, sean excesivamente habladoras e imaginativas, ocasionando que el verdadero sentido de sus vidas difiera del que su imaginación les presenta. La letra J en el nombre acompañada de la U pertenece a verdaderas guerreras que sigilosamente se salen con la suya debido a su gran capacidad de manipulación. La explicación es que no son fáciles de evaluar. Reciben muy poco apoyo de las familias bajo el argumento de que las JUDITH son muy problemáticas.

**En la salud**: ellas pueden tener quistes o miomas en matriz y ovarios, además de problemas mentales ya sean congénitos o por circunstancias riesgosas de sus vidas.

**En el dinero:** hay una identidad muy extraña entre ellas y los problemas judiciales, como si las persiguieran. En muy pocas situaciones podrían dedicarse a la falsificación. Manejan muchas deudas pero, al margen de eso, son productivas y tienen muchas oportunidades de iniciar todos los días un nuevo proyecto económico.

**En el amor:** también están dentro del grupo con mayores rupturas en el ámbito afectivo, no sólo por el maltrato físico sino también porque sus compañeros pueden llegar a tener graves problemas psicológicos.

Dividido es dos: la sílaba JU representa la TRAICIÓN y el que JUZGA y SEÑALA. La frase DITH habla de DIRIGIRSE HACIA UN OBJETIVO. Por lo tanto, el nombre JUDITH es igual a DESCONFIAR o TEMER y podría ser ésta una de las características más notables en ellas, además de su herramienta de lucha. Por eso las invito a la reflexión, ya que no todas las personas que están a su alrededor vienen a dañar sus almas y espíritus. Con todo esto, la desconfianza y el miedo bien administrados podrían ser el mejor guardián, siempre y cuando se exagere.

Es un mantra que a la inversa se lee HTIDUJ y quiere decir: HABLAR EN CONTRA por lo que aquí va el segundo consejo: depuren la palabra.

*Su letra del éxito y la prosperidad es la letra U y la de su ADN es la D.*

Nombres con la inicial

# *Karen*

Les aconsejo que escuchen tanto su voz interior como la de la razón para que sus errores no salgan tan caros. Este nombre es muy especial por el hecho de iniciarse con la letra K, significa CAMINO y RESPON-SABILIDAD, pero no todas tienen esta capacidad en su vida, ya que muchas van por el mundo sin tener en cuenta lo que hacen ni lo que quieren; mi sugerencia es que se convenzan primero de lo que harán para su beneficio y para las personas que le rodean. A sus familias les recomiendo ayudarlas a ser más objetivas, debido a que, en medio de sus conflictos y lagunas emocionales, pueden dañar a muchas personas.

En este caso no encontramos la sílaba KAT pero sí la sílaba KAR y, como podrán darse cuenta, son mujeres con karmas que deben superar, además de enfrentar la REBELDÍA como atributo que incide de manera más negativa en su evolución. Un buen consejo es que sean conscientes de que su gran necesidad es la libertad, esto les podría cambiar la vida y también mejorar la de los seres que las acompañan.

**En la salud:** no olviden que lo más importante es cuidarse a sí mismas de su agresividad y confusiones mentales.

**En el dinero:** a pesar de no ser muy trabajadoras, todo lo consiguen fácilmente. La razón es que se unen con hombres muy buenos, inteligentes y talentosos como ellas; sin embargo, no saben valorar lo que tienen, por eso insisto en el llamado a la razón.

**En el amor:** la sugerencia es muy sencilla: o aprenden darlo o prepárense para quedarse solas.

Dividido en dos, la sílaba KAR no sólo significa KARMA añadido también simboliza UN DECRETO DE ABSOLUCIÓN y PERDÓN; la sílaba EN es un DESTINO o SITIO. Por lo tanto KAREN hace alusión a PEDIR POR EL ALMA, y a la vez significa EVITAR EL DOLOR, que es precisamente de lo que huyen estas mujeres.

Este mantra a la inversa se lee NERAK y no tiene sentido pero la letra K muestra siempre el PASO HACIA DELANTE; por lo tanto, lo podemos traducir como CAMINAR SOBRE EL AGUA O LA ARENA.

En este caso mi sugerencia es que al andar ellas no pierdan su rumbo y que dejen huellas sobre las cuales puedan regresar, pero sin dolor ni sufrimiento.

*Su clave del éxito y la prosperidad son las letras K, N que simbolizan en estos seres el bienestar y la seguridad. La letra de su ADN es la K.*

# Karla Dayana

Como ya es sabido todo nombre que comienza con la "K" identifica a los seres que siempre caminarán hacia delante, sin importar los obstáculos los        obstáculos que se encuentren en sus vidas, y a quienes el destino tiene deparadas varias sorpresas. ¿Cómo pueden encontrar estas mujeres esta luz o bendición que les ha de guiar? Mi sugerencia es que lo hagan con la fuerza del amor, pues de la agresividad, la rebeldía y el desorden emocional sólo obtendrán sufrimientos. En su desarrollo intelectual y de vida ellas podrán avanzar y llegar muy lejos por su conocimiento e inteligencia y si se desempeñan en el campo deportivo podrán ganar campeonatos, trofeos e incluso medallas olímpicas, sobre en disciplinas como la danza y la gimnasia. Me encantan por su capacidad para las actividades humanitarias.

**En la salud:** deben cuidar las extremidades, evitar los deportes extremos, también los problemas de laringe y los auditivos.

**En el dinero:** no están incluidas dentro de las personas que tendrán que esforzarse mucho en las actividades económicas. Por lo tanto pienso que en este aspecto son y serán muy afortunadas; además que siempre encontrarán quién les dé una mano.

**En el amor:** su fuerza les traerá un maravilloso regocijo, si se rindieran por el encanto de su dulzura y nobleza.

Dividido en sus dos frases: Karla quiere decir MUJER UNIVERSAL y Dayana quiere decir ALMA BLANCA.

Este mantra a la inversa se lee ANAYAD ALRAK, que representa UNA LEY ESPIRITUAL dentro de la ESCRITURA ÁRABE.

*Su letra del éxito y la prosperidad es la K y la de su ADN es la N.*

## Katerine

Lo mejor que tiene este nombre en su escritura son sus primeras tres letras: KAT, las cuales definimos como una simbología mística, espiritual y cabalística; todos los nombres que comiencen con esta sílaba pertenecen a seres muy especiales, además de que los llenan de amor y ternura cuando más lo necesitan. Sus grandes virtudes son la audacia, la sensibilidad y la competencia; son admiradas y ellas no dudan en mostrarse, siendo esta actitud parte de su vida y su Ego. Casi no sufren de depresión aunque vienen de familias llenas de ocupaciones, tienen grandes amigas y son alegres, extrovertidas e intuitivas, sabiendo manejar muy bien el ámbito público. Son buenas hermanas, muy consentidas, manipuladoras y se tornan agresivas ante la violencia. En general las KATERINE son extraordinarias.

**En la salud:** en este caso tampoco es muy común que tengan adicciones, pero hay dos cosas que pueden inquietarlas, a ellas y a sus familias: la primera es el vicio de la marihuana y la segunda, experimentar con la magia negra o la güija.

**En el dinero:** la mayor virtud y característica de estas mujeres es su talento artístico y su belleza física.

**En el amor:** aquí sí sacan el espíritu de la competencia, arriesgándose a ser dañadas.

Dividido en dos: la frase KAT es sinónimo de ELEVACIÓN ESPIRITUAL y la frase ERINE tiene de manera similar la I como PROYECCIÓN y LUZ; por lo tanto KATERINE es igual a ELEVARSE HACIA LAS ALTURAS; es importante que estos seres humanos comprendan el significado de sus nombres, que jamás pierdan su rumbo, que es el crecimiento tanto físico como espiritual, y lo único que me resta es desearles cada día mucho más éxito.

A la inversa este mantra se lee ENIRETAK, representante de la cultura Maya.

*Su clave del éxito y la prosperidad es la sílaba KAT. La letra de su ADN es la T.*

# *Kenneth*

Hay cosas inexplicables e incomprensibles en nosotros como seres humanos, puesto que cuando se nos presentan tantas oportunidades en la vida las dejamos perder porque nos tornamos débiles, convirtiéndonos en un mal ejemplo tanto para los hijos como para las personas de nuestro entorno. Me encantaría que los KENNETH se dieran cuenta de que su comportamiento en sus relaciones de pareja es similar a la de los niños. Incluso más, este comportamiento se extiende a todas sus acciones debido a su falta de conocimiento, intuición y sobre todo, sentido común. En general eligen las opciones erróneas, tanto en el ámbito personal, de relaciones personales y amistades, como en otras acciones, quejándose luego de que las relaciones se convierten en su cruz..

**En la salud:** un consejo muy importante es que conserven la lucidez mental y el equilibrio emocional, evitando el alcohol y todo tipo de alucinógenos, cuidando de su hígado y sus pulmones.

**En el dinero;** SABIDURÍA y ACCIÓN.

**En el amor:** SINCERIDAD.

Otros aspectos de su vida, incluyendo la lucha y cualquier otra actividad, es que se dejan quitar fácilmente lo que les pertenece, debido a su carencia de de conocimiento sobre sus valores, su intuición y sobre todo, sentido común.

Dividido en dos: su primera frase, KEN, hace alusión al DESTINO y su segunda frase, NETH, representa la NECEDAD. Por lo tanto, KEN-NETH es igual a DESTINO INCIERTO se les invita a quitarse la venda de los ojos y a observarse a sí mismos. Cuando se les llama por su nombre se les está diciendo ¿QUIÉN o QUÉ ERES? A lo cual ellos no saben qué responder.

Este mantra a la inversa nos muestra que deben dejar sus penas y emprender un nuevo camino sin dar marcha atrás porque podrían convertirse en sal.

*Su letra del éxito y la prosperidad es la K y la de su ADN es la terminación TH.*

A diferencia de KENNETH, la ventaja de los KENNY es la letra Y. Además de que podría ser un nombre masculino y femenino. Mirándolo de esta forma, la única letra desfavorable es la E, les diré el porqué: cuando estas personas están muy seguras de sí mismas, felices, con deseos de proyectarse mucho más y además con deseos de triunfar, se les puede atravesar una pequeña pena, desilusión o problema familiar, desmotivándoles a seguir para seguir adelante con sus responsabilidades. No obstante, sus lamentos y excusas no son justificables porque el nombre está ligado a seres exitosos que tienen por delante un futuro que labrar. El secreto de la grandeza y a la vez de sus desmotivaciones está en las dos N, al igual que los KENNETH o las YENNY y todo nombre que lleve una o dos N como letras principales, notables o representativas, ya que ellas muestran el camino del bien o del mal. Por lo tanto deben saber que para tener una buena elección de vida podrán ayudarse con el libre albedrío.

**En la salud:** sus mayores afecciones, dolencias, padecimientos son la depresión, la inconstancia, problemas de autoestima, columna, hígado y presión arterial.

**En el dinero:** si el nombre termina en Y, como se ve en KENNY, la única pregunta que cabe aquí es ¿por qué no logran sus objetivos? Además ¿qué otra cosa le pueden pedir a la vida teniendo todos los caminos despejados?

**En el amor:** a nivel de pareja pueden encontrar un buen compañero o un buen cómplice pero lo más importante es que no se quedan solas.

Dividido en dos: su primera sílaba, KEN, representa la ENTREGA y su segunda sílaba, NY, es un llamado a la conciencia para que les dé FUERZA DIVINA. Por eso KENNY nos entrega un REGALO DE DIOS.

Este mantra a la inversa se lee YNNEK, que significa PEDIR.

*Su letra del éxito y la prosperidad es la letra Y. La letra de su ADN es la N.*

Nombres con la inicial

# *Laura*

Estas femeninas son hiperactivas, debido a que los nombres que comienzan con la letra L representan a personas de mucha acción. La explicación es muy sencilla: la L simboliza la barrera cuando está dentro del nombre o al final de él, pero si está al comienzo muestra que estos seres no tienen muchos recuerdos de sus vidas anteriores, como si hubiera una especie de cortina entre su pasado y su presente. Entonces, para ellas es muy fácil poner impedimentos cuando algo no es de su interés o para su beneficio y también pueden recomenzar nuevas actividades fácilmente sin que les afecte el pasado. Otra característica de la L en este nombre es que empuja a las otras letras, por eso no les extrañe que todo ser masculino o femenino cuyo nombre comience de esta manera tenga que dirigir a muchas personas, incluisive a a sus compañeros de hogar o hijos. La U dentro de su nombre les da muchas facilidades para conseguir dinero y los ascensos profesionales les llegan antes que a otras personas. Las que se quedan como amas de casa suelen ser muy procreadoras e igualmente dedicadas al hogar. Destaco de estas mujeres su nobleza, sensibilidad y sencillez. Tienen una ventaja y es que no son egoístas, también son pragmáticas, inteligentes y con un alto grado de espiritualidad. En mi concepto, los nombres SILVIA, ISABEL y LAURA son algunos de los más iluminados.

**En la salud:** desde pequeñas se les debe cuidar de muertes súbitas, problemas bioquímicos y crecimiento físico exagerado.

**En el dinero:** pueden ser escritoras, actrices, abogadas, jueces y toda aquella profesión vinculada con la vida pública.

**En el amor:** tienen aseguradas dos cosas: la primera es que llegan a amar de verdad y la segunda es que son muy amadas.

Dividido en dos, la primera frase de este mantra significa DEFEND-ER, APOYAR y como va acompañado de la U, quiere decir que la mayoría de ellas vienen a ser servidas y no a servir. La sílaba RA hace alusión al DESAFÍO y a la RABIA, por lo tanto no les extrañe que exploten en cualquier instante o por cualquier circunstancia y es que casi nunca se ponen de acuerdo con las demás personas. No obstante el nombre LAURA representa la LUZ, por lo que su definición es LLEGAR HACIA ELLA.

Este mantra a la inversa se lee ARUAL y significa ACERTIJO, debido a eso es que generan tantas incógnitas aunque finalmente son fáciles de descifrar y definir.

*Su letra del éxito y la prosperidad es la letra U y la de su ADN es la A.*

# Leidy

Les encantan sentirse importantes y a pesar de su hiperactividad tratan de no salirse de sus límites, ya que saben lo que quieren aparentar y ser; sin embargo, no les gusta que se les diga lo que tienen que hacer, aparentan ser muy buenas chicas, inteligentes, les gusta sentir que saben hacer de todo. La I de su nombre les sirve como bastón para permanecer siempre en pie y la E, en la posición en la que se halla, está mostrando enemistades familiares, y rivalidad con sus padres. No tienen buenas relaciones con las demás mujeres porque ellas siempre quieren ser las mejores pero son adoradas por los hombres a los que les encanta la complicidad.

**En la salud:** les recomiendo que eviten a toda costa los alucinógenos, comenzando por la marihuana y los psicotrópicos; las enfermedades contagiosas, el uso de jeringas y la sexualidad sin previa protección.

**En el amor:** como se supone que esto es precisamente lo que vienen a buscar, comprenderán fácilmente el comportamiento que he descrito.

Dividido en dos, su primera frase LEI quiere decir CAMINO HACIA la SABIDURÍA y su frase DY representa la NECESIDAD de ABRIRSE a la ESPIRITUALIDAD.

Este mantra a la inversa se lee YDIEL, que significa PODER sobre la FAMILIA y DESORDEN EMOCIONAL por su PASADO DULCE y AMARGO.

*Su letra del éxito y la prosperidad es la letra Y; la de su ADN es la A.*

## *Leonardo*

Este nombre tiene varios significados, primero porque es extenso y segundo porque pertenece a los hombres más productivos dentro del género masculino. La mayoría son muy trabajadores, claros y objetivos, elegantes, conservadores, cultos y gozan de conocimientos. En las empresas por lo general llevan el liderazgo así como cierta estabilidad, esto les da reconocimiento. En su mayoría son leales, fieles y muy populares, tienen hogares relativamente grandes, muchas veces no por la cantidad de hijos sino por la cantidad de nietos. Además de ser propensos a generar familia y descendientes, también llegan a ser famosos e importantes en su mundo o a nivel general. Los LEONARDO inspiran confianza y respeto y son muy pocos los que decepcionan a su entorno.

**En la salud:** gozan del beneficio de la longevidad pero atraen el resentimiento y la envidia; sería prudente que cuiden el corazón y la próstata.

**En el dinero:** su buena suerte yo la resumo de esta forma: donde quiera que ellos lancen una semilla podrán cosechar inmensos frutos.

**En el amor:** tienen tendencia a la viudez a temprana edad pero el amor jamás les debe faltar.

Dividido en dos, su primera frase, LEÓN, significa ENSEÑAR y MOSTRAR; su segunda frase, ARDO, quiere decir JUGAR y SEMBRAR. Por lo tanto LEONARDO representa la AUDACIA. Es bueno que ellos conozcan esta virtud para que les acompañe durante toda su vida, creándoles nuevas visiones y expectativas, porque es el instrumento con la cual podrán defenderse durante toda su existencia.

Este mantra a la inversa se lee ODRANOEL que significa DONAR, por eso LEONARDO nos inspira un sentimiento de HACERLO TODO POR TI o HACERLO TODO POR MÍ.

*Su clave del éxito y la prosperidad son las letras O y la L. La letra de su ADN es la O.*

## Leonardo Marcelo

En este nombre vemos al que no le gusta ser derrotado, porque su meta es conseguir siempre sus objetivos como sea, así no les quede más remedio que utilizar la violencia. Sin embargo, como todo lo relacionado con la mente humana, la personalidad y el destino de las personas no es del todo comprensible y no se puede pronosticar de manera infalible. He conocido a algunos que, al final de sus aventuras, de emigrar de sus lugares de origen y recorrer muchos sitios, se asientan y llegan a crear empresas reconocidas porque su deseo es hacer algo por los demás, ya sea su familia, el prójimo, quién sea. Además No se detiene ahí son incontenibles y, repito, muy difíciles de vencer, porque cuantos más retos tengan, más saborean sus acciones. No obstante también conozco algunos desorientados y débiles, niños en esencia y dependientes del afecto, personas que no tienen inconveniente en ofrecer trabajo en sus empresas a medio mundo y que confían mucho en los demás pero que a la vez demuestran estar abocados a la confusión; por lo general son ingenuos y les digo esto porque no pueden entender ni sus vidas ni a sus semejantes.

**En la salud:** al contar con cierta tendencia al desequilibrio emocional, se apegan, aferran y obsesionan con las mujeres a las que quieren. Lo que su soberbia no les permita alcanzar ellos lo toman no como una buena señal sino como un delicioso fracaso; acercándose en esos momentos a la paranoia. Les aconsejo discreción, cordura y sobre todo la compasión; otro síntoma, en este caso físico, es el tabaquismo, situación que se presenta por su obsesión compulsiva; proteger sus vías respiratorias será muy importante para ellos, además del sistema circulatorio, con el corazón como órgano principal.

**En el dinero:** la búsqueda de dinero es otra de sus obsesiones, aunque no lo necesiten, porque les encanta la apariencia y la buena vida.

**En el amor:** debido a su segundo nombre son celosos, detallistas y callados; ésta es su estrategia para lograr lo que quieren. Su especialidad está en el comportamiento que utilizan a conveniencia para ganarse la confianza de las personas más cercanas. El estilo con el que hacen las cosas, buenas o malas es realmente sutil, no siempre logran conquistar inmediatamente pero llegan a lo profundo del ser hasta que sus parejas se dan cuenta que están enamoradas.

Dividido en sus dos frases: LEONARDO representa los BUENOS o MALOS INSTINTOS y MARCELO la LÍNEA entre la TIERRA y el CIELO.

Este mantra a la inversa se lee OLECRAM ODRANOEL, que significa PONZOÑA o DRAGÓN.

*Su letra del éxito y la prosperidad es la L y la de su ADN es la M.*

# Lidia

Dentro del inconsciente humano siempre habrán componentes que nos hacen capaces de manejar nuestra individualidad; por ende conocemos y tenemos la fuerza para sanar el cuerpo ayudándole al espíritu en su perfeccionamiento. Ésa es precisamente la misión de vida en estas mujeres, que son muy capaces, sin importar su simpleza o que sean proclives a enredarlo todo. Dentro de lo emocional constantemente están pretendiendo ser el centro de atención, saben envolver a los demás con expresiones de cariño y tienen toda la predisposición para ayudar a cualquier persona porque no son mezquinas. Su hiperactividad es notable y donde más se les nota es en los quehaceres domésticos ya que inventan miles de cosas para escudarse, corriendo el riesgo de acabar esclavizadas si son acostumbradas a entregar toda su energía y perjudicadas en su autoestima. Otra particularidad propia es la de manipular sobre todo a los padres, ya que su mayor resentimiento y desengaño está representado en la infancia con el progenitor. Les gusta la música, los juegos y aun siendo de carácter fuerte, están muy capacitadas, se les nota el profesionalismo, motivación y la competencia; pero a quienes están aprendiendo a vivir hay que orientarlas para un buen desarrollo.

**En la salud:** aquí se advierten problemas cardiovasculares, del sistema digestivo, úlcera, cansancio, falta de sueño, preocupaciones extremas y dolor de los huesos, seguidos de depresión; en otras palabras, todo el poder de las enfermedades psicosomáticas.

**En el dinero:** si supieran la capacidad mercantil que poseen la aprovecharían para un enorme beneficio económico, combinada con la envidiable destreza de sus manos. Y si quisieran aprovechar mucho más su talento podrían desempeñarse en actividades independientes, porque en el campo empresarial dependiente siempre tendrán conflictos laborales.

**En el amor:** es donde tienen un karma y el motivo de los resentimientos.

Divido en dos, su primera sílaba, LI, significa REY ASIÁTICO y su frase DIA representa su MASCULINO INTERNO.

Este mantra a la inversa se lee AIDIL, que quiere decir HEROÍNA.

*Su letra del éxito y la prosperidad es la I y la de su ADN es la L.*

# Liliana

Las Lilianas se convierten en mujeres impulsivas e intolerantes cuando pierden el control sobre las cosas y se sienten atacadas o engañadas. Sin embargo, el riesgo que corren es que lo que hagan con la mano lo puedan destruir con los pies. Ojalá sea ésta una voz de alerta, sobre todo en la relación de pareja. Ellas tienen buenos compañeros sentimentales y una buena vida, aunque no saben manejar su carácter y se dejan influenciar fácilmente por otras personas. Aun sabiendo que pueden ser dañadas, ellas paradójicamente lo permiten, sobre todo si tienen sentimientos de culpa; por tanto deben actuar con prudencia a la hora de elegir con quién entablar relaciones de amistad o de negocios; deben tener en cuenta que su productividad es grande pero lenta, más aún si tienen una piedra en el camino. Dentro su contexto humano quieren sentirse seguras de que en su familia las cosas marchen bien, por eso se esfuerzan en brindarles mucha seguridad.

**En la salud:** es bueno que procuren no agotarse mucho en su trabajo por pensar en la economía puesto que corren el riesgo de sentir un strés mezclado con paranoia. Tienen la ventaja de que en su alimentación asimilan bien los antioxidantes; pero la desventaja de la constante tensión.

**En el dinero:** son del tipo de mujeres que cuando la economía falla se las ingenian para volver a comenzar, porque nacieron para triunfar.

**En el amor:** realmente si quisieran lo podrían tener todo ya que se hacen buenas cómplices y amigas de aquél con quien llegan a compartir su vida.

Dividido en dos, su primera sílaba, LI, representa una EXPRESIÓN de PODER en la CULTURA ASIÁTICA y su segunda frase, LIANA, simboliza una REINA del MAR..

A la inversa este mantra se lee ANAILIL, que significa REINA del AMOR.

*Su clave del éxito y la prosperidad es la letra A y la letra de su ADN es la L.*

## Linda

Habitualmente este nombre lo portan mujeres muy tiernas, delicadas y prósperas, con una gran capacidad de dominio sobre las cosas por la intuición que han heredado, posiblemente de alguno de sus padres. Aun así, si aprendieran a dejar de llorar por causa de sus temores podrían aprender a fortalecer el carácter, para evitar así la necesidad de ser constantemente protegidas, situación que les hace muy débiles ante los ojos masculinos. Ya que en el camino de sus vidas esto es otro obstáculo. También es bueno que sus padres y familiares no las compadezcan o agredan porque ambas situaciones sólo sirven para limitarlas.

**En la salud:** les recomiendo dejar la histeria, mujeres con esta capacidad pueden controlar sus emociones para que la energía cerebral no haga mella en sus cuerpos y las destruya con una enfermedad terminal; me refiero a los momentos de furia o de dolor intenso.

**En el dinero:** destacan en todos los ámbitos de su desempeño profesional, pero no olviden esta recomendación: fortalezcan su carácter y estudien, para que puedan elegir una profesión o actividad económica que esté acorde con lo que sueñan. Como les gusta ser reconocidas es posible que creen empresas muy prósperas con su propia firma; para ello, además del desarrollo de la percepción también deben poner a prueba la inteligencia.

**En el amor:** traten de evitar controlar a sus hijos y compañeros sentimentales porque corren el riesgo de quedarse solas, tanto las solteras como las casadas.

Dividido en dos, su primera frase, LIN, simboliza las CAMPANAS ESPIRITUALES y la BONDAD; su segunda sílaba, DA, representa la MUJER que QUIERE RECIBIR.

Este mantra a la inversa se lee ADNIL, que significa MUJER AMIGA.

*Su letra del éxito y la prosperidad es la I; la de su ADN es la D.*

# Lino

Hombres que tienen un sentimiento muy grande pero que al final no lo saben entender. Son nobles, dulces cuando quieren, pero fuertes de carácter e impulsivos en circunstancias desafiantes. Les gusta el campo, trabajar la tierra, se destacan en actividades duras. Cuando se cansan de ser explotados, literalmente estallan. Lo más importante es que saben lo que hacen y cuándo lo hacen. Con sus hijos la relación es muy intensa desde todo punto de vista, porque a la vez que son duros son egocéntricos, aspecto que molesta mucho a sus mujeres; para ellas entenderlos es una ardua tarea en la que necesitan tener paciencia y conocer muy bien su carácter. A las que recein están intimando con uno de estos hombres les aconsejo no comprometerse sólo por su aspecto tranquilo, sociable y noble, esperen mejor a conocer la otra cara de la moneda así no se llevarán sorpresas.

**En la salud:** pueden tener desórdenes mentales, deben cuidarse del vicio y el alcohol.

**En el dinero:** su letra "L" caracteriza a los que siempre quieren ir adelante, sin detenerse; lo bueno es que al final acaban siendo los terratenientes, porque se convierten en líderes rápidamente; la "I" muestra inteligencia, intuición y capacidad.

**En el amor:** aquí hay un problema, el machismo; además que quieren controlar por los celos cada acto o actitud de sus mujeres e hijos.

Dividido en dos, su primera sílaba, LI, significa PODER ASIÁTICO y su segunda sílaba, NO, representa la TERQUEDAD.

Este mantra a la inversa se lee ONIL significa PETRÓLEO o RIQUE-ZA de la TIERRA.

*Su letra del éxito y la prosperidad es la O y la de su ADN es la I.*

## Lizeth

**S**on personas a las que es posible aconsejar, siempre y cuando quien lo haga les mire a los ojos, pronunciando sus palabras suavemente y con mucho cariño. Este consejo va dirigido especialmente a sus padres, ya que la violencia intrafamiliar puede transmitirles códigos autodestructi-vos, entre ellos los depresivos y vicios como la cleptomanía y la droga-dicción. Son procreadoras por naturaleza, sobre todo se entregan fácilmente cuando se sienten muy solas. Hay que sugerirles mucha prudencia porque pueden caer en la inestabilidad emocional, debido a que se mortifican constantemente por situaciones externas. Tienen mucha capacidad de sentir, sueñan con progresar económicamente y su gran ilusión es encontrar a su príncipe azul; son inteligentes pero temerosas, a veces inseguras, debido a que no conocen la otra parte de su ser, que es la fuerza, la inteligencia y la capacidad.

**En la salud:** deben ser precavidas en relación con el aborto, los estupefacientes vía intravenosa, transfusiones de sangre por anemia, caídas del cabello y anorexia.

**En el dinero:** son mujeres universalmente ayudadas y protegidas; hasta el final.

**En el amor:** se proyectan, sueñan y sufren.

Dividido en dos, su primera sílaba, LI, representa el PODER ASIÁTICO y en su segunda frase, ZETH, figura una PALABRA MÍSTICA.

Este mantra a la inversa se lee "HTEZIL," que significa VIENTO, SUSURRO, ÁRBOL y MONTAÑA.

*Su clave del éxito y la prosperidad es la terminación TH y su letra del ADN es la Z.*

# Lourdes

Este es un nombre verdaderamente puro, por eso no es de extrañar que sean mujeres muy buenas. Si en algún momento llegaran a sufrir de esquizofrenias, envidias, problemas de autoestima por una historia vital bastante traumática pueden enfurecerse y vengarse de aquél que supuestamente les ha hecho daño, incluso podrían convertirse en mujeres amargadas y decepcionadas de la vida. Afortunadamente estas situaciones no son muy habituales, por el contrario, suelen ser creyentes, tímidas, buenas tías, buenas abuelas y obedientes de sus padres. Y tienen como ejemplo a las mujeres mayores de sus familias. Hay una gran cantidad que han sido puestas en manos de otros familiares debido a que sus padres trabajan demasiado. En resumen son buenas hijas madres trabajadoras, sin destacarse demasiado en la vida pública, con la excepción de la religiosa.

**En la salud:** deberán cuidar su cuerpo de la obesidad, problemas bioquímicos y, lo más grave aún en ellas, el colesterol; también ocupan un lugar entre los nombres que pueden tener cáncer y enfermedad de Alzheimer.

**En el dinero:** podría decirse que de una u otra forma ellas gozan de estabilidad, pero, repito, estas mujeres tienen una vida más pasiva que exitosa ¡Qué bueno que ellas pudieran cambiar esa historia!

**En el amor:** en este aspecto hay estabilidad, pero sus compañeros por lo general son hombres humildes, trabajadores, que escalan muy alto debido a su capacidad; sólo tienen algunos problemas económicos aquéllos que son adictos al alcohol.

Dividido en dos, su primera frase, LOU, representa la distinción LORD y DES muestra lo que ellas DESPRECIAN con DESPOTISMO.

Este mantra a la inversa se lee SEDRUOL, que significa SABIDURÍA, PAZ y HONOR.

*Su letra del éxito y la prosperidad es la L y la de su ADN es la R.*

# *Lucas*

Ellos son pícaros, extrovertidos, pintorescos, audaces, llenos de capacidades e inteligencia; hábiles para el dinero aunque generalmente les gusta regalarlo. Siempre tienen la intención de ir delante de los demás, se enojan con facilidad, aman muchos a los padres, necesitando de su apoyo y guía. Se entienden mejor con sus padres a pesar de que piensan que sus madres les son fáciles de manejar y manipular. Como padres deparan sorpresas porque no siempre son los mejores pero sus hijos terminan aguantándoles, complaciéndoles y trabajando para que ellos no luchen más en la vida. Su comportamiento caprichoso los acompaña tanto en la infancia como cuando son adultos. Podemos encontrarles continuamente pequeños vicios pero todos ellos saben cómo disfrutar al máximo de la vida. Sin embargo, ¡miren cómo es la vida!, porque si llegan a caer en desgracia durante su adolescencia o juventud el mundo pareciera acabarse ahí, ya que les es muy duro superar las crisis.

**En la salud:** entre las enfermedades más comunes que pueden padecer se encuentran la sinusitis, problemas de la vista, oídos, pequeños mareos y amnesias, además del asma.

**En el dinero;** son competitivos, obsesivos y su búsqueda de la riqueza será imparable aunque debo advertirles que los LUCAS despilfarran rápidamente lo que consiguen, por eso muchos terminan sin nada.

**En el amor:** es maravilloso ver cómo hay seres humanos que tienen tanta capacidad de manejo para ganarse el cariño de las personas; los LUCAS insisten, persiguen y al final triunfan.

Al dividir su nombre en dos su primera sílaba, "LU", representa el GUERRERO INVENCIBLE y su segunda frase, "CAS", quiere decir

PERSONA ESCRUPULOSA y POSEEDOR de la PALABRA.

Este mantra a la inversa se lee "SACUL" y significa: HOMRE CUL-TO, FUERTE y de ACCIÓN.

*Su letra del éxito y la prosperidad es la U y la de su ADN es la C.*

## *Lucía*

Como su nombre indica, emanan luz; de nuestro género son las alcanzan mayor lucidez, ya que les favorece mucho la intuición y la clarividencia, es algo que se les debe reconocer. Muchas podrían practicar la quiromancia, la astrología, el arte, el diseño, la educación y la economía. Cuando las llamamos por su nombre automáticamente se les está diciendo LUZ DEL DÍA y es por ello que no debe extrañarnos que las LUCÍA tengan capacidad para resolver problemas dentro de cualquier empresa o de sus hogares, también saben aconsejar a sus amigas y amigos. Son tan valientes que podrían caminar sobre espinas, brasas ardientes o vidrios y aunque esto les cause dolor terminarán su andar. Pero en lo que deben tener mucho cuidado definitivamente es en su economía porque aun siendo la mayoría experta en el manejo de la misma, puede haber personas de su entorno que quieran manipularlas y perjudicarlas en este sentido.

**En la salud:** sus mayores padeciemientos son: ceguera parcial o total, obstrucción de su aparato reproductivo y abortos.

**En el dinero:** es paradójico pero su riqueza se puede ir fácilmente porque asumen la obligación de muchas personas, pienso que trabajan demasiado y tienen muy poco.

**En el amor:** éste tarda pero les llega.

Dividido en dos, su primera sílaba, LU, representa el DESAFIANTE y el MAESTRO de la ESPERANZA, y su frase CIA quiere decir el DÍA y el NACIMIENTO; eso significa que LUCÍA es igual a ESTRELLA del FIRMAMENTO y DAR a LUZ; también es una frase bastante emblemática porque dar a luz no es sólo procrear, es también una invitación a que amen a sus hijos y semejantes profundamente, como ellas lo saben hacer, pero deben amarse primero a sí mismas; también las invito a que pongan un granito de arena para alcanzar su felicidad.

Este mantra a la inversa se lee AICUL y no lanza ningún significado, pero sabemos que esto no influirá para nada en sus vidas porque demuestra que son almas nuevas en proceso de evolución.

*Su letra del éxito y la prosperidad es la U y la de su ADN es la I.*

# *Luciana*

Luz del día, lucero del amanecer, esencia pura y divina, deben ser guiadas desde pequeñas para que puedan elegir si quieren iluminar o simplemente extinguirse, ya que son verdaderas estrellas humanas. Su apariencia débil es engañosa puesto que tienen una fortaleza envidiable, nadie sabe cómo pero siempre encuentran la solución a todo. Se desempeñan dentro del ámbito artístico y el arte literario porque su creatividad es una ventaja para la expresión escrita; por lo tanto, el periodismo y el derecho podrían ser sus caminos. Tienen viveza, agilidad e hiperactividad, les gusta hacer sus cosas sin que nadie invada sus espacios; además de ser místicas, les encanta lo desconocido, por lo que desarrollan su intuición. Son, en un alto porcentaje, ambiciosas y retadoras y manejan las situaciones de conflicto hasta con sus propias familias. Pueden ser reacias a la procreación porque gustan de mantener su buena figura y sienten inclinación por las experiencias fuertes. Las que mantienen un perfil más discreto sólo sueñan con ser amadas y convertirse en esposas y madres consagradas.

**En la salud:** los impulsos pueden ser nocivos, entonces deben relajarse o protegerse de las anemias agudas, hemorragias menstruales, sobre todo por el riesgo de abortos, y cuidar el bazo y el hígado.

**En el dinero:** además del derecho y el periodismo, saben manejar de forma excelente el campo científico e investigativo, donde pueden desarrollar también otros estudios. Tienen mucho liderazgo y capacidad para desenvolverse en la vida, en verdad son muy bendecidas.

**En el amor:** es aquí donde deberían desarrollar toda su inteligencia porque en este aspecto experimentan muchas veces autocompasión y baja autoestima. Además deben intentar definir sus preferencias sexuales.

Dividido en dos, su primera frase, "LUCI", representa la FUERZA del AMOR y "ANA" HEROÍNA.

A la inversa este mantra se lee "ANAICUL", que significa REINA de la NATURALEZA.

*Su letra del éxito y la prosperidad es la letra U y la de su ADN es la A.*

# *Lucila*

Mujeres que se caracterizan por su alegría y carisma, también son muy protectoras. Sin embargo se enredan con cosas pequeñas, su condición de vida es querer dar mucho en el sentimiento, yendo a la búsqueda eterna de un gran amor, porque son muy dependientes de este sentimiento. Quiero aconsejarles que dejen florecer su fuerza y rebeldía, eso les ayudará en el carácter, pero que no se confundan, ya que una cosa es quererlo definir y otra es que éste sea fuerte y difícil. Esto podría impedirles cumplir fácilmente sus sueños. Trabajadoras por naturaleza, les gusta igualmente enseñar basándose en los ejemplos y en la sabiduría que les dieron sus figuras paterna o materna, a las que admiran profundamente a la vez que reprochan. Son prósperas y llegan a ser mujeres notables, siempre y cuando aprovechen sus virtudes.

**En la salud:** les recomiendo solucionar los problemas de strés rápidamente, antes de que éstos les ocasiones problemas de úlceras y colon.

**En el dinero:** deben saber que las que no pueden salir adelante es porque permitieron que una frustración les dañara la vida. En general son mujeres muy afortunadas, además tienen mucha energía para mover la riqueza material.

**En el amor:** aquí necesitarán de príncipes azules, ellas no se llenan fácilmente y deberán cuidarse de las infidelidades.

Dividido en dos, su primera sílaba, LU, representa un PASO HACIA ADELANTE y su segunda frase, CILA, evoca la INCERTIDUMBRE.

Este nombre a la inversa, "ALICUL", significa LUZ OCULTA.

*Su clave del éxito y la prosperidad son la L y U y su letra del ADN es la L.*

# *Luís*

Aquí encontramos una iluminación, que hace a sus portadores seres muy venturosos; sus dos primeras letras hacen que ellos tengan inesperados golpes de suerte, por ejemplo: que se ganen un juego de azar o inicien un negocio muy próspero y que tengan familias numerosas, amorosas y generosas. Llegan a ser personas fáciles de amar, ganándose la admiración, veneración y respeto de sus hijos. Aquéllos que llevan este nombre tienen familias unidas y generosas, junto a sus hermanos cuidan de los padres y en incontables oportunidades ayudan a sus hermanos. Particularmente me gusta mucho este nombre porque lo veo muy interesante, ya que la letra L combinada con la U representa el avance tecnológico y el desarrollo de la inteligencia humana; en este caso las observamos seguidas de la I que como todos sabemos representa a LOS SABIOS, y luego la S, que es la letra de la FAMA. Su característica más importante es la nobleza y con este don no tendrán ningún inconveniente para trascender en el universo material y espiritual. Para algunos, la conciencia debe ser su mayor arma de lucha en la vida y la esperanza, su objetivo final.

**En la salud:** sus mayores problemas están relacionados con: el cáncer en cualquiera de sus manifestaciones, la depresión, además de su egocentrismo, pero en este caso no producen ningún mal para aquellos que les rodean.

**En el dinero:** hay un pequeño porcentaje que se destaca mundialmente y los que no lo son pueden llegar a ser prósperos empresarios.

**En el amor:** deberán tener cuidado con este sentimiento, es muy posible que sean muy amados pero no tanto porque quienes les rodean entiendan lo que   sienten sino por los beneficios que brindan.

Al dividir este nombre en dos su primera sílaba, LU, significa ILUMINAR o ILUMINACIÓN y su segunda sílaba, IS, quiere decir: CONTAR, AFIRMAR o RECONOCER; por lo tanto LUIS es igual a REAFIRMARSE en la LUZ.

Este mantra a la inversa se lee SIUL, que quiere decir LUGAR, TIERRA o PROPORCIÓN.

*Su clave del éxito y la prosperidad son las letras U y la I. La letra de su ADN es la L.*

## Luís Alberto

Este nombre se contradice porque los "Albertos" son duros, posesivos y quieren controlarlo todo; sin embargo, "Luís" representa a los nobles, amantes de sus familias y fieles, siempre y cuando sus mujeres los complazcan y los traten con afecto, además de que son muy hormonales. Tanto a unos como a otros les va muy bien en sus actividades económicas, y lo mejor de todo es que ellos pueden iniciar cualquier emprendimiento porque tienen siempre  miles  de  ideas debido a su visión futurista. Lo único que necesitan es dar con lo que realmente les gusta hacer y una vez lo logren podrán emprenden un largo camino hacia el triunfo. Por el lado de Alberto pueden destruir a sus familias porque en ocasiones pueden ser adictos al alcohol, manejando múltiples problemas con sus parejas tratando, por el lado de LUIS de recuperarlas.

**En la salud:** ojalá haya un buen equilibrio emocional, de lo contrario el hígado sufrirá las consecuencias de la afición a la bebida

**En el dinero:** todos los tiempos serán buenos para comenzar

**En el amor:** aquí nunca habrá momento equivocado, aprendan de todo lo que viven y vivan lo que les haga feliz.

Este nombre dividido en sus dos frases: "Luís" representa el HOMBRE de BIENy Alberto el SER que aún BUSCA un DESTINO.

A la inversa se lee "OTREBLA SIUL", que significa BUSCAR LA RIQUEZA con SIGILO.

*Su letra del éxito y la prosperidad es la U y la de su ADN es la B.*

# Luís Fernando

Son hombres muy arriesgados, mujeriegos y excelentes amantes cuando se proponen entregarse realmente. Cuando quieren conquistar a una mujer hacen lo que sea utilizando su ternura y calidez. Tienen muchas expectativas, y corren demasiados riesgos para conseguir la riqueza y el reconocimiento, sin que sea importante para ellos la forma de conseguirlo. Son muy buenos hijos algunos son muy atentos y considerados con sus madres, pero a la vez implacables con sus seres amados, eso significa que muy pocos vencen las barreras del Ego y el orgullo.

La frase "FER" cuando se pronuncia tiene una entonación descendente, nunca ascendente; esto sirve para deducir que son materialistas, poco espirituales y realistas a su manera; la palabra "NANDO" habla del PEREGRINO, BOHEMIO, SOÑADOR e ILUSO. Por consiguiente el mantra Fernando es igual a IRREALIDAD. El decreto LUÍS es sinónimo de nobleza, buen padre, buen hijo y sería maravilloso que no perdieran esta estructura por la ambición y el egocentrismo de los FERNANDO.

**En la salud:** también están dentro del grupo de este género con problemas de próstata, propensos a los accidentes, al cáncer y las molestias estomacales.

**En el dinero:** no sé qué pensarán ellos pero me parece que el diario trajinar para lograr sus metas tan ambiciosas les está llenando de angustia.

**En el amor:** por el lado de los LUÍS tienen mucha fortuna en este aspecto, pero los FERNANDO aún no se ubican; esto hace que los portadores de este nombre sean inestables.

El nombre a la inversa se lee "ODNANREF SIUL" que significa FUERZA y ABANDONO, lo cual quiere decir que ellos son temerarios y no muy organizados, pero dentro de la vida materialista son muy afortunados; algunos no hacen felices a sus parejas. En este nombre no hay ninguna frase que emita el sonido de un mantra.

*Su clave del éxito y prosperidad son las tres primeras letras que lo componen L,U, I y la letra de su ADN es la O.*

## Luís Kalev

En este nombre encontramos a dos grandes hombres, el primero con una esencia pura, aunque sería prudente que ambos desarrollaran la seguridad y fortaleza, ya que este nombre compuesto refleja luz y espiritualidad; debido a que su segundo nombre empieza con K y termina con V, los portadores tienen mucha sensibilidad y por tanto serán justos y comprensivos tanto en lo personal como en lo laboral. Al ser empleados de confianza, sus superiores les ayudarán a promocionarse y crecer.

El nombre, tal y como se pronuncia, LUIS KALEV, representa a un HOMBRE SABIO y SANTO.

Su representación como ser humano tiene dos caras: bien como defensor de los derechos humanos, triunfador y exitoso; o bien como un hombre retador, inescrupuloso, desleal y mentiroso; esto último está representado en la letra E, pero aclaro que no será una opción del destino sino una forma de vida, dependiendo tanto de las circunstancias como de su historia vital.

**En la salud:** no dudo de que si reciben una buena enseñanza de parte de sus padres y familiares serán maravillosos. Los traumas podrían provocar una patología maniaco-depresiva, inestabilidad emocional y agresividad. Será prudente que se cuiden de los fuertes dolores de cabeza, presión arterial y enfermedades respiratorias.

**En el dinero:** lo más importante es que no regalen lo que hacen por comprar un cariño o amistad, que cuando den no miren a quién.

En el campo laboral muy pocos eligen el ámbito de las humanidades; si lo hacen, entonces se convertirán en fisioterapeutas, científicos e investigadores; pero su mayor talento estará representado en las ingenierías.

**En el amor:** serán implacables con sus familias porque no dudarán en juzgar un mal comportamiento, sobre todo en el padre, que se convertirá para ellos en un emblema. Les sobrará el amor de sus parejas, se convertirán en hombres célebres para ellas.

Dividido en sus dos frases o nombres, LUIS quiere decir HOMBRE del BIEN y de la LUZ; KALEV significa GALLARDETE.

Este mantra a la inversa se lee VELAK SIUL y representa el VALOR del ALMA y ESTRELLA del SUR.

*Su letra del éxito y la prosperidad es la L y la de su ADN es la V.*

## *Lyubov*

Este nombre tiene dos aspectos muy positivos: el primero, su grado de espiritualidad representado en la "Y"; el segundo, la "U", que simboliza al capital, motivo por el cual sus portadores tendrán que debatirse entre lo material y lo espiritual. Aunque las personas que pueden encontrar estas dos virtudes las pueden aprovechar para ayudar a los que ellos consideren que las necesitan. Es bueno aconsejarles que jamás se sientan fracasados, así las cosas se tornen difíciles en algunos momentos, porque ellos están bendecidos. Este nombre proviene de Israel, teniendo sus raíces alrededor no sólo de Europa, también en los países árabes; por eso las progenies de sus portadores, sea hombre o mujer (digo esto porque el nombre puede ser femenino o masculino), tendrán un espacio muy grande en el mundo, por su capacidad, inteligencia y espiritualidad.

**En la salud:** cuidarse de no experimentar con químicos-tóxicos, además de evitar toda relación con la violencia; otros problemas pueden ser la amnesia parcial y los fuertes dolores de cabeza, deben controlarse y ayudarse visitando al neurólogo.

**En el dinero:** antes de emprender alguna actividad lo primero que deben saber es hasta dónde quieren llegar en la vida y qué es lo que necesitan hacer para sentirse satisfechos.

En el amor: no lo violenten y tampoco se aprovechen de sus parejas porque con sus acciones pueden provocar fácilmente el odio.

Dividido en dos, su primera sílaba, "LYU", representa el PODER, el

BIEN y el MAL. Su segunda sílaba, "BOV", simboliza el ESPÍRITU de LUCHA.

Este mantra a la inversa se lee "VOBUYL", que significa GRANDEZA ESPIRITUAL y DESARROLLO MENTAL.

*Su letra del éxito y la prosperidad es la Y y la de su ADN es la B.*

Nombres con la inicial

"M"

# Madeleine

Representa a la mujer cuyo sueño es ser madre. También a las que por ningún motivo les gusta sobresalir públicamente, a pesar de que en cada una de las letras de su nombre tiene componentes muy especiales. Así, la letra M muestra a la mujer fuerte, equilibrada, madre, amorosa, compasiva y comprensiva y a la hija que ocupa el lugar de la madre, desenvolviéndose muy bien como líder familiar. La D está simbolizando los sueños de procrear y de formar una vida y un hogar. Las tres E de este nombre y la letra L en medio de ellas están representando a otro tipo de mujer, que por momentos ve su destino impedido por las depresiones y las angustias, cuyo destino es impredecible y para la cual las esperanzas se acaban fácilmente. Podría decirse que es el lado oscuro de estas mujeres.

**En la salud:** acabarán autodestruyéndose si no tratan de levantar la cabeza en el momento indicado, porque no olvidemos que la mente y la palabra son las armas más poderosas del mundo, ya que lo que se piensa a la vez se decreta. Cuidar la matriz, el útero y los ovarios.

**En el dinero:** importantísimo que no se permitan ver como obstáculos a las demás personas, porque el fracaso sólo existe en la mente de cada ser humano y, por último, deben encontrar su trono en la vida.

**En el amor:** es importante que no manipulen ni se auto compadezcan, ello podría ser un detonante para el fin de sus relaciones afectivas.

Dividido en dos, su primera frase, MADE, simboliza la EVOLUCIÓN de la NATURALEZA y su frase LEINE está representando la FAMILIA.

Este mantra a la inversa se lee ENIELEDAM, que significa ENIGMA y EMBLEMA de PAZ y AMOR.

*Su letra del éxito y la prosperidad es la M y la de su ADN es la E.*

## Mara

**S**on maravillosas, porque tienen todas las combinaciones: carácter indescifrable, necesidad de llamar la atención, carisma y actitud de niñas. Para los demás son inmaduras, se asemejan al vaivén de las olas porque vienen y van, confunden su camino y aunque estén llenas de virtudes les falta despertar un poco más la conciencia. Actúan de forma repetitiva, anteponen la emoción a la razón y aunque se describan a sí mismas como sensibles, tienen mucha fuerza y desarrollan tantas facultades, virtudes y cualidades, como pocas. Lo más importante refiriéndonos a las MARA es que su familia y todo aquél que las rodee sean conscientes de que ellas deben aprender a respetar y no pretender controlar el mundo entero.

**En la salud:** si por algún motivo tienen problemas respiratorios puede ser porque han sido afectadas en lo emocional; entonces las enfermedades psicosomáticas se les pueden convertir en afecciones bronquiales y respiratorias, dolor en el pecho y articulaciones, migrañas, además de verse afectado el aparato digestivo.

**En el dinero:** tienen la vara mágica, el control y la creatividad y si ya tienen todo esto sólo les faltan las ganas.

**En el amor:** aquí lo único que no funciona es su cabeza porque su corazón y el de quien las ama funcionan perfectamente.

Dividido en dos, su primera sílaba, MA, significa MUJER PODEROSA y su segunda sílaba, RA, representa UN CÍRCULO de LUZ.

Este mantra a la inversa se lee ARAM, que significa DIOSA del MAR.

*Su clave del éxito y la prosperidad son las letras AA y su letra del ADN es la M.*

## Marcela

No son muy materialistas pero sí débiles en cierto sentido, porque detrás de ellas hay una energía demasiado grande que podría servir para abarcar un todo o desafiar a todos. Lo que sí es muy obvio, definitivamente, es que tienen una enorme sensibilidad y un gran corazón, mucho desarrollo espiritual pero demasiada frustración emocional. Sus mayores virtudes son la compasión, la comprensión, la colaboración, el amor por sus familias, la obediencia y la amistad; sus grandes defectos son la debilidad, el temor y la agresividad, esta última, claro está, muy sutil. Si tuvieran que elegir una forma de vida, sé perfectamente que no podrían definirse hoy, sobre todo no sabrían hacia dónde encaminarse. También he notado que carecen de sueños a pesar de que sí son ilusas. Y lo que ellas no saben de sí mismas es que una parte significativa de ellas se encuentra entre las mujeres más inteligentes.

**En la salud:** pueden tener problemas relacionados con la autocompasión y el temor, sumado a un desarrollo físico ligeramente deficiente. Sin embargo, en términos generales gozan de buena salud.

**En el dinero:** son muy pocas las que saben aplicar estrategias en la vida pero las que lo logran pueden llegar muy alto; las que no lo han logrado aún lo están buscando.

**En el amor:** confunden el enamorarse con el enamoramiento, otro detalle es que no les importa si el hombre al que se unen es bueno o no para ellas, debido a que se dejan engañar por sus sentimientos. Son celosas, posesivas y autocompasivas.

Dividido en dos, su primera sílaba, MAR, representa la ARENA MOVEDIZA y su segunda sílaba, CELA, simboliza el TEMOR a PERDER.

Este mantra a la inversa se lee ALECRAM, que significa ALAS al VIENTO y LIBERTAD del ALMA.

*Su letra del éxito y la prosperidad es la M y la de su ADN es la E.*

## Marcelo

Ahora que tengo la oportunidad de describir a los MARCELO quiero contarles que en ellos se pueden encontrar diversas cualidades y creo que son las cuatro más importantes que se podrían encontrar dentro del ser humano y que además podrían describir perfectamente a todos los varones. El decreto MARCELO es el símbolo de la AMBICIÓN, la POSESIÓN, la NOBLEZA y la SENSIBILIDAD. Es importante para las personas que los conozcan tener conciencia de ello, de lo contrario jamás lograrían aceptarlos y menos aún comprenderlos; son hombres con mucha audacia, egocéntricos y maliciosos, esto último porque creen que tienen el derecho a todo en la vida sin importar lo que sea y menos lo que les cueste.

**En la salud:** sigo sosteniendo que deben evitar los vicios, sobre todo el     tabaquismo; también tienen que cuidarse de la sinusitis, problemas bronquiales, respiratorios, pulmones e hígado. Y además atiendan su alimentación.

**En el dinero:** indiscutiblemente también son muy afortunados, sobre todo como ingenieros, administradores, deportistas, pintores, escultores, diseñadores y políticos, debido a que tienen otro de los símbolos de la prosperidad, la terminación O.

**En el amor:** retomando lo dicho anteriormente, la letra O representa el universo y todo aquél que la tenga al final o al comienzo de su nombre siempre    creerá que éste le pertenece, hasta las mujeres.

Dividido en dos, su primera frase, MAR, representa las TURBULEN-CIAS, la OSCURIDAD y la  CLARIDAD y su segunda frase, CELO, representa el CONFLICTO con la PALABRA y el DOLOR.

Este mantra a la inversa se lee OLECRAM, que significa VENENO y TRAICIÓN.

*Su letra del éxito y la prosperidad es la O y la de su ADN es la M.*

## Marco

Hombres a los que de una u otra forma les encanta sobresalir y su mejor    representación es con la gallardía, la apariencia, la cordialidad, la dulzura etc. En su interior se sienten seductores, buenos amigos y gentiles; son inflexibles, fuertes de carácter, no sólo en el amor sino también en sus estructuras de vida.

Generalmente son líderes en sus familias, debido a su capacidad administrativa; algunos sacan la cara por ellas teniendo en cuenta que protegen enérgicamente a las mujeres de sus hogares, son venerados por sus madres y llegan a ser cómplices de sus padres. Manejan una enorme capacidad para los negocios y son brillantes a la hora de producir, de tener amplias ideas, por su extraordinario desarrollo intelectual.

**En la salud:** es aquí donde cometen graves errores debido a que se exceden; tienen actividades estresantes, adquiriendo problemas por su alimentación y provocando afecciones por culpa del tabaquismo, esto podría desarrollar en ellos complicaciones cardiovasculares.

**En el dinero:** muy sobresalientes; pero los que no han podido triunfar económicamente no han comprendido que no se puede vivir atado al pasado. Deben procurar no caer en los vicios, incluyendo el juego y aprender a cuidar el dinero

**En el amor:** aumentan el error, aún con mayor gravedad, y desafortunadamente el hecho de no encontrar a ese ser especial que tanto buscan les convierte en hombres infieles, machistas e indiferentes al sentimiento.

Dividido en dos, su primera frase, MAR, representa los los GENERALES y el LÍDER que DIRIGE a un PUEBLO y su sílaba CO es un emblema de ACCIÓN UNIVERSAL.

Este mantra a la inversa se lee "OCRAM", que significa LABERINTO o SIN SALIDA y, en mi opinión, creo que así tienen sus mentes por el lado afectivo.

*Su letra del éxito y la prosperidad es la M y la de su ADN es la O.*

# *María*

Es el nombre de las mártires, la palabra MARÍA significa DAR, también representa el SENTIMIENTO y la ENERGIA; es así que cuando las llamamos por su nombre les estamos pidiendo sentimientos, o sea, automáticamente les robamos energía. Supongamos que cuando a MARÍA la eligieron como madre de JESÚS se necesitaba a alguien que pudiera tener las siguientes virtudes: capacidad de amar sin esperar, valentía para defenderse en cualquier lugar, sitio o circunstancia de su fe y, además de la inteligencia, la luz suficiente para debatirse entre el bien y el mal. Por eso es lógico que exista la palabra MADRE que significa MARÍA y simboliza un ÁNGEL o GUÍA; no sólo fueron virtudes de la madre de JESÚS sino también de todas nuestras madres.

Les invito a que analicemos el término VÍRGEN que forma parte de las dos anteriores: la letra V y la letra I juntas re- presentan la LUZ y la VIDA; o sea, lo que JESÚS tendría a través de esta Mujer; he ahí que queda comprobado que los seres humanos elegimos cómo queremos vivir y por medio de quién queremos venir al mundo. Pero las mujeres llamadas MARÍA han equivocado su capacidad de amar y servir. Cuando su nombre es compuesto ellas entran en otras dimensiones que son: las del poder, la necesidad, el conflicto y el Ego, aunque en términos generales este nombre es el más celestial y, a la vez, representa el dolor y sufrimiento de las madres por sus hijos.

**En la salud:** tienen capacidad para la manipulación, la autocompasión y un sinnúmero de enfermedades psicosomáticas.

**En el dinero:** si tratamos de recordar cuántas mujeres llamadas MARÍA son exitosas, millonarias, podrían ser miles pero con nombres compuestos, porque las de nombres simples, nuevamente repito, estan demasiado dedicadas a servir.

**En el amor:** es su mayor sacrificio, sufren porque lo tienen y porque no.

Dividido en dos, su primera sílaba, MA, quiere decir LLEVAR o SEGUIR A; también muestra UN LLAMADO y su frase RIA significa SEMBRAR y PROCREAR, también un CLAMOR a la VIDA.

Este mantra a la inversa es igual a la PRIMERA y PRINCIPAL.

*Su clave del éxito y la prosperidad son las letras M y la I. La letra de su ADN es la R.*

# María del Rosario

**M**aría del Rosario, con este nombre se puede cambiar fácilmente la visión de una persona ante la vida. Qué maravilloso sería si no se lo pensaran dos veces, que se ayudaran de la R, la cual representa la fuerza y la rebeldía, para que emprendan la partida con el único pensamiento de ganarle la carrera a las penas, a los lamentos, llegando a hacer de sus mundos y del de todo aquél que les rodea algo más fácil de sobrellevar, dándose un lugar representativo en todos los niveles. Les doy este consejo porque tanto en el hogar como en sus vidas profesionales les hace falta más coherencia y menos dependencia. Este nombre no es muy adecuado para la actualidad debido a que las mujeres que lo portan tienen pensamientos y acciones que las proyecta como personas con muy pocas aspiraciones y en sus familia piensan que son Santa Rosa y que no pueden ser felices, que deben encargarse de todo y de todos.

**En la salud:** tienden a lamentarse mucho y a sentirse víctimas, además de que en su interior tienen cierta predisposición al sadomasoquismo; son nerviosas, complicadas y ansiosas. La adicción a los fármacos auto recetados podría desarrollar en ellas otras enfermedades.

**En el dinero:** las veo más o menos competitivas pero no sobresalientes; sin embargo, como profesionales suelen ser excelentes y destacadas, del tipo de personas que encuentran riqueza sin saberse cómo, porque tienen muy bien destinado el azar.

**En el amor:** mi apreciación es que siempre se unen al hombre equivocado y dejan pasar el verdadero amor, porque no lo saben valorar.

Dividido en sus dos frases, "María del" representa la HIJA de DIOS y Rosario quiere decir PALABRAS DIVINAS.

Este mantra a la inversa se lee "OIRASOR LED AIRAM", que significa ALMA en SOLEDAD.

*Su letra del éxito y la prosperidad es la R y la de su ADN es la M.*

*María Esther*

La combinación de este nombre no es nada favorable porque, como ya sabemos, las ESTHER son mujeres muy sacrificadas en muchos aspectos y cualquier detalle se les convierte en una lucha. El significado del nombre de MARÍA agrava esta situación provocando que entren constantemente en crisis. Por eso les sugiero que se hagan llamar siempre por su nombre completo porque así darán con un golpe de suerte o con un buen hombre adinerado o colaborador. Pero aclaro que no es en todos los casos, por lo tanto en su mayoría les toca hacer que su destino funcione.

Como ya sabemos, las ESTHER tienen problemas para procrear pero las MARÍA ESTHER en este sentido son karmáticas y si logran tener hijos deberán cuidarse para que éstos no traigan problemas de salud o algún tipo de deformación. Otra de sus grandes características es la protección hacia sus seres amados, con los cuales sienten mucha obligación, pero a su vez son implacables y muy críticas con ellos.

**En la salud:** las ESTHER tienen enfermedades por el lado genético, deben cuidarse mucho de los tumores. Las MARÍA las tienen por el lado del corazón.

**En el dinero:** otro aspecto en el que está marcada la lucha; sin embargo, las MARÍA ESTHER son más afortunadas porque el dinero les llega tarde o temprano.

**En el amor:** pueden ser correspondidas aunque se comporten de forma crítica y a veces un poco displicentes con sus compañeros de vida; pero ellos las adoran.

Dividido en sus dos frases: MARÍA significa MADRE y MUJER UNIVERSAL, ESTHER representa el INDIVIDUO que BATALLA.

Este mantra a la inversa se lee REHTSE AIRAM, que significa VOLVER al PASADO.

*Su letra del éxito y la prosperidad es la terminación HER y su letra del ADN es la E.*

# *María José*

Ellas son muy consentidas, adoradas, veneradas, con familias adineradas en su mayoría, normalmente tienen buenas amigas, así mismo manejan buena relación con las madres. Sólo las que se desarrollan en estratos económicos bajos se sienten frustradas y acomplejadas, pero es por una mala orientación ya que desafortunadamente en sus familias hay mucha agresividad entre los padres, aunque realmente esto no es muy común, debido a que ellas nacieron para crear un equilibrio en todos los seres que las rodean. En resumen muchos las aman y otros las envidian.

**En la salud:** en este aspecto algunas no son tan afortunadas y es que vienen con problemas congénitos; la leucemia y los tumores cerebrales son las enfermedades de mayor riesgo, es por tanto una advertencia que trasmito a sus padres.

**En el dinero:** el nombre "José" no sólo es hermoso, también es divino; permite que sean triunfadoras por naturaleza y famosas en el ámbito empresarial, pero aún más en el ámbito social y político. El nombre María muestra su nobleza.

**En el amor:** lo resumiré con una sola palabra: son algunos de los seres humanos más bendecidos que hay en este aspecto.

Dividido en sus dos frases, "María" quiere decir MADRE y MÁRTIR; y su segunda frase, "José", PERSONA de BIEN.

Este mantra a la inversa se lee "ESOJ AIRAM", que significa RITUAL de AMOR UNIVERSAL.

*Su letra del éxito y la prosperidad es la J y la de su ADN es la A.*

# María Rene

Por lo general, esta combinación de nombres hace referencia a personas que en ocasiones tienen una historia vital traumática y y a quienes sus problemas convierten en personas depresivas y desmotivadas. Son estupendas, no sólo como madres sino también como hijas, amigas y seres humanos, sienten que deben ayudar a todo el mundo, he ahí que invaden territorios que no les pertenece.

Deben aprender a no emitir tantas quejas sobre la vida y las personas, mucho menos auto compadecerse o comportarse como niñas; también deberán aprender a mantener la línea entre la mujer madre y la mujer cómplice, que es en lo que podrían llegar a convertirse con sus hijos.

Recuperar su autonomía femenina, tanto en lo laboral como lo emocional, también les ayudará a recobrar su independencia, personalidad y felicidad.

**En la salud:** tienen un carácter muy fuerte y complicado; por su bien, deben evitar un aumento imprevisto de la presión arterial, así que mantendrán una vigilancia constante sobre sus migrañas y su corazón.

**En el dinero:** considero que tienen que trabajar demasiado por muy poco y es debido a que no saben mantener la línea entre la responsabilidad y la exageración. No comprenden que cuanto más trabajen más se cansarán y menos productividad económica conseguirán, porque la clave en la vida laboral está en saber hacer algo bien y no tener que hacerlo demasiado.

**En el amor:** una sugerencia para ellas: cuanto más agredan el sentimiento, más patadas de ahogados darán sin lograr salir de las profundidades..

Dividido en dos, su primera frase, "María", quiere decir MÁRTIR y su segunda frase, "René", simboliza la libertad.

Este mantra a la inversa se lee ENER AIRAM, que significa ENERGÍA del AIRE.

*Su letra del éxito y la prosperidad es la M y la de su ADN es la E.*

## María Victoria

Excelente nombre, sobre todo porque son muy delicadas y extremadamente sensibles, además de soñadoras; se pueden quedar esperando al príncipe azul mientras se desarrollan como personas, pero indudablemente necesitan una buena orientación por parte de sus padres que les ayude a fortalecer el carácter. Les encantan los niños y cuidar de los demás; aunque no lo parezca, son un poco autoritarias y peleadoras. Tienen su mayor riqueza representada en la palabra, pero si la autoridad que se ejerce sobre ellas en su etapa de crecimiento es muy fuerte suelen volverse inseguras y no aprenden a expresar lo que sienten. En términos generales son personas que sirven mucho a la sociedad.

**En la salud:** algunas son muy delgadas y débiles. Deben además manejar con cuidado las palabras a la hora de emitir opiniones sobre otras personas. Es aconsejable realizar evaluaciones durante su infancia para descartar problemas de aprendizaje.

**En el dinero:** cuentan con muy buena capacidad para desarrollarse en el área de las humanidades; les gusta verse bien físicamente, no importa si es a su manera, eso puede ayudarlas a impresionar, sobre todo en el ambito empresarial.

**En el amor:** pueden tener muchos amores y lo paradójico es que la mayoría las prefieren como amigas; por lo tanto, las MARÍA VICTORIA tendrán que esperar un buen tiempo, y las que lo hacen a temprana edad fracasan irremediablemente.

Dividido en dos, su primer sílaba "VIC" personifica a las GRANDES ORADORAS, políticas y todo lo que representa la vida pública. Su frase "TORIA" comenta relatos, esto nos lleva a pensar que se pueden desarrollar dentro de la literatura.

Este mantra a la inversa se lee "AIROTCIV AIRAM", que representa TÁCTICAS AUDACES y DESARROLLO HUMANO.

*Su letra del éxito y la prosperidad es la V y la de su ADN es la I.*

## Maricruz

**M**ujeres muy originales, que hacen de la exhibición y la belleza parte su estrategia tanto económica como emocional. Debido a su carácter podrían tener problemas en el sentimiento, refiriéndome con esto a su forma peculiar de proyectarse socialmente, que genera muchos celos en sus parejas sentimentales y también provoca conflictos en ellas mismas ya que en lo posible tratan de que no las aten y menos las esclavicen.

Ellas tienen una magia y es la forma en la que se desenvuelven en sus vidas, son muy competitivas, soñadoras y habitualmente conflictivas; pero el problema no es que sueñen sino que se enredan con el idealismo. En cuanto a las amistades y a la familia, marcan siempre la diferencia y cuestionan muchísimo a sus seres queridos.

**En la salud:** es interesante que puedan evaluar, cuando lo consideren conveniente, si hay desequilibrios hormonales y, como segunda medida, el descontrol en sus plaquetas.

**En el dinero:** no olviden que el mundo es muy amplio y que además ellas tienen muchas cosas interesantes, como por ejemplo, la investigación sobre la vida y sus misterios; eso significa que si quisieran irse por el lado de la medicina, la arqueología, el medio ambiente, las ingenierías mineras, complementando su curiosidad por el lado del diseño, sería fantástico.

**En el amor:** pueden llegar a tener muchos admiradores pero un solo amor, porque les gusta vivir los romances de cuentos de hadas.

Dividido en dos, su primera sílaba, "MARI", significa MAREA y VIENTO; su segunda frase, "CRUZ", representa los SERES HUMANOS que ALUCINAN con ser los SALVADORES.

A la inversa se lee "ZURCIRAM", que simboliza DESAFÍOS ante la VIDA y SACRIFICIOS.

*Su letra del éxito y la prosperidad es la letra M y la de su ADN es la Z.*

## Mario

**S**on hombres muy interesantes para analizar ya que tienen una característica bastante especial y es que cuando se trata de la diversión, sus amigos y la buena vida, no piensan en la proporción del dinero, del tiempo, ni de las consecuencias; además de ser exagerados. La palabra MARIO significa entre el MAR y la TIERRA pero esto no es precisamente espiritualidad, sólo quiere decir que se ubican en una posición de vida muy difícil de manejar. Es como si estuvieran dentro de una burbuja que les convierte en intocables, pero con un claro panorama de todo lo que pasa a su alrededor. Sin embargo, son encantadores y tienen la virtud de desenvolverse en todas las ramas profesionales debido a que saben manejar una amplia gama de cualidades; esto podríamos definirlo como un triunfo si hacemos alusión a sus carencias. Por lo tanto es importante que   ellos miren más allá de sus ambiciones, puesto que éstas podrían llevarlos a cometer acciones extremadamente violentas. Asimismo cuando ellos quieren lograr ciertos objetivos en su vida no les importa nada, absolutamente nada, por eso es bueno que se cuiden de la codicia y de los negocios turbios.

**En la salud:** tienen una tendencia autodestructiva, por lo que son capaces de arriesgar hasta su vida y realmente pueden tener dificultades en contra, probablemente accidentes y agresiones físicas.

**En el dinero:** la búsqueda de la riqueza es su mayor dedicación, por lo tanto no nos debe extrañar verlos con mucho poder y dinero, sobre todo con la combinación de su nombre con CARLOS, resultando CARLOS MARIO.

**En el amor:** son dependientes, cómplices y pueden tener mujeres amantes.

Al dividir su nombre en dos, su primera sílaba, MA, es una PLEGARIA a la PROTECCIÓN y al AMOR de la MUJER; su segunda frase, RIO, nos muestra la CLARIDAD y la TRANSPARENCIA a la que estos hombres pueden llegar cuando se lo proponen, pero a la vez la R es la representación del DESAFÍO y la terminación IO simboliza la PREVENCIÓN que tienen ante la VIDA y las PERSONAS.

En otras palabras, es su escudo protector; por eso podemos deducir que los portadores de este nombre defienden con ahínco a sus familias, sus acciones y posesiones, aún más si se trata de sus hijos.

Este mantra a la inversa hace alusión al AGUA y a las CORDILLE-RAS.

*Su clave del éxito y la prosperidad son las letras I, O. La letra de su ADN es la M.*

## *Marioly*

Simboliza las montañas, las alturas, el desarrollo, la esperanza, la fama y también el verdugo: su terminación representa los reyes invencibles. Tienen la capacidad de detectar la paciencia y cordura, las cuales acaban derrumbándose cuando son enfrentadas por su insoportable soberbia. También son hiperactivas, sociables y lógicamente, como su nombre lo indica, grandes líderes. Indefectiblemente están predestinadas a triunfar y es que el comienzo de su nombre está indicando la solidez, aunque la indisciplina, representada por la R en su nombre, puede hacerlas perder todo oportunidad en la vida. En el caso de la familia, esta deberá cumplir un papel muy importante porque si se convierten en sus cómplices o enemigos podrían tener una influencia negativa sobre ellas.

**En la salud:** realmente no son personas con muchos problemas en este aspecto, en muy pocos casos se ven enfermedades congénitas destructivas; pienso que los mayores conflictos están en sus mentes por lo que les aconsejo no enfermar su cuerpo físico con ella.

**En el dinero:** sus mayores posibilidades se despliegan en el campo científico, sobre todo la astronomía; sus grandes retos pueden estar relacionados con los avances que beneficien a la humanidad.

**En el amor:** otro gran desafío, aquí podrán inventar todo lo que quieran para dejar de ser conflictivas y celosas porque cuando sean amadas lo serán para siempre.

Dividido en dos, su primera frase, MARI, simboliza el PODER de las AGUAS y su segunda frase, OLY, el PODER del AMOR en el UNIVERSO.

Este mantra a la inversa se lee YLOIRAM, que representa una MUJER DESAFIANTE y con GARRA.

*Su letra del éxito y la prosperidad es la I y la de su ADN es la M.*

## Maritza

Las "MARITZA" son audaces, sigilosas, pero de un carácter muy pero muy fuerte y algunas llegan a ser exageradamente trabajadoras. No obstante, lo mejor que tienen es que sobresalen por su inteligencia y su poder competitivo; hay dos tipos de "MARITZA": las primeras, con poco desarrollo de sus capacidades aunque sean muy preparadas y las segundas, que sin tener muchos estudios o certificados oficiales llegan a desarrollarse muy bien laboralmente, teniéndolo todo bajo control. El gran problema es precisamente que no pueden dejar de ejercer control. Si ellas lograran manejar su carácter y ser más pacientes podrían tener mejores resultados. Las MARITZA están muy acostumbradas a tener trabajos fuertes y gozan de una longevidad envidiable, pero sigo insistiendo en que su felicidad esta ahí, ni siquiera necesitan buscarla, solamente comprenderla. Estas mujeres no deben dejarse manipular por el lado de la nobleza, ni de su familia, ni de sus hijos, teniendo en cuenta que éstos pueden ser un gran ejemplo de vida y desarrollo, para fortuna de una gran mayoría.

**En la salud:** hay muchas sintomatologías psicosomáticas debido a presiones emocionales y también por cuestiones hereditarias. Presentan riesgo de cáncer en casi todas sus variantes, el lupus y continuos dolores de cabeza.

**En el dinero:** tienen facilidad para sacarlo de la nada, además que pueden iniciar un gran negocio de una pequeña venta; por eso les quiero decir que si alguna llegara a caer en la pobreza absoluta es más por pereza o desmotivación que por incapacidad.

**En el amor:** en este aspecto prefieren ser las líderes y no tener a un hombre que las conduzca, la mayoría toma decisiones rápidas pero casi siempre fracasan en sus hogares.

Dividido en dos, su primera sílaba, "MAR", representa la TIERRA FIRME e "ITZA" simboliza la mujer que SOBRESALE y logra el TRIUNFO.

Este mantra a la inversa se lee "AZTIRAM", que significa MUJER DESAFIANTE de la VIDA.

*Su letra del éxito y la prosperidad es la Z y la de su ADN es la T.*

# *Marleny*

Simbolizan el vaivén de las aguas y las personas que no tienen definida su verdadera religión pero que creen que tienen mucha Fe y a la vez actúan queriendo hacer el bien. Aparte de eso, tienen mucha influencia verbal sobre otras personas, para ellas no hay misterios ni secretos, pero sí tienen temores. De las cadenas que atan al ser humano descubrimos que el temor se encuentra entre las más fuertes; deben darse cuenta que en ocasiones son víctimas de sus mentes y tal vez son ellas las que apagan la luz que brilla en su interior al alejarse de las personas por causa de una gran desconfianza que crece con el tiempo. Y cuando estas mentes se vuelven esquizofrénicas o depresivas su mal podría llegar a ser irreversible. Ocurre que no han comprendido que tienen toda la capacidad para hacer el bien y además no han sabido la verdadera historia de su pasado, la cual es probable que ocasiones les atormente.

**En la salud:** vuelvo a insistirles en que deben organizar la mente.

**En el dinero:** estas mujeres suelen ser afortunadas en las riquezas, por lo tanto deben entender que se da para recibir y que el ser humano puede ver la vida según cómo tiene el alma.

**En el amor:** aquí hay dos posibilidades: primero, el de las mujeres dedicadas al hogar y a la vez maltratadas por sus parejas; el segundo, el de aquéllas que lo que más desean es formar un hogar. Mi opinión en este caso es que son absolutamente dependientes del afecto, ello hace que no se fijen a quién entregan sus sentimientos.

Dividido en dos, su primera frase significa HUIR de la REALIDAD y LENY significa VIDA y ESPERANZA.

Este mantra a la inversa se lee "YNELRAM", que representa un vudú

AFRICANO y la MAGIA NEGRA.

*Su letra del éxito y la prosperidad es la M y la de su ADN es la Y.*

## Martha

Aquí está la combinación perfecta: la frase MAR tiene la terminación AR y sabemos que es un mantra y al comenzar con la M obviamente simboliza los CAMINOS, pero la terminación del mismo es un poco desalentador porque MARTHA significa CONSTANTE ORACIÓN para CONTINUAR u ORACIÓN en el CAMINO; es por eso que la mayoría de estas mujeres deben tener en cierta forma confundida su misión en la vida, justificándose esta situación por el sentido aportado por la sílaba THA. Ojalá, como ya lo he repetido, pudieran suprimir o cambiar la forma de dibujar esta letra H. Aunque no lo parezca, también son temerosas, reservadas y egoístas con su vida, no reconocen su realidad ni quieren mostrarle al mundo que sufren, situación que se les puede convertir en debilidad. Tratan de evitar el qué dirán, además de que se protegen y aguantan sacrificándose, haciendo un falso tributo a la paciencia y a la tolerancia. La única verdad de todo esto es que se llenan de sentimientos de culpa creyendo que hacen daño si toman una decisión correcta. No obstante si queremos ver mujeres con la capacidad de abarcar el mundo entero observemos a una MARTHA; único rival que les planta batalla es el desamor. La sensación que da este nombre cuando se lo observa en las letras TH es como si algo tratara de empujarlas, obligándolas a luchar para liberarse de ello y una vez lo hacen se disparan y proyectan de tal forma que a dondequiera que miren o vayan siempre encontrarán un tesoro esperándoles.

El mensaje para las MARTHAS es que, aunque a veces nos creemos libres, nos convertimos en esclavas de nosotras mismas y tal vez para algunas de ustedes sea importante mirar hacia atrás, para que puedan conocer sus verdaderas carencias.

**En la salud**: están dentro del grupo de mujeres con propensión al cáncer en sus diferentes manifestaciones.

**En el dinero**: otro aspecto en el que se destacan, siendo muy capaces, inteligentes y exitosas.

**En el amor**: también les diré una frase sencilla: a éste no se le puede poner condiciones y para amar la mayor libertad que debe existir es la de nuestra alma.

Dividido en dos: su primera frase, MAR, representa la CLARIDAD, la ABUNDANCIA, la PROSPERIDAD y la que REINA, pero a la vez su segunda frase, THA, aunque no haya un claro significado, la combinación de estas letras representan a JESÚS, por eso MARTHA es igual a MARTIR DEL AMOR.

Este mantra a la inversa se lee AHTRAM, que muestra los CAMINOS del ALMA.

*Su clave del éxito y la prosperidad es la sílaba AR y la letra de su ADN es la T.*

# *Massiel*

**N**ombre que significa enviado de Dios, parábola del destino, fuerza intensa de la vida, inteligencia divina y grandeza espiritual; su otra cara representa a mujeres cuyo corazón está lleno de tristeza, de recuerdos incomprendidos, pero con entereza ante la vida. Estos corazones, que en ocasiones se siente vacíos y tristes, necesitan llenarse con la magia del amor. Cuando hablamos de necesidad, de triunfo y de éxito en la vida no tenemos la mínima idea de dónde sale la luz que nos guía hacia delante, pero ellas sí lo saben, porque ellas tienen comunicación directa con su espíritu. El único problema es que tienden a no entenderse, ni por dentro ni por fuera y hasta pueden no aceptarse. Hay muchas circunstancias que hacen que tengan tanto brillo espiritual, la primera de ellas es su letra M, símbolo de montañas y fortaleza; la segunda, las dos letras SS, que representan la popularidad y luego su terminación EL, que nos muestra un ser iluminado por la vida. Por eso es necesario que ellas eviten meterse en problemas, hablar más de la cuenta y lamentarse de la vida.

**En la salud:** sus depresiones pueden llegar a ser profundas o maniáticas; el comportamiento obsesivo que al final les causa problemas de anorexia o bulimia, sensación de persecución y desmotivación.

**En el dinero:** es aquí donde después de una eterna lucha logran sus objetivos económicos, porque en primera instancia les gusta hacer muchos favores, por lo tanto pueden terminar trabajando gratuitamente para la sociedad; pero cuando desarrollan sus capacidades logran mucha riqueza por medio del verbo.

**En el amor:** tienen una estrella que las alumbra constantemente porque son muy admiradas, amadas, pero su desventaja es que no se sienten comprendidas.

Dividido en dos su primera frase, "MASSI", personifica la CIENCIA y la INVESTIGACIÓN; la segunda sílaba, "EL", GUÍA ESPIRITUAL o ENVIADO de DIOS.

Este mantra a la inversa se lee "LEISSAM", que significa LEY o LEYES.

*Su clave del éxito y la prosperidad son las SS y la de su ADN es la E.*

## Mauricio

También es un nombre que comienza con la letra M y es una especie de lamento; aunque todas las letras que lo componen son absolutamente buenas y representativa, me pregunto: ¿por qué ellos tienen tanto Karma?. Si analizamos la mayoría de los seres que portan este nombre comprobaremos que algún acontecimiento han tenido en su vida, a veces les suceden cosas extrañas porque en este decreto o nombre se encuentra una energía que no les deja llegar a la vejez, y aquellos que llegan por lo general terminan viviendo solos o abandonados por sus familias. Los MAURICIO, más contemporáneos son una generación más joven, luchadora, aguerrida y desafiante. La clave por la cual llegan a sufrir está en lo siguiente: cuando se les llama MAURICIO tienen en su primera frase MAURI el significado de la MUERTE, por lo tanto es igual a MORIR. El sonido CIO representa el desprendimiento, también la esquizofrenia y la adicción. Otro significado importante que nos muestra es la inteligencia, la profundidad y el conocimiento; he ahí que el nombre MAURI-

CIO es igual a MORIR EN INOCENCIA; ¿Por qué esta deducción? La respuesta es muy sencilla: cuando estos seres no están en el camino del conocimiento espiritual tienden a ser sumamente ambiciosos, conflictivos, rebeldes y a tener adicciones; cuando están dentro de este mundo es muy difícil que salgan de él, significa que toda madre que haya colocado este nombre a su hijo deberá ayudarle a desarrollar sentimientos de amor y la espiritualidad, además de la comprensión y la tolerancia, para que nada de lo que les rodea influya en su camino de forma negativa. La M unida con la U es muestra de abundancia y riqueza en cualquier sendero que estos seres elijan; por eso, aunque la conjunción de estas dos letras es extraordinaria el ser mal dirigido puede llegar a autodestruirse.

**En la salud:** les molesta mucho los problemas de la dentadura, también son depresivos; sin embargo, en lo que más deben estar alertas es en los aconte-cimientos súbitos unidos a la drogadicción.

**En el dinero:** para bien o para mal siempre serán los líderes de cualquier comunidad y lo alarmante seria que no sepan como la deben proyectar; he ahí que les aconsejo cuidarse de la codicia y de las malas amistades.

**En el amor:** algunos no llegan a tener relaciones firmes porque viven en otros mundos; al género femenino le comento que es muy difícil mantener una relación con uno de estos hombres. También dentro de este grupo se encuentra una minoría homosexual.

Este mantra a la inversa se lee OICIRUAM, nombre indígena o chamán en una vida anterior, pero su significado real es REY DEL UNIVERSO MATERIAL.

*Su clave del éxito y la prosperidad son las dos letras I. La letra de su ADN es la M.*

# Mijail

Persona que tiene un poder tan grande que puede poner a los demás a recoger sus migajas. Está dirigido siempre hacia la autoridad, y cuando no son obedecidos y servidos suelen enfurecerse y en ocasiones hasta agredir. Son hiperactivos y no reciben órdenes, pero a la vez cariñosos y protectores; sin embargo, su afecto lo demuestran con actitudes que nadie comprende. Para ellos la vida es un juego porque tienen un alto nivel intelectual y nacieron para desarrollarse dentro del liderazgo. Sus padres deberán aprender a orientarlos, sobre todo el varón debe ejercer mano dura pero con amor, porque estos actos los traumatizan convirtiéndolos en hombres más agresivos. Como personas son extraordinarios.

**En la salud:** cuando necesitan desarrollar algo se obsesionan y eso hace que se descuiden hasta en la alimentación, su mente trabaja constantemente evitándoles un sueño normal.

**En el dinero:** tienen predisposición para el triunfo en la mecánica, deportes extremos como el automovilismo, la construcción, los inventos científicos, pero definitivamente desarrollando el liderazgo.

**En el amor:** aquí también tienen todo el poder porque, sin importar lo protectores que sean, jamás dejan que sus mujeres se impongan ante su voluntad.

Dividido en dos, su primera sílaba, "MI", representa el EGO y el ORGULLO; su segunda sílaba, "JAIL", es sinónimo de REY.

Este nombre a la inversa se lee "LIAJIM", que significa en la BÚSQUEDA de la VERDAD sobre DIOS y la VIDA.

*Su letra del éxito y la prosperidad es la M y la de su ADN es la letra J.*

# Moara Fernanda

Nombre cuyo primer componente representa la grandeza y el instinto de conservación, teniendo las dos casas espirituales representadas en las "AA", eso habla de espiritualidad, nobleza e instinto de conservación y la "O" representa el universo, queriendo decir que ellas a dondequiera que vayan van a triunfar.

El nombre "Moara" es igual a las arenas del desierto, la grandeza y belleza de la mujer.

El nombre Fernanda representa el imperio económico, por lo tanto sus portadoras siempre tendrán dinero cualquiera que sea su actividad económica o académica; se caracterizan por la ternura, nobleza, carisma, capacidades e inteligencia; sin embargo, se le debe temer a su rebeldía porque cuando llegan a este estado son incontrolables, agresivas e insolentes; algunas se hacen tomar resentimiento hasta de su familia, esta patología puede presentarse en en casi la mitad de estas mujeres debido a conflictos emocionales de los cuales ellas culpan a las madres.

**En la salud:** insisto en su cuidado psicológico, pero mucho más en el bioquímico y en el cuidado de las extremidades, haciendo énfasis en las rodillas y en los tobillos; también con los oídos, alergias o infecciones y sinusitis.

**En el dinero:** sólo hay una palabra para resumir su capacidad: el poder.

**En el amor:** tenemos también una forma de resumirlo: dar para recibir.

Dividido en dos, su primera frase, "Moara", es sinónimo de MONTAÑA, ROCA y ARENA del MAR; Fernanda significa ALEGRÍA y

MUJER DE MUNDO.

Este mantra a la inversa se lee "ADNANREF" "ARAOM", que significa HOMBRE o MUJER del ESPACIO y también AROMA y NATURALEZA.

Aquí quiero dar una pequeña explicación para los padres y es que si por algún motivo observan a sus hijas con una actitud altruista es por el significado de este nombre a la inversa.

*Su letra del éxito y la prosperidad es la O y la de su ADN es la F.*

Nombres con la inicial

# Natalia

Este nombre es el de la alegría, la fiesta y la picardía; las mujeres llamadas NATALIA se demoran un poco más para llegar a la madurez, precisamente por su temperamento despreocupado y desprendido; también son muy populares y las más carismáticas entre sus grupos de amigos. Este nombre sobresale porque tiene tres letras extraordinarias: la A, la L y la I, que significan ALÍ y esta frase pertenece a los maestros; no se conoce dentro de nuestro género femenino que uno de estos seres haga mal a las personas que le rodean o que hayan generado alguna acción en contra de la humanidad, a lo máximo que llegan es a la rebeldía dentro de sus casas, tratando de imponerse y compitiendo con sus hermanos y hermanas. Son las que más preocupación generan en sus madres y dentro de las actividades académicas y laborales, se incluyen dentro de los grupos de las inteligentes, activas y buenas profesionales, pero muy controvertidas.

**En la salud:** mi consejo sería que: no se echen los problemas de los demás encima, tengan cuidado con la depresión; también están dentro del grupo de las mujeres con propensión al cáncer y a las enfermedades de transmisión sexual.

**En el dinero:** son excelentes con la palabra, pueden ser representantes notables de sus países en organizaciones e internacionales, tan buenas administradoras como asesoras.

**En el amor:** más que asegurarse de este sentimiento necesitan asegurarse de lo que buscan y pienso que por el lado de la espiritualidad encontrarán su realización en este aspecto.

Dividido en dos, su primera sílaba, NAT, es de origen hebreo y significa

SANTA y su frase ALIA quiere decir MADRE y COMPAÑERA, por esto NATALIA es igual a MADRE SANTA. Con esa definición podríamos decir que estas mujeres tienen como característica amar a los seres que las rodean; su sentimiento de nobleza hace que ellas fácilmente perdonen a las personas y que no alberguen resentimientos en su alma.

Es un mantra que a la inversa se lee AILATAN que significa DIOSA.

*Su clave del éxito y la prosperidad es la frase ALI. La letra de su ADN es la N.*

## Nelson

Estos hombres también pertenecen a los más nobles, con una bondad que no tiene límites; en su mayoría son pasivos y de temperamento estable. Entre los ANDRÉS, los CAMILOS, los NELSON, LUÍS FERNANDO y los CARLOS, se encuentran los más creativos de este género. Los NELSON regularmente no se dedican a actividades fuera de la ley, pues en su gran mayoría se distinguen precisamente por su honorabilidad, transparencia y lealtad. Dentro del grupo familiar son amados, su riqueza no llega a exceder límites porque ellos lo que más buscan es la estabilidad económica, no se permiten actos que puedan dañar su nombre y sobre todo son muy solidarios; claro que en ellos también se encuentran algunos que hablan muy mal de este nombre, pero relativamente son muy pocos. Suelen ser respetuosos del padre y protectores de la madre.

**En la salud:** sus mayores padecimimentos son los problemas capilares, de acné, también enfermedades gástricas y de los huesos además de la columna.

**En el dinero:** buenos deportistas, comerciantes, supervisores, empresarios, hombres de confianza y en términos generales tan inteligentes que pueden llegar a ser superdotados.

**En el amor:** se enamoran sólo una vez y cuando lo hacen jamás se olvidan de ese ser, aunque pasen muchas vidas.

Dividido en dos, su primera frase, NEL, significa PODER de CONVICCIÓN y su segunda sílaba, SON, representa LO QUE SE VE O SE MUESTRA; por lo tanto NELSON es igual a CONOCIMIENTO y PODER VERBAL; no habría razones suficientes para descalificar a una persona con este nombre ya que en todas las acciones que realizan muestran actitud positiva.

Este mantra a la inversa se lee NOSLEN, que significa SAMUEL y a su vez representa UN ENVIADO.

*Su clave del éxito y la prosperidad es la sílaba ON y la letra de su ADN es la L.*

## Neyda

Aparentemente les pertenece a las mujeres tristes, pero lo que pasa es que tienen un carácter terco y conflictivo que no las deja entenderse por sí mismas; además son muy procreadoras, aunque en muchas ocasiones pierden a su primer hijo, ya sea al nacer o en vida. Por un lado están las que no soportan ser controladas por sus parejas y por el otro, aquellas que son totalmente dependientes de ellos; sin embargo, su ventaja es que saben hacer muy bien las cosas y por eso siempre son ganadoras; lo único es que en su cabeza sólo rondan las normas y las reglas, pero éstas son las más apropiadas y lo podemos comprender observando su primera letra del nombre, la cual sube y baja, con ella son proclives a desarrollar la intuición y a tener los pies sobre la tierra. Es un nombre para mujeres muy líderes, siempre que no tengan conflictos emocionales ni resentimientos con la vida.

**En la salud:** lo que deben procurar es no llegar a los extremos de la sensibilidad y la nostalgia: los problemas de hígado y las úlceras gástricas pueden ser efectos de sentimientos ocultos, además de frustraciones.

**En el dinero:** no importa la capacidad que tengan, lo que importa es que sean organizadas porque lo pueden conseguir a montones pero malgastarlo fácilmente por no ver las oportunidades.

**En el amor:** lo más importante es que sepan reflexionar y pedir perdón a tiempo.

Dividido en dos, su primera sílaba, "NEY", quiere decir NEGAR la FE y su segunda sílaba, "DE", representa un sentido de PERTENENCIA MATERIAL.

Este mantra a la inversa se lee "ADYEN", que simboliza el PODER del BIEN y del MAL.

*Su letra del éxito y la prosperidad es N y la de su ADN es la Y.*

# *Nicolás*

Aunque sabemos que es el nombre del famoso papá NOEL y al escucharlo todos las personas piensen que es bueno, dulce, noble, y nos traerá muchos regalos, puedo asegurarles que no es lo que piensan. Realmente ellos son hiperactivos y con un sinnúmero de capacidades, además tienen una esencia confusa e incomprensible; hablan demasiado y explotan toda su energía por medio de la nobleza, que a la vez les convierte en personas muy agradables y desprendida, no importa si es para bien o para mal. Los niños que llevan este nombre tienen un carisma increíble, todo el mundo los ama, aunque a veces provoquen desesperación las abuelas los adoran, los defienden y son los consentidos de los abuelos, pero sus maestras y sus madres se alteran porque son tan audaces que aprenden a conocer las debilidades de las personas y se aprovechan de ellas. Lo que sí es innegable es que están llenos de sabiduría, magia, inteligencia y caprichos. Los NICOLÁS por lo general llevan lentes, pero pienso que no es tanto por problemas visuales sino por su enorme visión futurista, juegan con la informática y la ciencia.

**En la salud:** pueden sufrir del mal de Parkinson, epilepsia y meningitis.

**En el dinero:** particularmente es uno de los nombres que más me gusta porque cuando son adultos se vuelven muy responsables, obviamente los que quieren, pues no olvidemos el libre albedrío. Los hombres con este nombre son honestos, trabajadores, guías, comerciantes, médicos, empresarios, arquitectos, en fin, una gama de inmensas posibilidades y es que la luz con la que brillan por lo general es dorada y simboliza a la riqueza.

**En el amor:** al venir a este mundo para dar este sentimiento, se deprimen, caen en angustias y a la vez se autodestruyen cuando se sienten abandonados.

Dividido en dos, su primera frase, NICO, significa TRAVESÍA, TRAVESURA y ORO. La frase LAS significa la PLURALIDAD; por lo tanto NICOLÁS es igual a BONACHÓN y RIQUEZA PARA LA HUMANIDAD. Lo único delicado en ellos es que los padres, esposas, hermanas, madres y toda su familia en general, deberán cuidarles para que no regalen el dinero como si fuera arena del mar.

Este mantra a la inversa se lee SALOCIN y representa la COLONIZACIÓN y la POPULARIDAD; es por ello que muchos llegan a trascender a través de la historia, y los que menos logran, al menos trascienden entre sus familiares o amigos.

*Su clave del éxito y la prosperidad, está compuesta por todo el NOMBRE porque cuando a ellos se les llama automáticamente se les dice: HOMBRES RICOS, POPULARES y CARISMÁTICOS. La letra de su ADN es la letra N.*

## Nicole

Como tiene la "N" que, como ya sabemos, representa el bien y el mal, además de la "I", símbolo de la inteligencia y la "C", de la palabra. Los aspectos psicológicos de este nombre tienen una trascendencia fundamental en su historia vital, ya que ellos deben ser dueños de sus capacidades e inteligencia, y adicionalmente comprender los beneficios del desarrollo de su intuición para no esconderse porque su futuro está asegurado. Pueden ser figuras públicas en el deporte, el teatro, la música, la arquitectura, como oradoras, diseñadoras, publicistas, pero no olviden que deben ayudarse a sí mismas para tener fortaleza y los pies sobre la tierra. Recuerden algo, las amistades son importantes pero no en todas las decisiones de la vida.

**En la salud:** otro grupo que tiene que cuidarse de los problemas oculares, bioquímicos y virales.

**En el dinero:** académicamente tienen un gran desarrollo y otro de sus grandes talentos es el de la organización, unido a los proyectos sociales; aquí podrían utilizar sus grandes virtudes para una buena elección dentro de sus actividades profesionales, porque es con lucha y trabajo que ellas lograrán tener riqueza.

**En el amor:** no las quiero desanimar pero el camino es largo para encontrar a la pareja ideal, por lo tanto tendrán que tener mucha PACIENCIA.

Dividido en dos, su primera frase, "NICO", representa un gran ÍDOLO; su segunda sílaba, "LE", quiere decir SER ASCENDIDO.

Este mantra a la inversa se lee "ELOCIN", que significa DOBLE BENDICIÓN.

*Su letra del la prosperidad es la D y al de su ADN es la O.*

# *Nilo*

Este ser humano representa la fe, la esperanza y el compromiso con la vida, los sueños y el espíritu; desafortunadamente, al no poderse conocer se les está robando su esencia divina, ya que nadie les comprende. Ellos piensan que deben dar, pero las acciones en su contra les pueden convertir en egocéntricos, por lo tanto es prudente que no entreguen toda su energía. Como tienen la L de por medio y la O, que personifica al universo, muestran que tiene la capacidad de guiar pueblos y de crear situaciones en beneficio propio; la I está caracterizando la admiración que muchas personas sienten por ellos, la inteligencia que poseen, su capacidad estratégica y poder mental; pero la N nos está enseñando su lado más oscuro, que es el enfado, el autoritarismo dentro de su grupo familiar por obsesión compulsiva.

**En la salud:** llegan a grandes extremos, por lo tanto es mejor que no ensayen con lo que no conocen porque no saben si les hará daño, ya que tienen mucha tendencia a las intoxicaciones y a las enfermedades inesperadas, creadas por agentes externos.

**En el dinero:** si en el amor se asustan, aquí se arriesgan demasiado y pueden llegar a caer en gravísimos problemas. Se les advierte que la codicia podría cambiarles la vida de un momento a otro.

**En el amor:** como lo dije antes, se asustan ante este sentimiento porque sienten que no se lo merecen y esto despierta en ellos la crueldad.

Dividido en dos, su primera sílaba, NI representa el ENVIADO para trabajar en BENEFICIO de la HUMANIDAD y la sílaba LO, ESFUERZO y LUCHA.

Este mantra a la inversa se lee "OLIN", que significa SOLO en el MUNDO.

*Su letra del éxito y la prosperidad es la I y la de su ADN es la N.*

## *Ninoska*

Este nombre representa a los líderes del mundo y simboliza el mar entre dos países, a las fronteras, además de un salvador o defensor de los oprimidos; por lo tanto, las personas que son sus portadoras tienen la necesidad de comportarse como balanzas o equilibrio, pero he aquí lo paradójico porque en sus entornos son frías y quien esté a su lado debe tratarlas como reinas debido precisamente al significado de su nombre, FRONTERAS, que literalmente colocan entre ellas y sus hijos y seres amados aunque no se den cuenta. Tienen la manía de controlar y a la vez se descontrolan porque en su interior no tienen mucho ánimo de desarrollarse profesional o económicamente pero quieren que quienes están a su alrededor hagan bien las cosas para ellas. Están atadas a cadenas invisibles pero escuchan a quien le habla con amor; sin embargo, una de sus grandes ventajas es que, pase lo que pase, siempre tienen buenas ideas para volver a empezar un buen proyecto, lo importante es que lo hagan de verdad.

**En la salud:** se les advierten los problemas para procrear y también son del grupo de mujeres con propensión al cáncer de matriz y a los problemas renales.

**En el dinero:** no hay forma de negarlo, trabajando o no ellas siempre tendrán riqueza pero la mayor de todas es el apoyo que les dan sus parejas.

**En el amor:** he aquí donde también son muy ricas porque son muy amadas y hasta llegan al sacrificio por ellas; por lo tanto, las que están solas jamás deberán preocuparse.

Dividido en dos, su primera sílaba, NI, nos muestra la ACCIÓN de NEGAR, SIMPLIFICAR o DESPRECIAR y su segunda frase, NOSKA, simboliza los PASOS ADELANTE y la BÚSQUEDA de la VERDAD.

Este mantra a la inversa se lee AKSONIN, que representa una MISIÓN DIVINA.

*Su letra del éxito y la prosperidad es la K y la de su ADN es la N.*

## Noelia

Es un nombre que denota muchos viajes, sobre todo en grupos, por diversión o desarrollo de la economía familiar. El camino extenso que ellas han de recorrer deberá ser el camino de la felicidad, pero lo inexplicable es por qué motivo cambian su mundo tan fácilmente. Mujeres que hasta muy avanzada edad se comportan como niñas porque les gusta que las estén adulando; es posible que no tomen la vida en serio convirtiéndolo todo en un juego y la explicación para ello se ve en la buena fortuna que tienen dentro de sus grupos familiares, casi todo lo hacen por ellas. Sin embargo, su mayor búsqueda es que las entiendan y las comprendan.

**En la salud:** no tienen muchos problemas pero sí locuras y por esta vía podrían llegar los accidentes; sin embargo, pienso que sólo en un caso extremo de depresión podrían manifestar problemas de salud, por eso cuiden la alimentación y las proteínas. Además sería bueno extremar precauciones sobre las intoxicaciones, insolaciones y picaduras de animales.

**En el dinero:** entran en el grupo de las más prósperas pero el peligro, aunque no lo crean, está por el lado de sus familias porque éstas no les dejan desarrollarse con todos sus talentos, por la protección excesiva.

**En el amor:** lo tienen todo, si no lo aprovechan es por que las egoístas son ellas, además de que puede haber un poco de picardía y un poco de maldad en su comportamiento ante el sentimiento.

Dividido en dos, su primera sílaba, "NOE", representa un SER ÚNICO y su segunda sílaba, "LIA", representa los CONFLICTOS MENTALES.

Este mantra a la inversa se lee "AILEON", que significa MUJER PODEROSA y RICA.

*Su letra del éxito y la prosperidad es la O y la de su ADN es la N.*

*Nohemí*

Otro de los nombres con decreto negativo y significa: NO ES MÍO o NO ES PARA MÍ, por eso estas personas pueden sentir en muchas ocasiones que no tienen nada, que nadie las ama, que les falta autonomía o que otras personas, incluyendo su familia, desean gobernar sus vidas.

Pero donde para ellas realmente comienza un camino bastante variable es a partir de la E, nótese que este letra está antes de la M y a su vez está obstruida por la I; fuera de eso tiene la H intermedia, que es símbolo de rejas. Por tanto el significado es que no hay espacio hacia donde puedan caminar debido a que todo les obstruye y ellas se lo impiden. No es extraño que cuando traten de buscar una pareja, esté comprometido o venga de un gran amor, o simplemente que en sus actividades económicas y laborales no hallen lo indicado para desempeñarse con altura. Es por eso que las vemos siempre en diferentes empresas llevando grandes responsabilidades, las cargas más pesadas, enfrentándose con sus compañeros y defendiéndose hasta de sus fantasmas. La letra que más les favorece dentro de su nombre es la I, por lo tanto les doy esta recomendación: sólo su inteligencia las podrá llevar hasta el fin del camino.

**En la salud:** sería prudente trabajar para vencer la ansiedad, angustia y desesperación ya que desafortunadamente estos sentimientos les trae muchos problemas de salud. Otros padeciminetos en ellas son las úlceras, además de los problemas cerebrales.

**En el dinero:** a pesar de lo dicho anteriormente, les voy a dar una clave: el problema por el cual ustedes no avanzan es que se encierran en una cárcel de dudas y angustias, por lo tanto cuando esta situación se presente inmediatamente cambien de pensamientos, de empleo, de casa, o de país, con eso el problema está solucionado; no olviden que tienen la I con la que pueden vencer cualquier obstáculo.

**En el amor:** su peor prisión pero, recuerden, la clave es la libertad del alma.

Dividido en dos, sería extraordinario que comenzara a la inversa, ON, pero como su comienzo es NO significa la ACCIÓN de NEGAR y la palabra EMI quiere decir IMITAR y REPRESENTARSE A SÍ MISMA; entonces NOEMÍ es igual a REPRESENTAR UNA MISIÓN DE VIDA. Este mantra a la inversa se lee IMEHON, que quiere decir CICLO FINAL.

*Su clave del éxito y la prosperidad son las letras I, O y la de su ADN es la H.*

## *Norma*

Lo primero que les quiero sugerir a las portadoras de este nombre es que dejen la negatividad. La Fe y el optimismo serán las armas con las que puedan vencer esa sílaba "NO" en el comienzo de sus nombres, además de que sean luchadoras y rebeldes desde un punto de vista positivo para que los obstáculos no las venzan, porque mientras tengan la sílaba OR siempre habrá una esperanza. Sin embargo, se advierte que su mayor conflicto emocional está en la familia y en los hijos, es por eso que ellas deben tener en cuenta que, a pesar de todo, éstos jamás olvidarán que han tenido una madre que pese a sus errores tratan de dar lo mejor de ellas mismas. Y quiero contarles que en sus generaciones alguno podrá convertirse en rey.

**En la salud:** manejan constantes patologías, comenzando por las aflicciones y duelos profundos debido a diferentes pérdidas familiares que les afectan notablemente el corazón.

**En el dinero:** aquí están representados los grandes karmas, porque ellas están dentro del grupo de mujeres que no tienen muy desarrollada la energía de la prosperidad, por lo tanto se les escuchan constantes preocupaciones en este sentido; mi sugerencia en este caso es que procuren ser optimistas.

**En el amor:** los conflictos a nivel de su familia son muy grandes, en muchas de ellas hay hasta violencia doméstica, empezando por las parejas. El grupo de las que permanecen aún solteras tiene dificultad para encontrar el amor.

Dividido en dos, su primera sílaba, "NOR", representa los HONORES; su segunda sílaba, "MA", representa los INVISIBLES, sería bueno que ellas aprovecharan la fuerza que tiene su nombre o mantra para liberar sus mentes de los traumas que no les permiten salir adelante.

Este nombre a la inversa se lee "AMRON", que significa REINA EGIPCIA.

*Su letra del éxito y la prosperidad es la sílaba OR y la de su ADN es la N.*

Nombres con la inicial

## *Ofelia*

Tienen una gran iniciativa y les gusta ayudar. Con respecto a su forma de ser he llegado a la conclusión de que: por muy mal que estén o así hayan tenido innumerables sufrimientos en la vida tarde o temprano logran encontrar la estabilidad, ya sea por sus meritos o los de sus hijos. Son trabajadoras, honestas, buenas amigas, colaboradoras al máximo y caminan hasta el final con las personas que aman porque saben ser buenas aliadas. Todo esto a pesar de que haya una minoría a la que le guste desacreditar a otras personas, pero sin opacar para nada a las descritas anteriormente. Sus hijos logran méritos y metas, sin importar su nivel profesional.

**En la salud**: es aconsejable que se cuiden de problemas gastrointestinales, del hígado, la dentadura, los malos hábitos alimenticios, la matriz y los senos.

**En el dinero:** lo digo nuevamente, no tienen obstáculos para sobresalir excepto ellas mismas.

**En el amor:** la tendencia es a quedarse solas después de que sus hijos se vuelven independientes o a desperdiciar toda su vida con un mal hombre, así que "decidan".

Este nombre dividido en dos tiene la letra O, que representa el universo, seguida de la F y la E; esto quiere decir UNIVERSO, RIQUEZA ESPIRITUAL Y BONDAD; la letra F también es OFRENDA; pero su gran limitación está en la E y la L; como ya hemos hablado anteriormente, este tipo de E denota derrota, cansancio, pereza y depresión, y se le agrega la L, que también produce mucho obstáculo; sin embargo cuando nos fijamos en la I encontramos la respuesta del por qué logran vencer, la respuesta es que a todo lo que hacen le ponen DEDICACIÓN Y FE. No olvidemos que poseen el don del VALOR, que es la mayor virtud del ser humano.

Este mantra a la inversa se lee AILEFO y simboliza las ALIANZAS, las FAMILIAS, los TROFEOS GANADOS en la LUCHA y también el ESPÍRITU PROTECTOR; por lo que OFELIA es igual a PROTEC-CIÓN, FE Y AMOR.

*Su letra del éxito y la prosperidad es la O y la de su ADN es la L.*

## *Olga*

Son mujeres muy difíciles, además de poco carismáticas. Las defino como pasivas, depresivas y trabajadoras; sus portadoras guardan un eterno resentimiento, sobre todo a nivel familiar y constantemente están haciendo reproches por lo que supuestamente no les han dado. Es una hostilidad que no les permite ser sabias en otros aspectos de sus vidas, buscan culpables de sus decepciones donde no los hay y su historia vital puede llegar a ser tormentosa. La mayoría de ellas tienen elevada progenie y cuestionan los comportamientos de sus compañeros sentimentales. Su proyección profesional es lenta, larga y poco productiva; mujeres de muchos sueños, exageradamente responsables y cuyas fantasías se quedaron atrás. Aunque tienen bajos recursos económicos la virtud de planear y desarrollar es su mayor atributo.

**En la salud:** hay un problema genético que puede repercutir en sus descendecia y que podrá repercutir en ellas cuando tengan una edad avanzada, esto lo podrán notar en sus procreaciones y en las hormonas.

**En el dinero:** la razón más importante de sus vidas deberá ser no perder su autonomía ni acallar sus sueños.

**En el amor:** en este aspecto son poco afortunadas, por su temperamento estricto, hostil y autosuficiente.

Dividido en dos, muestra claramente el obstáculo que produce la L en la O y representa una inmensa pared, la cual les impide poder ver claramente su futuro asociado con la TERQUEDAD y la AMARGURA. Su sílaba OL también describe un LLAMADO DE ATENCIÓN, UNA INVITACIÓN A OBSERVAR, A ESCUCHAR Y VALORAR; la sílaba GA no tiene un sentido, pero la letra G las está llevando al límite entre el amor y el desamor, obligándolas a descubrir su verdadera identidad sexual. Por consiguiente el nombre OLGA es una invitación a DESPERTAR UNA ESENCIA o ENERGÍA para que ellas conozcan SU DIVINA PRESENCIA: el YO.

Este mantra a la inversa representa la DESESPERACIÓN, así que el consejo para ellas es: NO LE TEMAN AL AMOR, porque la riqueza y prosperidad la pueden conseguir fácilmente pero ambas no son la base de su felicidad.

*Su letra del éxito y la prosperidad es la O, pero queda a su libre elección o libre albedrío cómo harán para tumbar la barrera de la L e ir más allá; la letra de su ADN también es la O.*

# *Omar*

Aquí las mayores ventajas están en las dos primeras letras, pero la mejor de todas es su terminación AR, que recordemos tiene el sonido de un mantra muy importante dentro de los nombres propios. La acción espiritual que ejerce la O sobre el nombre OMAR es muy simbólica, además proyecta una fuerza de amor que se despierta sobre todo cuando entran en la edad adulta, ya que se van convirtiendo en hombres más pasivos y comprensivos. Por eso, los que por alguna razón llevan un camino perdido automáticamente vuelven sobre él y se recuperan para comenzar de nuevo, salvándose fácilmente del abismo. Ésta es su mayor virtud.

**En la salud:** también están dentro de los grupos que deben cuidarse de agresiones físicas, las fobias y tumores.

**En el dinero:** les favorece su capacidad de trabajo, la habilidad mecánica, todo tipo de ingeniería, también el derecho y el boxeo.

**En el amor:** deben tener muy claro que no saben corresponder a los sentimientos, tengan cuidado con sus acciones.

La composición OM más AR es un CANTO A LA VIDA, a la esperanza y a la fe. Dividamos este nombre en dos para que nos demos cuenta dónde está el secreto y tal vez con esto puedan evaluarse espiritualmente, aunque a mi parecer deberían ser los más espirituales de este género. La primera sílaba, OM, significa ORAR o INVOCAR y la segunda, AR, es un LLAMADO o SÚPLICA. Por lo tanto OMAR es igual a LLAMAR A LA ORACIÓN. Paradójicamente se puede ver cómo algunos sólo descubren su propia esencia después de haber cometido numerosos errores. Por eso sería maravilloso que se aferraran a su esencia espiritual y así poder elegir un camino de fe y de sueños.

Este mantra a la inversa tiene dos significados: el primero es RAMO, el segundo es RAOM; pero sólo con pronunciar este nombre ya hace sentir la energía vibrando sobre el ser humano, como la fuerza divina de DIOS en sus otros dos significados: AMOR o ROMA.

*Su clave del éxito y la prosperidad es la sílaba AR y la de su ADN es la M.*

# Óscar

Los nombres que comienzan por la letra O tienen el universo al comienzo, y en este caso es seguido de la letra S ¿cómo no habríamos de pensar e imaginar que cuando triunfan no se conviertan en dueños del mundo?. Son bienaventurados porque nacieron con la distinción, lo que podríamos llamar la medalla o el sello representado por la O. Este nombre es popular, al estilo CARLOS, lo único negativo que tienen es que juegan con los sentimientos de las personas y que cuando quieren jugar con sus propios sentimientos o su vida caen en los más bajos umbrales de la existencia, arrastrándose a sí mismos. Por ello deben tener su mente bien ubicada y cuando tengan que asumir proyecciones diferentes es preciso que venzan los miedos y los traumas. Un consejo muy especial para ellos es que en cualquier instante o actividad cuiden sus actos para que su nombre no sea mancillado. Ojalá no se conviertan en economistas o abogados, ya que es ahí donde tienen su mayor debilidad.

**En la salud:** una recomendación importantísima: cuidado con la drogadicción; vigilen además los riñones y los pulmones.

**En el dinero:** fuertes, insistentes, luchadores, metódicos, creativos, grandes diseñadores o escultores, ingenieros, periodistas, mecánicos, médicos reconocidos sobre todo en la pediatría; en resumen todo lo que hacen es digno de admiración.

**En el amor:** hay una gran tendencia a la infidelidad.

Dividido en dos, su frase OS representa la MAGIA, o sea, el DON de APARECER y la palabra CAR, el DON de DESAPARECER. Acompañado por la sílaba AR quiere decir buscar o encontrar; por este motivo deben cuidar todas sus posesiones porque las pueden perder de la noche a la mañana.

Este mantra a la inversa se lee RACSO, que simboliza el PODER. El último consejo es que traten de economizar.

*Su letra del éxito y la prosperidad es la O y la de su ADN es la C.*

Nombres con la inicial

# "P"

# *Pablo*

**P**odríamos definir este nombre al estilo del nombre PEDRO, con toda su esencia espiritual y bíblica; es posible que tal como se pronuncia jamás se haya escrito, porque el nombre PABLO realmente no tiene sentido, no existe. Sin embargo, tiene una letra sabia, con un atributo muy interesante: LA PALABRA. La diferencia espiritual entre PEDRO y PABLO queda muy clara porque, como sabemos, la palabra es la segunda arma más poderosa del mundo siendo la primera EL PENSAMIENTO. Es aún mucho más importante tener presente que, por encima de cualquier cosa que el hombre haya hecho, los que realmente manejan nuestro universo material son estos dos poderes y lo único que les supera es la naturaleza. Éste es uno de los motivos por los cuales PABLO estuvo al lado del gran maestro de la Humanidad. Ahora lo miraremos de la siguiente forma: ¿conocemos algún PABLO que cuando le dan la oportunidad de hablar se quede callado? Pensemos que no, porque su elocuencia verbal y rapidez mental, representadas por la letra P, son extraordinarias.; su idealismo les puede conducir a veces hasta la mentira. Pero lo que he aprendido con estos análisis es que, sin importar que sean ciertos o no, los seres humanos tenemos que soñar, soñar y soñar, para que no se nos detenga el pensamiento.

Los portadores de este nombre no deben olvidar que, aunque todo se cumple, cuando las cosas se nos han entregado como don o regalo las debemos trabajar. La acción de dejar las acciones que nos corresponden en manos ajenas es un síntoma de falta de energía y de amor por la vida, esto para que lo tengan en cuenta y lo empiecen a poner en práctica ¡AHORA!

**En la salud:** sus mayores affecciones son problemas de piel sobretodo el acné, obesidad y bioquímicos.

**En el dinero:** son del grupo más afortunado aunque deben saber que también hay muchos que eligen una vida casi desechable, tirándolo todo por la borda y lanzándose a las drogas.

**En el amor:** es un sentimiento que pueden experimentar por todos lados y generalmente tienen buena suerte en este aspecto.

Al dividir el nombre en dos, su primera sílaba, PA, representa las NECESIDADES EMOCIONALES y también la OBSESIÓN de CUIDAR a quienes lo NECESITAN y la sílaba BLO simboliza los OBSTÁCULOS POR VENCER Y LUCHAS POR INICIAR. Por lo tanto PABLO quiere decir GUÍA DEL CAMINO.

Este mantra a la inversa no tiene sentido pero sus primeras tres letras simbolizan LA ACCIÓN DE GUIAR y VIGILAR.

*Su letra del éxito y la prosperidad es la O y la de su ADN es la B.*

# Paola

Es un nombre muy sofisticado y bonito, sus portadoras se incluyen dentro del grupo de las mujeres inteligentes. Sin embargo les aconsejo que aprovechen cualquier oportunidad para no dejarse arrastrar por las aguas turbias, ya que esto les resta vida, agilidad, dinamismo y armonía. Tampoco olviden que su capacidad mental es mayor que sus acciones, que tienen una esencia tierna y delicada, les encanta tener amigas del alma y conocer personas. Son más consentidas por los padres que por las madres; es raro el hecho de que algunas se tornen frías y conflictivas, pero en esta situación tiene mucho que ver la forma de haber sido criadas. No debe extrañar a nadie de su entorno que alguna pueda padecer de fobias y nervios, porque es una característica muy marcada en ellas.

**En la salud:** entre las cosas que podrían cambiarles para siempre el destino se encuentran: la rebeldía y el no escuchar buenos consejos debido a que las pueden manipular; y no lo digo precisamente porque ello sea una virtud. También cuiden la vesícula, el baso, las extremidades y los senos.

**En el dinero:** les gusta trabajar y sobresalir en la pedagogía, enseñanza preescolar, la medicina, la pediatría, las ingenierías, psicologías, el diseño, el modelaje, el arte y el deporte.

**En el amor:** saben que no le deben tener miedo, porque nunca les faltará.

Dividido en dos, su primera sílaba, PA, es UN LLAMADO DE ATENCIÓN PARA QUE LAS MIREN, LES VALOREN y LES HABLEN, sobre todo el sexo masculino; la palabra OLA en ellas significa CARISMA y POPULARIDAD, también ARRASAR, VENCER, TRIUNFAR; son de las pocas de nuestro género que tienen la unión del matrimonio escrito, sea cual sea su edad.

Este mantra a la inversa se lee ALOAP, que significa PODER DE ACTUAR y DECISIÓN, también BUSCAR EL AMOR DE LA HUMANIDAD.

*Su letra del éxito y la prosperidad es al O y la de su ADN es la P.*

# *Paola Andrea*

L as "ANDREA" tienen una característica y es que, en su mayoría, son sofisticadas y atractivas. Pero combinadas con el nombre PAOLA se comportan en forma inmadura. Son sensibles y se defienden en ocasiones con un poco de agresividad, pero no es muy frecuente este caso porque también les puede invadir el temor, debido a que no saben cómo reaccionar ante situaciones adversas. De lo que sí estoy muy segura es que nacieron para triunfar y sobresalir en un nivel netamente físico. Otra cosa que les favorece mucho es el carisma, el cual les hace triunfar irremediablemente. Son muy sociables, inteligentes y, en un altísimo porcentaje, amadas por su familia.

**En la salud:** deben extremar precauciones con el licor y todo tipo vicios, sobre todo el mal manejo de la libido sexual, ya que ello puede afectar su nombre y popularidad. También deben cuidarse de la anemia y los constantes cambios de peso.

**En el dinero:** son empresarias de la moda, relacionistas públicas y comerciantes en un ciento por ciento.

**En el amor:** es uno de los aspectos más positivos que tienen porque, a pesar de que pueden hacer muchos cambios de pareja, son casi las únicas de nuestro género que encuentran al hombre ideal.

Dividido en dos, su primera frase, "Paola", simboliza la LUZ UNIVERSAL y "Andrea", los SENTIMIENTOS y EMOCIONES del ALMA.

Este mantra a la inversa se lee "AERDNA ALOAP", que significa PODER sobre la FAMILIA y DESORDEN EMOCIONAL por traumas profundos en su historia vital.

*Su letra del éxito y la prosperidad es la P y la de su ADN es la A.*

# *Patricia*

Preguntemos a las madres que tengan hijas llamadas PATRICIA: ¿en qué momento han establecido una buena comunicación con ellas? Sé que no es fácil ayudarlas a superar las depresiones, tristezas, melancolías, rebeldía y verlas triunfar sin obstáculos ni sufrimientos. Sin embargo, el interrogante es: ¿dentro de sus actividades laborales ganan tanto dinero como para sentirse realizadas en poco tiempo? Y si alguna de ellas nos da una respuesta positiva le haremos un monumento. Porque lo extraño es que las PATRICIAS son muy populares pero afectivamente se pueden quedar solas y el éxito les llega un poco tarde, aunque sean buenas profesionales no logran conseguir un buen empleo. Ellas son separadas o han sido maltratadas por sus parejas; sus hijos generalmente son hiperactivos y pelean mucho entre sí. Hay pocas celebridades del mundo que tengan como nombre PATRICIA.

**En la salud:** no olviden que les acompaña la doble I, que son sus dos Ángeles Guardianes, esto para que venzan el miedo que pueden convertirse en patológico.

**En el dinero:** quiero decirles que les llegó la hora, es algo así como una invitación al desafío, a la lucha, a la revancha o al éxito; para que venzan esa letra T que obstaculiza el CAMINO a la RIQUEZA, la CONSTANCIA, las ILUSIONES y la SUPERACIÓN.

**En el amor:** aunque nos parezca increíble, es otro grupo de nuestro género que sufre de grandes soledades.

Al dividir este nombre en dos, su primera sílaba, PA, como su siguiente letra es la T significa TEMOR A PERDER EL DESTINO y la frase TRICIA representa a la MADRE DE..., esto quiere decir que PA-

TRICIA es igual al TEMOR de PERDER el AMOR.

Este mantra a la inversa se lee AICIRTAP, cuyo significado tampoco tiene sentido; sin embargo, tiene mayor iluminación a la inversa que escrito correctamente.

*Su clave del éxito y la prosperidad son las dos letras I. La letra de su ADN es la T.*

## *Paulina*

Con su letra "P" ejercen como regla la buena función y la organización, pero sobre todo la necesidad de que dentro de su hogar todo marche a la perfección. Tienen capacidad de dirigir, su inteligencia y calidad humana les permite que el desarrollo de sus funciones sea dentro de lo administrativo o de la medicina. Ellas quieren mantener siempre la cordura; sin embargo, se les escapan los sollozos, debido a la incoherencia de sus sentimientos.

**En la salud:** no hay muchas referencias sobre enfermedades crónicas, pero sí, de vez en cuando, podría llegar una irremediable; lo que más deben cuidar es la medula ósea.

**En el dinero:** les resulta muy sencillo encontrar el éxito económico y el reconocimiento empresarial como grandes jefes o gerentes. En conclusión, la calidad de sus funciones y su desempeño en la vida depende sólo de ellas mismas y de las elecciones que hagan en sus proyecciones de vida; pero ni siquiera se dan cuenta de que el éxito les está tocando a la puerta.

**En el amor:** este sentimiento es muy importante para ellas pero no es fácil encontrarlo en sus parejas.

Dividido en dos, su primera sílaba, "PAU", nos encamina hacia las LEYES DIVINAS y su segunda frase, "LINA", representa la MADRE que ENSEÑA a su HIJO a lanzarse a la VIDA.

Este mantra a la inversa se lee "ANILUAP", que significa ANILLO CÓSMICO y ESPECIE MARINA, también significa PROFUNDO DOLOR.

*Su clave del éxito y la prosperidad son las letras P y U y la de su ADN es la N.*

## Pedro

El nombre PEDRO tiene la E en su segunda letra, así como la O al final, mostrando a los desleales y tercos, a la vez que pensantes y de amplio conocimiento. Aunque en los tiempos bíblicos para PEDRO fue impor- tante estar al lado de JESÚS y viceversa; era una persona que no inspiraba al principio una completa confianza, pero PEDRO llegó a ser el apóstol de más audacia entre todos los elegidos ya que cuando estas dos letras apare- cen en un nombre están uniendo LA INTUICIÓN y LA RAZÓN.

El nombre PEDRO dividido en dos no tiene un significado porque sólo se muestra si se lee completo. La definición de PEDRO es el PERDÓN.

Así mismo, como un mantra a la inversa se lee ORDEP, que representa la LUCHA, el REVUELO y el CONFLICTO; sin embargo su verdadero significado es: ENTREGARSE A LA FE o el ECLESIÁSTICO; por ello es que PEDRO llegó a ser tan conocido entre todos los apóstoles, aunque no fuera precisamente el más sabio, responsable o leal de los seguidores de JESÚS; por lo tanto, la conexión entre este ser y JESÚS pudo haber sido diferente; tal vez fue elegido por ser el más recursivo, fuerte y peleador. Ésta es una de las grandes características de los PEDROS. El significado del primer día fue importante porque JESÚS organizó sus diferentes travesías según el significado del nombre de los días, por ejemplo, lunes, martes, miércoles etc., y también del nombre de los meses; por eso cada día y cada mes del año son importantes para la evolución humana. Todos los individuos que habitamos en el mundo tenemos un día o un mes especial, pero la verdadera explicación para eso es la posibilidad de que nuestra energía esté en contacto con un movimiento astral o universal ya que nuestros nombres vibran con la energía que se está proyectando en ese instante. Estos hombres manejan conflictos familiares y se mienten constantemente.

**En la salud:** tienen grandes patologías, sobre todo dentro del ámbito psicológico, entre ellas las preocupaciones, y una cantidad de esquemas mentales que para lo único que les sirven es para afectar su salud física.

**En el dinero:** siendo honesta, creo que podría irles mejor si mantuvieran una estructura de vida más organizada.

**En el amor:** es sorprendente ver cómo hombres que vienen a trabajar por la recuperación humana y espiritual puedan llegar a ser tan materialistas y hormonales.

*Su clave del éxito y la prosperidad son las letras: P y la R. La letra de su ADN es la D.*

Nombres con la inicial

# "R"

$$\mathcal{R}afael$$

Una de las cosas que más me gusta en este nombre es la letra F, que tiene un significado muy especial; como pueden darse cuenta, este símbolo siempre está mirando hacia delante y aquí, representa la ESPIRITU-ALIDAD y la GRANDEZA; además termina en EL y ya sabemos todos que EL representa ENVIADO DE DIOS. Por consiguiente, tiene la letra espiritual, la terminación EL, las dos casas espirituales que son las A y parecería un nombre perfecto, pero estos seres no pueden ser Ángeles de pureza y nobleza a causa de las letras R y E, ya que la E representa las TENDENCIAS DEPRESIVAS, las SOLEDADES, las TRISTEZAS y las ANGUSTIAS y la R la REBELDÍA y ARROGANCIA.

**En la salud:** en cualquier momento ellos podrán sufrir un transplante, hepatitis y también depresión profunda.

**En el dinero:** nacieron para ser populares, ricos, el que menos tiene podrá trabajar en su pequeño negocio; pero cuídense del alcoholismo que les llevaría a la ruina.

**En amor:** en este aspecto la pareja que los ame será incondicional, los        problemáticos son ellos.

Al dividir el nombre en dos, su primera frase, RAF, se escucha muy bien porque es un hermoso soneto, netamente espiritual, y vibra con la energía divina y suprema, carismática y católica; la frase AEL significa TENER FE EN UN SER DETERMINADO. Por lo tanto RAFAEL es igual a SEGUIR A UN SER O CREER EN UN SER.

Todos los que lleven este nombre deberían ser personas muy profun-das y también llenos de una inmensa fe; de todo corazón espero que ellos tengan este don divino, me refiero a la FE, para que puedan rescatar sus vidas y encaminarse llenos de seguridad, ya que son elegidos y tienen derecho a la felicidad. Sólo me resta decirles que luchen por ella, porque se la merecen. Y a los que se encuentren en malas situaciones les informo que ellos siempre tendrán una esperanza que les ha de salvar de cualquier situación inesperada.

Este mantra a la inversa, tal y como su nombre lo dice, LEAFAR, significa EL PODEROSO.

*Su letra del éxito y la prosperidad es la letra F y la de su ADN es la R.*

## Randy

El poseedor de este nombre tiene tanta rebeldía, tal como se ve en la primera letra, que está a punto de pasar la línea de la agresividad. Esto es muy extraño porque la "A", que representa su casa espiritual, muestra a un ser con diferentes características, entre ellas su riqueza espiritual. Un buen consejo es que controlen sus impulsos, que razonen, que piensen, que controlen la mente; tienen muy buenas ideas pero el solo detalle del recuerdo constante de su pasado, o de su vida venidera, puede hacerles cambiar de rumbo. Son rápidos, hábiles, ingeniosos, impacientes, y al mismo tiempo, algunos algunos son torpes y tercos.

**En la salud:** la agresividad y la necesidad de atención son muestras claras de que ellos tienen problemas psicológicos muy marcados y podrían llegar a convertirse en maniaco depresivos; sería importante que se evaluaran en este aspecto y, a su vez, que se hicieran análisis constantes del corazón.

**En el dinero:** son muy capaces y tienen mucho ingenio con las tareas manuales; por por lo que llegarán muy lejos tanto en la parte académica como en la laboral; como empleados serán destacados y distinguidos, jamás morirán de hambre.

**En el amor:** aquí también son agresivos porque aman con mucha posesión, entonces no hacen felices a sus parejas y deben tener cuidado, sobre todo con los celos sexuales.

Dividido en dos, su primera silaba, "RA", es sinónimo de ACCION y "ANDY", LADRÓN de CORAZONES.

Este mantra a la inversa se lee "YDNAR", que significa Dios MAYA.

*Su letra del éxito y la prosperidad es la R y la de su ADN es la Y.*

*Raquel*

**S**on femeninas con mucho carácter y tienen el lado masculino muy desarrollado, porque perdieron la sensibilidad en el desarrollo de su vida, por eso les tocó endurecerse y es que la mejor forma que tienen de defenderse es su fuerza, la cual sacan en el momento en que se sienten agredidas emocional y psicológicamente.

Son buenas hijas, hermanas y excelentes amigas, siempre y cuando nadie se meta con su vida y, aunque ellas no lo expresen, les afecta mucho el hecho de que no las valoren.

Las RAQUEL pueden asimilar todo fácilmente y, aunque no resisten ver sufrir a sus madres, se muestran indiferentes para que eso no les toque el alma; las anteriores generaciones con este nombre fueron muy procreadoras; sin embargo, las actuales han decidido no traer muchos hijos al mundo, aunque los que vengan traerán un alto coeficiente intelectual.

**En la salud:** también pertenecen al grupo de nuestro género que sufre diferentes enfermedades, la más común es la nostalgia y en el aspecto físico la obesidad y la presión arterial.

**En el dinero:** son muy buenas para dirigir empresas y proyectos que requieran de mucha dedicación.

**En el amor:** a su vez pertenecen al grupo de las mujeres más solas y con muchas dificultades dentro del sentimiento; por mi parte les recomiendo tener una actitud menos posesiva.

Dividido en dos, su primera sílaba, "RA", representa el ESTÍMULO y el DESEO; la sílaba "QUEL" muestra la NECESIDAD de IDENTIDAD PROPIA.

A la inversa se lee "LEUQAR", que significa RIQUEZA INEVITABLE.

*Su letra del éxito y la prosperidad es la R y la de su ADN es la U.*

**R**aúl

**E**s un nombre que tiene dos características sobresalientes: la primera les describe como hombres que parecen sufrir del trastorno benigno del sueño llamado sonambulismo debido a que hacen las cosas sin darse cuenta; su alma de niño, extremadamente noble, no se adapta a su actitud exageradamente narcisista; el otro detalle es que quieren conservar una vida perfecta, sin importar que sea ficticia, y es que les gusta ser admirados por lo que hacen y por todo lo que son. Tienen mucha capacidad de manipulación por medio de la autocompasión, no importa en qué posición de vida se encuentren; como repercusión de su historia vital. Yo diría que siempre los han manejado, por eso no comprenden que lo que les ata a la necesidad de tener algo realmente suyo es precisamente consecuencia de su pasado y posiblemente la excesiva protección recibida provenga del lado de la madre. La mayoría de ellos, aunque son muy capaces e inteligentes, no tienen una idea clara que les ayude a triunfar económicamente, esta es la razón por la cual podrían fracasar en sus intentos de sobresalir dentro del ámbito empresarial. Su karma está en las relaciones afectivas ya que sus instintos hormonales son muy grandes, siendo exigentes en este sentido al punto de que el género femenino les pueden clasificar como hombres machistas, egocéntricos y torpes.

**En la salud:** dentro de su ambiente familiar hay muchos problemas de obesidad por exagerados hábitos alimenticios que pueden crearles mala circulación y dolores muy fuertes en sus extremidades inferiores, además de la mala digestión.

**En el dinero:** es alarmante verles perderse en un mundo mágico pero de sueños crueles, debido a que sus mentes trabajan mucho pero ellos no producen tanto. Por esto es prudente que conozcan sus aptitudes y entre las cuales se encuentran: los deportes y el arte, actividades en las que destacan notablemente porque les relajan y les dan libertad.

**En el amor:** son seductores, casi atrevidos, pero no impresionan en el momento de demostrar su energía sexual, debe ser porque se desmotivan fácilmente de sus parejas.

Dividido en dos, su sílaba RA representa la FUERZA, la LUCHA, las PÉRDIDAS y las GANACIAS; la sílaba UL representa el HOMBRE que tarde o temprano LOGRA HALLAR la RIQUEZA.

Este mantra a la inversa se lee LUAR, que simboliza lo masculino y lo femenino, es por eso que no perdonan los errores del género opuesto debido a su sensibilidad. Sin embargo, pocos tienen tendencia a la homosexualidad.

*Su letra del éxito y la prosperidad es la U y la de su ADN es la R.*

## Regina

El nombre "Regina" es muy pesado, además de muy adulto. Pertenece a mujeres místicas y carismáticas desde todo punto de vista, con un buen desarrollo y conocimiento de lo sobrenatural. Pero cuando digo ¡místicas! es porque son místicas de verdad; desde pequeñas se les nota el carácter, la capacidad de entender y de observarlo todo, además de tener mucho conocimiento sobre lo oculto dentro del plano universal; las encontramos como mentalistas, clarividentes, espiritistas, en resumen se convierten en parapsicólogas reconocidas y aunque traen mucho conocimiento del universo lo paradójico es que no siempre las cosas les salen bien, fuera de que les toca luchar demasiado para tener reconocimiento.

Ellas van por el mundo buscando adeptos para que las acompañen es su peregrinar.

**En la salud:** es importante reconocerles que poseen mucho control mental y pueden vencer algunas de sus enfermedades pero el momento más complicado es es cuando quieren alcanzar metas imposibles, esto les causa temor, malestar y miedo.

**En el dinero:** un aspecto que puede ser relevantes es que cuando ellas dicen que quieren convertirse en profetas y guías del mundo lo único que están buscando con este acto es el dinero. Pero hablando un poco más en serio y en beneficio de ellas, pienso que su gran capacidad intuitiva les puede ayudar a desarrollar grandes métodos empresariales. Sin embargo, les ofrezco un consejo, una sugerencia: más que el poder económico, su búsqueda debe iniciarse en la parte humana, esto sí les daría la riqueza material y espiritual que tanto anhelan.

**En el amor:** no tienen muchas definiciones, sólo he encontrado dos: la primera es que encuentran seguidores en cualquier lugar donde ellas quieran promocionarse o presentarse y la segunda es que sus sentimientos afectivos deben ser correspondidos por un hombre que aprenda a conocerlas y, aunque no queramos escuchar esto, que sea más débil que ellas para que pueda respetarlas.

Dividido en dos, su primera frase, REG, simboliza la MUJER que CUIDA a los DÉBILES y su segunda frase, INA, representa la INTELI-GENCIA INNATA.

Este nombre a la inversa se lee ANIGER, que significa INGENIERA de la VIDA y DIOSA del ÁFRICA.

*Su letra del éxito y la prosperidad es la R y la de su ADN es la I.*

# *Reina*

Nombre que proviene del amor, de la esperanza y la fe. Aquellas que lo portan son mujeres con muchos conflictos emocionales y además piensan en renacer desde todo punto de vista. Su mayor problema es el afectivo, donde se debaten y luchan por lograr que el amor no se escape de sus vidas. Por lo general, son personas con un destino muy grande pero a quienes la niñez ha robado las esperanzas, por eso para ellas es muy importante saber que tienen la bendición de Dios y que nunca deben perder la fe. Sus parejas sentimentales son más o menos comprensivas, pero opino que también abusivas, ya que el mayor hábito de estas mujeres es el de comprometerse demasiado en el sentimiento. Algunas no tienen padres por abandono o por orfandad y es muy posible que emigren de sus pueblos a grandes ciudades para poder sobrevivir, y por cuestiones de temores u orgullo no quieren regresar ni a su pasado ni a sus familias.

**En la salud:** las reacciones fuertes ante el engaño pueden hacer sentir vergüenza y atraen venganzas innecesarias, también lo que llamamos penas morales, la endometriosis y depresiones que pueden causar tendencias suicidas; por ello es mejor que no permitan ser humilladas por los demás..

**En el dinero:** que cuiden lo que trabajan, sobre todo de quien no se lo merece.

**En la amor:** les mencionaré la siguiente frase de Ventura Luís Aguilera: "en la altiva cumbre el elocuente narcisista: pocos han llegado aquí; en esto pasó volando un insecto sobre él"

Dividido en dos, su primera sílaba, REI, representa el MAR, la LUNA y las ESTRELLAS; su segunda sílaba, NA, es un COMPORTAMIENTO

HOSTIL y AGRESIVO.

Este mantra a la inversa se lee ANIER, que significa AVE ERGUIDA, LUCHADORA y VENCEDORA.

*Su letra del éxito y la prosperidad es la R y la de su ADN es la I.*

*Ricardo*

Conocimiento, desarrollo intelectual y emocional, pero ¡claro! siempre y cuando no dejen que otras personas les roben los sueños y les hagan cambiar de actitud y posiciones, sobre todo de ideas. El amor tiene muchas barreras y la vida muchos componentes pero el ser humano deberá elegir siempre el que más le conviene y en el caso de los "Ricardo" lo que verdaderamente les conviene es desarrollar todo ese conocimiento que poseen. Este nombre representa el hombre que, proponiéndoselo, podrá levantar una o muchas empresas y triunfos con sólo hablar.

**En la salud:** una acción impulsiva les llevaría a agredir a otros, o a ser agredidos, pero aún así sabrían muy bien lo que están haciendo; otro de los cuidados que deben tener en el aspecto físico son los relacionados con las enfermedades bioquímicas.

**En el dinero:** pueden desenvolverse perfectamente en el campo administrativo, en la rama periodística, pero, en su mayoría, nacieron para ser notables en el ámbito empresarial y deportivo, algunos podrán ser escritores y aún más.

**En el amor:** lograrán tener siempre a la mujer de sus sueños dejando florecer esa magia que hay en sus corazones que ni ellos mismos conocen: la ternura; sin embargo, se les aconseja la fidelidad porque por este lado tienen muchas debilidades; también, una mayor comprensión hacia sus madres.

Dividido en dos, su primera sílaba, "RI", representa el HOMBRE RICO, tanto en lo MATERIAL como lo ESPIRITUAL y su segunda frase, "CARDO", simboliza el CASTIGO.

Este mantra a la inversa se lee "ODRACIR", que significa BENDECIR con ORACIONES y con la PALABRA, ello demuestra la gran nobleza que hay en sus corazones.

*Su letra del éxito y la prosperidad es la I y la de su ADN es la R.*

## Rilver

Sus padres pueden tener muchas dificultades para manejarlos, el motivo es porque les encanta la libertad e independencia, convirtiéndoles en hombres muy rebeldes, y propensos a realizar actos insufribles. Les gusta dar pero sobre todo recibir. Los que se proponen ser agresivos lo son y mucho, a su vez no me atrevo a decir que sus acciones impulsivas sean patológicas, mejor las defino como uno de los resultados de la hiperactividad, capricho y excesiva protección, porque de todos modos en su interior hay un extraordinario ser humano con un altísimo grado de nobleza y servicio, aunque sólo admiran a quienes ven fuertes y capaces; por lo tanto, sólo les salvaría de una vida difícil, una buena orientación, dedicación y amor. Su mayor virtud es que saben vencer con inteligencia a sus enemigos. Sus impulsos no son potencialmente negativos, porque si supieran utilizarlos podrían ser útiles para recorrer el mundo, brillar como estrellas y descubrir fácilmente la clave del éxito.

**En la salud:** deben cuidar su médula ósea, protegerse de las fracturas y, dentro del aspecto psicológico, tener cuidado con la mitomanía.

**En el dinero:** con la letra V están salvados, porque ésta es el símbolo de su valor y no olvidemos que el valor es, según dijo Jesús, la mayor virtud del ser humano.

**En el amor:** aquí es donde siempre serán héroes, debido a que sus mujeres los verán como el príncipe azul, en este aspecto ellos son y serán afortunados.

Dividido en dos, su primera frase, RIL, representa la ACCIÓN, el EMPUJE y la FUERZA; su segunda frase, VER, quiere decir SIN OBSTÁCULOS.

Este mantra a la inversa se lee REVLIR, que significa REBELIÓN y RENACIMIENTO.

*Su letra del éxito y prosperidad es la L y la de su ADN la V.*

## Roberto

Es un nombre totalmente contradictorio, porque sus portadores tienen momentos de mucha riqueza y a su vez de pérdidas totales; aquí no hay una explicación sólida pero lo que se puede observar es que esto les puede pasar a todos aquellos cuyo nombre comienza por la R, debido a que esta letra es la representación de lo que se revela y de la energía que desatan todas las pasiones. Lo podemos observar sobre todo en el temperamento de cada uno de ellos ya que hay días en los que están llenos de felicidad, en otros, llenos de arrogancia y soberbia, así sucesivamente se vuelven un poco exagerados con la gente. En sus buenos momentos son tiernos, calmados, amorosos, nobles y generosos; los mejores momentos en sus vidas son cuando están enamorados.

**En la salud:** es de los pocos grupos que deben cuidarse del cáncer y también de problemas en su desarrollo físico.

**En el dinero:** son intelectuales, sobresalientes deportistas, empresarios y la mayoría triunfa con frecuencia.

**En el amor:** besarán a mil ranas antes de encontrar a su princesa.

Es otro de los nombres cuyo significado lo dan todas las letras que lo componen, por lo tanto: ROBERTO simboliza el HUERTO, la SEMILLA, la SIEMBRA, la UNIÓN, la VIDA y la MUERTE; o sea, que es una completa alabanza de renacimiento. Y pueden vencer los obstáculos imponiéndose y sobresaliendo con el valor y el carácter que proviene de la letra T.

Este mantra a la inversa se lee OTREBOR, nombre francés, y es posible que en una vida anterior todos hayan sido seres masculinos; representa un SITIO, ESTADO o LUGAR.

*Su letra del éxito y la prosperidad es la letra O y la de su ADN es la B.*

*Rodolfo*

Hombres muy confundidos en sus mentes que luchan por ser libres emocional y espiritualmente. Su necesidad está basada en solucionar los conflictos emocionales que ellos creen que son creados por la madre y en la búsqueda de esa identidad propia e independencia se ven afectados en su vida, su esencia y su estabilidad sentimental. Es prudente que sepan que la libertad del alma nace desde el amor, la fe, la aceptación y la compresión, y que deberían tener más clara su visión de vida. En su mayoría son muy independientes de sus familias, e inconstantes en la relación con los hermanos. Sus ideas vienen y se van constantemente, creándoles una inseguridad muy grande en su verdadero camino, pensando que es culpa de la injusticia de la vida, no quieren aceptar que la falla está en que a algunos no les gusta arriesgarse ni esforzarse demasiado puesto que creen que a sus vidas todo debe llegar más fácil.

**En la salud:** hay muchos cambios dentro de las células nerviosas y, específicamente en esto, puede haber interconexión con características genéticas, llegando a crear deficiencias químicas que lógicamente se traducen en depresiones profundas, y todos sabemos que la depresión acelera la muerte física y espiritual.

**En el dinero:** podrían tener mucha riqueza, les gustara luchar y comenzar desde abajo; serán bienaventurados los seres con este nombre que lo hagan porque el mundo se les abrirá completamente.

**En el amor:** aquí ellos no tienen sentido común, son idealistas y obsesivos, les falta madurez.

Dividido en dos, su primera sílaba, ROD, encarna aquél que da da la ESPALDA a la RIQUEZA ESPIRITUAL y su segunda frase, DOLFO, simboliza el que GUÍA al REY.

Este mantra a la inversa se lee OFLODOR, que representa a aquél que Se REBELA contra la SABIDURÍA.

*Su letra del éxito y la prosperidad es la O y la de su ADN es la F.*

## Roger

Hombres impulsivos y aparentemente decididos pero que no culminan las acciones por inseguridad. Son de aquellos que observan las cosas y piensan mucho antes de hacerlas, tienen como costumbre analizarlo todo sigilosamente, pero eso de nada les sirve. No les gusta la pobreza, se cuestionan mucho sobre ello y su mayor objetivo es sacar a su familia de ésta. Por quien más luchan en la vida antes de formar su propia familia es por los padres; son buenos amigos pero agresivos cuando los ofenden o abusan de su confianza; además tienden a guardarse lo que piensan y lo que sienten por su poca capacidad de expresión.

**En la salud:** es importante que se cuiden de la fármaco-dependencia, pero es aún más importante que vigilen sus acciones extremas porque pienso que lo que más les hace falta es una buena salud mental.

**En el dinero:** tienen muchas puertas abiertas, no sólo en su tierra natal sino también en otros países, y desarrollándose en el ámbito empresarial independiente, sobre todo en oficios como: operarios mecánicos, las ingenierías y la ciencia.

Dividido en dos, su primera sílaba, "RO", significa ARROYO del RÍO y su segunda sílaba, GER, INMENSO MAR.

Este mantra a la inversa se lee "REGOR", que significa FUERZA EXTREMA.

*Su letra del éxito y la prosperidad es la R y la de su ADN es la G.*

A veces las personas rebeldes ruedan por la vida perdiendo las esperanzas, que es su mayor tesoro y añadido representadas en la "fe". Pero algo que les puede ayudar es la búsqueda de la responsabilidad y la capacidad de no darle la espalda a la felicidad. El carácter fuerte es predominante en estos seres y la necesidad de progresar económicamente se hace un poco desgastante, debido a que no son precisos en su búsqueda. Como padres tienen un comportamiento aislado, generalmente incomprendidos, porque desde la niñez les han obligado por circunstancias familiares a ser muy independientes. El nombre "ROIG" contiene las dos vocales, O e I, en orden inverso:, por esta razón son ellos los que deben elegir qué es lo que quieren, no olviden el libre albedrío.

**En la salud:** deben cuidarse de accidentes de trabajo, de las alergias, sobre todo por intoxicación alimenticia, y cuidar los intestinos.

**En el dinero:** son buscadores empíricos del dinero, por eso la mayoría es independiente debido a que no les gusta ser dirigidos, esto es parte de la aceptación de su realidad.

**En el amor:** cuidar su corazón para que no sea lastimado, porque les advierto que no son ellos los que siempre llevan las de ganar.

Este mantra a la inversa se lee "GIOR", que muestra a un GRAN
SEÑOR y DEFENSOR de LEYES.

Y completo, "ROIG" significa "lo que se va de las manos".

*Su letra del éxito y la prosperidad es la letra O y la de su ADN es la I.*

## *Rosa*

Este nombre no es precisamente un jardín porque ROSA tiene todo
lo contrario a lo que nos pudiéramos imaginar y les diré el por qué: como
es ya bien sabido, el símbolo de la R y la O que están unidas es este
nombre significa QUERER ABARCAR EL UNIVERSO; la S y la A son
las letras complicadas, porque la S significa PODER EN LA PALABRA
y LA ELOCUENCIA, en fin, todo lo que usted pueda imaginar con el
verbo; pero como en este caso está acompañada de la A también simboliza HABLAR EN EXCESO. Lo anterior nos muestra una clara debilidad de las portadoras de este nombre. Sería muy bueno que, para el
beneficio propio de ellas, su comportamiento en adelante fuera observar
su interior antes de hablar del exterior de las personas y aprovechar esta
enorme riqueza para construir y construirse positivamente en todos los
momentos de su vida.

**En la salud:** aun siendo mujeres muy sufridas no son consientes del
momento en el que se angustian; es por eso que paradójicamente de lo
que más sufren es del estrés, traumas sexuales y acidez estomacal. Es
otro de los grupos con tendencia al cáncer, al mal de Parkinson, varices

y caída de la vejiga.

**En el dinero:** su gran motivo de lucha es liberarse de las cadenas que muchas veces las atan cuando sus objetivos no salen tal y como desean; lo que tienen que hacer es seguir adelante sin mirar atrás.

**En el amor:** sus sufrimientos en general son fortísimos, desatan terribles celos sexuales en sus parejas sentimentales y al final se deciden por el hombre que más amor y mejor trato les dé.

Al dividir su nombre en dos, su primera sílaba, RO, significa QUITAR y la sílaba, SA, es CONOCIMIENTO. Por lo tanto ROSA es igual a ACTUAR a CONCIENCIA y como sugerencia quiero invitarlas a desarrollar la discreción; ellas llegan a ser muy importantes en cualquier familia, espacio o actividad, e igualmente son de aquéllas a las que la prosperidad les llega sin darse cuenta.

Este mantra a la inversa representa un NOMBRE EGIPCIO y la LUZ.

*Su letra del éxito y la prosperidad es la O y la de su ADN es la R.*

## Rosa Elena

No es precisamente un jardín de flores ya que tiene todo lo contrario a lo que nos pudiéramos imaginar. Por la unión de la R y la O en él, es una representación universal, pero la S y la A son letras más complicadas porque la S significa poder en la palabra y como en este caso está acompañada de la A quiere decir deshonrar a la familia; por eso, un buen consejo para su beneficio propio sería recordar y observarse en su interior antes de hacer comentarios de los demás; utilizando este poder, que es su mayor riqueza, para construir y construirse cosas positivas. ROSA ELENA a pesar de ello tienen otras grandes virtudes, la más importante es que son mujeres muy dulces, la letra "L" es la que las empuja hacia un mejor horizonte para así evitarse grandes inconvenientes en la vida. De todos modos tienen la esperanza de brillar, sobre todo por el nombre Elena. La invitación que les hago es que luchen para soltar las cadenas que las atan y, mirando los beneficios, atraer el desarrollo de la conciencia e intuición.

**En la salud:** manejan sus crisis, pero la mayoría de sus enfermedades son psicosomáticas.

**En el dinero:** su verdadera capacidad está en el ámbito público, por su belleza y talento; también en el diseño y en las humanidades. Son otro grupo de mujeres que construyen grandes imperios de la nada.

**En el amor:** tanto por el lado de ROSA como por el de ELENA tienen un karma, podría decir que inexplicable debido a que en casi la totalidad de sus relaciones afectivas llegan al completo fracaso.

Al dividir el nombre en su dos frases, ROSA significa QUITAR y ELENA representa una MUJER de RIESGOS; con ello les quiero alentar para que controlen sus ambiciones y eviten graves problemas en el futuro.

Como mantra a la inversa se lee "ANELEASOR", que significa NOMBRE EGIPCIO y ÁNGEL GUARDIÁN.

*Su letra del éxito y la prosperidad es la O y la de su ADN es la E.*

# Rosse Mery

Teniendo en cuenta su capacidad, es inexplicable, porque no tienen la suficiente fuerza para luchar por la felicidad. Personalmente creo que el motivo es el sentimiento de culpa o simplemente que creen no merecerla. Un factor importante es la entereza de amar que realmente tienen, ¡APROVÉCHENLA!; se les pide además que mejoren la relación con sus progenitoras. El verdadero problema que manejan es no tener un equilibrio para ayudarse emocionalmente, porque se dejan vencer por las angustias y pienso que el temor de expresar sus sentimientos las abruma; por esto es importante que aprendan a sacar todo el valor que llevan en su alma, teniendo objetivos más claros en la vida.

**En la salud:** tienen tendencia a la obesidad, problemas cardiovasculares y colesterol.

**En el dinero:** parece ser que cuando se aferran a un sueño no saben cómo realizarlo, les falta mucha conciencia.

**En el amor:** quiero darles un buen consejo y es que el mismo se puede dar sin sentimientos de culpa; que definan sin prejuicio su verdadera identidad sexual; les deseo mucha suerte porque no es fácil vivir con el alma llena de tanto amor sin encontrarle una dirección precisa, ojalá logren ver eso antes de formar un hogar, para que no sean víctimas de sus conyugues.

Dividido en sus dos frases, "ROSSE" quiere decir TALENTOS ESCONDIDOS y su segundo nombre, "MERY", significa ALMA GRANDE.

Este mantra a la inversa se lee "YREM ESSOR", que representa una MUJER BENDECIDA y AFORTUNADA.

*Su letra del éxito y la prosperidad es la Y la de su ADN es la S.*

## Roxana

Son mujeres temerarias, luchadoras, idealistas, creativas, conven-
cidas de sus metas, encantadoras, carismáticas, llegan tan fácilmente a
los demás que ni se dan cuenta. Se sacrifican fácilmente, llenándose de
compromisos económicos, emocionales y de altas responsabilidades;
son muy admiradas por su capacidad intelectual; tienen el alma noble y
buena, y la audacia es su mayor virtud.

Es necesario decirles a las ROXANAS que deben tener más cuidado
con su vida, hay que empezar dándoles la explicación del por qué, ya que
ellas no     quieran asimilar la responsabilidad de cambiar muchas de
sus acciones. Sabemos que los nombres que comienzan por R representan a los seres REBELDES Y AUTORITARIOS; esto acompañado por
la O, que es el universo, significa el CONOCIMIENTO Y LAS OPOR-
TUNIDADES; pero donde se encuentran con su obstáculo es en la X,
sinónimo de CRUZ y MUJER CAÍDA y no es precisamente porque sea
lo que ésta escrito en sus vidas, es para que comprendan que tienen un espíritu muy poderoso que las acompaña, las ayuda y las saca de conflictos.
Y es que las soluciones de sus problemas están cabeza ya que su ángel
guardián siempre permanecerá a su lado para mostrarles un camino hacia
la libertad y la felicidad, llamdo "FE".

**En la salud:** sus mayores afecciones son los problemas bioquímicos
congénitos; también de matriz y ovarios.

**En el dinero:** son excelentes profesionales, en este aspecto sólo tienen un problema: cuando pierden un empleo demoran mucho en conseguir otro.

**En el amor:** generalmente se sienten derrumbadas por un falso amor o un ser lleno de resentimientos que las quiere perjudicar, es a partir de esta situación donde encuentran motivos para tener dificultades.

Este nombre dividido, su primera sílaba, RO, significa AROMA, JARDÍN o PARAÍSO y la frase XANA representa un CURANDERO, YERBATERO o ÁNGEL DEL BIEN. Por lo tanto ROXANA es igual a ÁNGEL SANADOR.

El mantra a la inversa se lee ANAXOR, que significa SOBREVIVIR o RE-SURRECCIÓN; con estos dos significados, ¿cómo podríamos pensar que ellas no poseen la clave de la felicidad en sus manos?. Esta clave es LA CONCIENCIA.

*Su letra del éxito y la prosperidad es la R y la de su ADN es la A.*

*Rubén Darío*

Definitivamente seres muy capaces y audaces, aunque lo que no tiene explicación es el hecho de que no trabajen sus miedos y eso es por el lado familiar, aspecto que les convierte en hombres tímidos e inseguros; teniendo en cuenta que los que tratan de no serlo, por aparentar lo contrario, se pueden volver extravagantes. Pero la explicación puede estar en que necesitan sentirse con más confianza y aceptación; entonces, si se les da apoyo, ellos podrían aprovechar su capacidad e inteligencia. No obstante, considero que si no tienen los conocimientos para enriquecer su mente y espíritu podrían buscar ayuda psicológica, ello evitará que tengan que depender de lo que otros digan. Sus grandes temores son la crítica, los gritos fuertes y los conflictos familiares; sin embargo, al miembro que más admiran es al padre y es posible que al padre mayor.

**En la salud:** el tabaquismo y el alcoholismo aumentarían los problemas de ansiedad. En el aspecto físico podrían desarrollar tumores malignos en el pulmón e hígado.

**En el dinero:** por este lado tienen muchas bendiciones, sería importante que se levantaran y lucharan en búsqueda del tesoro de la prosperidad.

**En el amor:** el respeto por sí mismo, pero sobre todo por sus parejas, deberá ser una misión de vida en adelante para ellos.

Dividido en sus dos frases: RUBÉN quiere decir HOMBRE de BIEN y la segunda personifica a un SER UNIVERSAL y GUÍA ESPIRITUAL.

Este mantra a la inversa se lee OIRADNEBUR, que significa ORÁCULO y REDENCIÓN del AMOR.

*Su letra del éxito y la prosperidad es la R y la de su ADN es la D.*

Nombres con la inicial

# Sabino

Nombre mágico y de hombres confundidos que aparentan ser ideólogos de la vida; suelen ser muy diferentes en la realidad pero no pierden la oportunidad de demostrar su poder ante cualquiera o en cualquier circunstancia. Este nombre también es femenino y masculino, por eso no les es fácil mostrar su lado sensible ya que piensan que esto les podría colocar en una situación complicada. Su fuerza atrae la enemistad, los actos temerarios, los desafíos, pero siempre están preparados para defenderse. De igual manera se comportan con quienes aman, aunque no lo demuestren y es que, como dije anteriormente, no quieren que se les conozca su lado sensible. El origen de este nombre es romano y su función principal es la batalla por la vida, tener amores grandes y aventureros sin perder el control.

**En la salud:** aparentan una enorme vitalidad, su fortaleza aumenta con los ejercicios o los trabajos difíciles, por lo tanto su estado vital es casi envidiable; pero su necesidad externa no les permite ver su necesidad interna, a raíz de que manejan muchos miedos sus vidas están llenas de historias, esfuerzo y sobre todo lucha; deberán cuidar su corazón y su próstata.

**En el dinero:** su capacidad de trabajo es notable, pueden hacer varias cosas a la vez tanto una actividad dependiente como una independiente; son afortunados porque su concepción es no ser vencidos ni morir derrotados en la pobreza, mucho menos por los acontecimientos. Realmente tienen mucha suerte pero un detalle muy importante es el hecho de que les pueden quitar lo que consiguen, ya que paradójicamente son propensos a la deslealtad.

**En el amor:** son contradictorios, porque las mujeres que están a su lado les aman demasiado, sufren sus dolores, les apoyan, acompañan; aunque les pierdan la confianza por la infidelidad siguen de todos modos a su lado y para siempre. Su corazón es realmente muy blando a la hora de sentir amor por los suyos, por eso las mujeres que les conozcan los pueden manipular.

Dividido en dos, su primera sílaba, SA, representa el PODER de la PALABRA y su frase BINO representa el CÓMPLICE y el AUSENTE.

Este mantra a la inversa se lee ONIBAS, que significa GENIO.

*Su letra del éxito y la prosperidad es la S y la de su ADN es la I.*

## Santiago

Este nombre pertenece a los seres que tienen una de las grandes virtudes del ser humano, como es el ser RECURSIVO; además que se las ingenian para buscar situaciones que les favorezcan. Es cierto que son los más soñadores en su género, sin embargo; producen, Tienen buenos amigos y son muy futuristas, ojalá todos pudieran ser ingenieros, arquitectos o médicos porque así tendríamos a un equipo perfecto para la humanidad. Son pocos los hombres con este nombre que los que desorientan su vida aunque la tendencia al juego y al alcohol es una de sus grandes debilidades. Pueden ser empresarios, hombres notables en el desarrollo de un país, y dentro de sus hogares tienden a manejar mucha independencia, además de ser los preferidos de las madres.

**En la salud:** deben cuidar la columna vertebral, sobre todo en la parte de los discos y el varicocele en los testículos; además deben vigilar problemas de próstata y los pulmones.

**En el dinero:** por el lado de la arquitectura, la medicina y, además, del diseño gráfico pueden tener grandes y reconocidas empresas.

**En el amor:** ellos SON Y HACEN EL AMOR así como SON Y HACEN EL ODIO y el RESENTIMIENTO en sus parejas.

Dividido en dos, su primera frase, SAN, significa PUREZA y CAMINO HACIA LA LUZ; la frase TIAGO representa la REVOLUCIÓN y el REVOLUCIONARIO. Por lo tanto, SANTIAGO es igual a CAMBIO; eso muestra que adondequiera que lleguen empiezan a implementar proyectos y novedades, ello les hace más competitivos.

**En el dinero:** a quienes trabajan a su lado les sugiero que no se fíen de su apariencia inofensiva, noble y dulce, porque van arrasando y sembrando en su terreno sin dejar espacio para que los demás puedan plantar.

Este mantra a la inversa se lee OGAITNAS, que significa VENCER al COMPETIDOR.

*Su letra del éxito y la prosperidad es la letra T y la de su ADN es la G.*

## Sara

En este nombre después de la S encontramos las dos casas espirituales; la letra S seguida de la A habla de BUENAS o MALAS INTENCIONES; este es un nombre sagrado porque no olvidemos que tiene la A al comienzo y al final. Sin embargo, no les hace ningún favor el hecho de que tengan la R en medio de las dos, en esta posición la R significa DE-SAFÍO, DESEOS DE VOLAR SIN IMPORTAR CÓMO, ANGUSTIAS POR NO ALCANZAR SU LIBERTAD Y NOSTALGIAS DE LO PER-DIDO. La pronunciación del nombre SARA interpreta a la SAL, también significa: HUIR, CORRER, DESOBEDIENCIA Y CURIOSIDAD.

**En la salud:** sus mayores afecciones son el insomnio, el estrés, la abulia, la caída del cabello y desordenes hormonales.

**En el dinero:** como sabemos que son implacables, sería maravilloso que no siempre realizaran actividades como independientes, ya que su mayor enfermedad es la competencia.

**En el amor:** no lo conviertan en un reto, de lo contrario podrían tener continuos fracasos.

Cuando dividimos el nombre en dos, su primera sílaba SA representa un SABIO o una SABIA y la sílaba RA simboliza un TESORO. Por eso SARA es igual al CONOCIMIENTO de la RIQUEZA ESPIRITUAL. Por consiguiente me gustaría hacerles una sugerencia a todas las que tienen este nombre: "hay una extraña combinación entre la búsqueda de la riqueza, el desarrollo del talento y la imaginación; contrario a la rebeldía, la independencia, frialdad e inteligencia". Éstas son caracterís-ticas de sus vidas. Si amanecemos en un buen día nos encontramos con las primeras o, si no, con aquéllas que en la búsqueda del poder y en el desarrollo de su vida profesional se convierten en implacables y en cierta forma inhumanas. Aunque esto es bastante inusual porque en gran parte son extraordinariamente sensibles, creativas y nobles.

Este mantra a la inversa se lee ARAS y significa LEGIÓN y CAMI-NANTES.

*Su clave del éxito y de la prosperidad es la sílaba AR y la letra de su ADN es la S.*

## *Saúl*

Aunque este nombre también comience por la sílaba SA el significado aquí es totalmente diferente; particularmente es uno de mis nombres favoritos, entre otros, por la terminación UL que representa la ABUNDANCIA; no sería lógico por lo tanto que a ellos les faltara algo, es adecuado que se convenzan de que con este nombre no hay absolutamente nada que no puedan conseguir en sus vidas, por lo que es indispensable que lo sepan a partir del momento en que lean este significado para que esta información les ayude a convencerse de que son seres elegidos. Es triste ver que muchos andan por ahí haciéndole jaque mate al destino, en ocasiones dejando hijos sin reconocer, jugando con los sentimientos de los demás y, aparte de esto, desempleados y sin ilusiones.

**En la salud:** sus grandes padecimientos son del alma, eso les convierte en obsesivos compulsivos o maniacos; insolentes, groseros y vulgares de palabra. E insisto en que sus mentes no sólo les enferman el alma sino también el cuerpo; afortunadamente no es en todos los casos.

**En el dinero:** primero, teniendo la terminación UL en su nombre, pueden ser de los pocos que han nacido para que todo les salga muy bien; segundo, si se lo proponen no tendrán ningún motivo para sufrir.

**En el amor:** si este sentimiento está siempre con ellos es posible que jamás lleguen a tener una enfermedad en sus vidas y la explicación es que al entregarlo y recibirlo despiertan el elixir de la felicidad. Esto es una sugerencia para que aquellos que hoy padecen en un lecho tengan el poder para sanarse y levantarse.

Al dividir este mantra en dos, su primera sílaba, SA, representa el SABER, CONOCER, COMUNICAR y su segunda sílaba, UL, significa RIQUEZA, PODER, LUZ, CAMINO Y ESPERANZA. Por lo tanto SAÚL es igual a CAMINAR HACIA LA LUZ Y LA RIQUEZA, que es el consejo que les doy.

*Su clave del éxito y la prosperidad es la sílaba UL y la letra de su ADN es la S.*

## Selva

Como nos indica su nombre, son toda una confusión y tienen un remolino de palabras; el comunicarse para ellas es una necesidad ya que con ello muestran sus diferentes estados emocionales. No es un nombre muy común y lo que apenas entienden es que las decisiones que tomen serán las que las salven o las hundan; un consejo muy especial para las que son portadoras de este nombre es que controlen su necesidad de afecto porque pueden estar erradas en el concepto del amor. La necesidad familiar o la falta del acercamiento paterno y materno pueden llevarlas a sentir que algo muy importante falta en sus vidas pero desafortunadamente, mientras no asuman su pasado y lo superen, podrán perderse en la búsqueda.

**En la salud:** dentro de sus mayores padecimientos están la depresión y la ansiedad. Es posible que en su adolescencia hayan sido inestables e inseguras y que ellas sientan que, por un motivo que aún no entienden, tengan obstáculos en su vida. También presentan tendencia a la obesidad, al colesterol y al cáncer.

**En el dinero:** algo que no se les puede negar es su capacidad de acción y de trabajo, pero son un tanto desordenadas; deben evaluarse en este sentido porque ello les puede hacer perder su enorme carisma: (su mayor riqueza).

**En el amor:** entiendan que un gran sentimiento merece ser bien correspondido.

Dividido en dos, su primera frase, "SEL", quiere decir AHUYEN-TAR con la PALABRA y su segunda sílaba, "VA", simboliza lo que para ellas debe ser lo más importante: "LA CORDURA".

Este mantra a la inversa se lee "AVLES", frase que no tiene sentido pero representa la LIBERTAD y el INFINITO; esto significa que si ellas lograran liberarse de las cadenas del dolor podrían encontrar la clave de la felicidad con la plena convicción de que en el mundo hay muchas más cosas para ellas.

*Su letra del éxito y la prosperidad es la V y la de su ADN es la S.*

# *Sergio*

Hombres muy dulces, intuitivos, serviciales y políticos; tienen muy desarrollada la visión humana y la curiosidad, que les aumenta la sensibilidad, además de un coeficiente intelectual altamente desarrollado. Como características negativas están su Ego y su soberbia, aunque en muy pocas ocasiones lo manifiestan, porque la verdad es que sus condiciones favorables son mayores. No son muy procreadores, vienen de familias pequeñas y crean familias pequeñas; se desarrollan en el ámbito empresarial con mucho éxito hasta que deciden independizarse, he ahí donde su lucha se torna dura, pero en el momento en que hallan la estabilidad nuevamente se proyectan hacia las alturas; les diré dónde se halla este secreto: a estos hombres les gusta crear, proyectar, pero deben encontrar a alguien que les ayude a pensar y sobre todo que les fortalezca afectivamente. Son muy independientes de la familia, además de que las circunstancias de vida les obligan a ello, están dentro del grupo de los excesivamente protegidos y son otros más del género masculino que tienen el lado femenino muy desarrollado, es por eso que sus relaciones con nosotras tienen tanto éxito, más que todo en la amistad.

**En la salud:** sufren mucho de problemas gástricos pero todos estos síntomas son psicosomáticos; además de la propensión a sufrir problemas en la dentadura.

**En el dinero:** pueden caer hasta el fondo, aunque cuando salen a la superficie se convierten en estrellas, por eso jamás deberán perder la fe.

**En el amor:** algo que les favorece es que son muy buenos amantes, nobles y tiernos pero, al mismo tiempo, son dependientes y sobreprotegidos; un consejo: no sean tan débiles en el amor, porque se crea la manipulación.

Dividido en dos, su primera frase, SER, representa la IDENTIDAD y el BIENESTAR del ALMA y su segunda frase, GIO, es sinónimo de CONSEJERO.

Este mantra a la inversa se lee OIGRES y representa a un Emperador.

*Su letra del éxito y la prosperidad es la S y la de su ADN es la S.*

## Shirley

Sería excelente que cuidaran su palabra, su mayor encanto y la energía que emanan; también es prudente que venzan un pequeño inconveniente: el mal carácter y la agresividad; la bondad será la llave que les abra la puerta del destino. Su estructura emocional está basada en los afectos, por ello deben evitar ser perturbadas psicosomáticamente por conflictos que podrían afectar la unión con el el hombre que elijan. Ellas pueden ser mujeres muy destacadas en la vida social y en el ámbito político pero, reitero, necesitan ser tratadas con amor y con respeto.

**En la salud:** todas sus enfermedades emocionales pueden convertirse en físicas, no olviden que aun con algunos traumas de la niñez sus grandes penas están en sus relaciones afectivas.

**En el dinero:** también se pueden destacar dentro de la ciencia, las matemáticas, la química y las humanidades.

**En el amor:** pierdan el miedo al recuerdo de la madre ya que ello les está creando temor a sí mismas; los traumas familiares las pueden convertir en personas con muchos vacíos.

Dividido en dos, su primera frase, SHIR, encarna a un GRAN SEÑOR y a la NOBLEZA y la frase LEY simboliza los MANDAMIENTOS.

Este mantra a la inversa se lee "YELRIHS", que significa MUJER de MUCHO VALOR.

*Su letra del éxito y la prosperidad es la Y y la de su ADN es la I.*

# Silvana Denisse

Las SILVANA DENISSE que he tenido la oportunidad de analizar son mujeres muy emocionales pero que tratan en lo posible de salir de dicha encrucijada. Como son apegadas a sus familias en sus primeros años de vida no encuentran un horizonte fijo; sin embrago, al pasar el tiempo van logrando desarrollar su personalidad dándose un lugar y mejores proyecciones, convirtiéndose en mujeres célebres e importantes; creen que son débiles pero no es así porque tienen un espíritu muy fuerte, lleno de fe y de amor en sus almas. Aunque no lo asimilen, manejan buena facilidad verbal y son lo que podríamos llamar un diamante en bruto; hay algo que también es muy cierto y es que las "SILVANA DENISSE" a nivel personal van adquiriendo la convicción de lo que necesitan para tener un buen desarrollo en el momento de formar sus hogares.

**En la salud:** es importante que no somaticen y aquí quiero ser muy clara: las enfermedades de estas mujeres las han creado sus mentes y sólo la felicidad podría quitarles todo tipo de síntomas psicosomáticos.

**En el dinero:** destacan en el ámbito empresarial, ejecutivo, pero no en el político, y si no son capaces de desarrollar su creatividad podrían quedarse toda la vida cumpliendo funciones dependientes.

**En el amor:** se podría decir que su búsqueda intensa es lo que más las afecta, pero es en este sentimiento donde tendrán su mayor felicidad.

Dividido en sus dos frases, "Silvana" significa DICHA y AMOR. Denisse representa la PALABRA y la ACCIÓN.

Este mantra a la inversa se lee "ESSINED ANAVLIS", que evoca las CENIZAS al VIENTO.

*Su letra del éxito y la prosperidad es la S y la de su ADN es la doble S.*

## Silvia

Nombre que representa la esperanza y el despertar del individuo, estas mujeres son fantásticas en su apariencia física, vitalidad y capacidad de desarrollo intelectual. Se enredan mucho en cada cosa aun temiéndole a las críticas; sin embargo, tienen actos de mucha irresponsabilidad, lo paradójico es que ellas no lo toman de esa forma porque siempre encuentran una justificación para sus errores y aún más culpan a la situación u a otras personas de sus deficiencias; pero me sostengo en lo dicho, cuando se proponen ser buenas llegan lejos; dentro de este grupo de mujeres hay diversas manifestaciones de carácter y personalidades: algunas son muy extrovertidas, sólo les gusta la diversión, llamar constantemente la atención con su forma de vestir, de hablar y de actuar, otras quieren dar una apariencia de sensibilidad, nobleza, sencillez, delicadeza y buen comportamiento, las restantes son muy soñadoras, idealistas e ilusas; también estas últimas pertenecen al grupo de las irresponsables. Ellas tienen como atributo ser buenas e incondicionales como amigas; sin embargo, suelen alterarse cuando se las presiona y no soportan las críticas. Son inteligentes, competitivas y muy femeninas.

**En la salud:** deben cuidar su sistema circulatorio para que no sufran de    derrames cerebrales, infarto y parálisis faciales; también, cuidarse del cáncer de mama y problemas en los ojos.

**En el dinero:** en esta parte considero que ellas tienen su karma porque, siendo honesta, he analizado que muchas, aunque sean profesionales, tienen continuos fracasos económicos; por eso es aconsejable recomendarles que se fijen hacia dónde están dirigiendo sus vidas y dónde están poniendo sus sueños y esperanzas.

**En el amor:** no son muy afortunadas, la mayoría dirige una lucha constante por ser amada, querida y respetada; pero siendo honestas ellas son difíciles, conflictivas y desesperadas, en ocasiones lo que buscan de un hombre es el estatus o la seguridad física y emocional.

Dividido en dos, su primera sílaba, SIL, representa el SOLDADO y su frase VÍA representa los ORIENTADORES y GUÍAS.

Este nombre a la inversa se lee AÍVLIS, que significa VIDA, CÁLIZ y FE.

*Sus claves del éxito y la prosperidad son las dos I. La clave de su ADN es la L.*

# *Sonia*

Es un nombre que tiene el sonido de la petición, además de ser muy especial y representativo, da la sensación de que siempre están necesitando que las ayuden para no quedarse solas, que todos estén a su alrededor aconsejándolas y apoyándolas, ya que son las más susceptibles del género femenino; tienen un problema, que no escuchan los consejos de su alma, tomándose todas las situaciones muy a pecho.

**En la salud:** tienen problemas psicosomáticos, son compulsivas y depresivas, esto a raíz de que ponen muchas expectativas en sus ilusiones y en los demás. Les aconsejo mucho el deporte, el movimiento constante, para que su cuerpo tenga más agilidad y puedan evitar tensiones, lesiones en los tendones y retención de líquidos.

**En el dinero:** de estas mujeres la que no logre conseguir la prosperidad que no se preocupe, que tarde o temprano, en cualquier momento, una chispa de lucidez se la dará.

**En el amor:** son afortunadas y en su mayoría terminan casadas, pero en algunas ocasiones no saben valorar lo que tienen o lo que les da; a pesar de que son buenas madres no conocen el amor y las que lo añoran lo ven muy lejos de alcanzar.

Este nombre, con la S adelante, nos muestra una gran capacidad para aconsejar, ayudando a solucionar fácilmente otros problemas; las defino como personas un poco solitarias, reflexivas y exigentes en el amor, tal vez por el temor de quedarse solas. La palabra SO significa: TRANQUILIDAD, PAZ, ARMONÍA y ESTABILIDAD; también significa VENIR DE UN LUGAR DESCONOCIDO. La palabra NIA simboliza el DESIERTO y el HOMBRE. Por lo tanto, SONIA es igual a la BÚSQUE-

DA DEL ORIGEN HUMANO; por eso deben tratar de encontrar sus propias respuestas, alimentando su sabiduría.

Este mantra a la inversa se lee AINOS, que representa el PENSAMIENTO.

*Su clave del éxito y de la prosperidad es la sílaba SO. La letra de su ADN es la I.*

Nombres con la inicial

# Tatiana

Me gustaría darles una buena noticia a las mujeres que llevan este nombre para que jamás se desanimen nuevamente, porque en medio del mismo tiene la luz que les ilumina el camino, representada en la sílaba TI, que no las deja ni las dejará desfallecer; esto significa que nacieron para tener el control de sus mentes, de sus vidas y darle una buena guía a sus progenie, que por lo general traen a temprana edad. Tienen tres casas espirituales representadas en la A, pero ninguna de las tres ha sido aún abierta por la mayoría, o sea, que es algo así como ir, descubrir y abrir un sarcófago. Esta es mi sugerencia para ellas: que abran el alma y se miren por dentro, dejando que las personas las conozcan pero que se conozcan primero a sí mismas.

**En la salud:** deben evitar los nervios que son sinónimo de ansiedad, la envidia y los resentimientos para que no les afecte el hígado, la matriz, ovarios y las mamas.

**En el dinero:** lo único que ellas necesitan hacer es ponerle sentido y empeño a las cosas, valorar más su vida y seguir inventando, creando y proyectándose al futuro, como es el deseo de un buen grupo de estas mujeres.

**En el amor:** ellas no tienen por qué llorar, deprimirse o sentirse solas ya que se encuentran dentro de las privilegiadas del género, debido a que sus familias son numerosas, amorosas, inteligentes, con ángeles por dondequiera que vayan, igualmente tienen el amor de sus esposos e hijos.

Cuando se divide este nombre en dos su primera frase, TATI, no nos está mostrando un significado real, pero irremediablemente lo que sí muestra es que estas mujeres tras una separación no se quedarán solas, el amor llegará representado en el mismo o en otro ser; su frase ANA está haciendo alusión a una palabra legendaria que significa AVEN-TURA, ALUCINACIÓN y DERROTA.

Este nombre a la inversa se lee ANAITAT y tampoco tiene sentido pero sigue mostrando la capacidad de amar que ellas tienen y esto nos da a entender que para ellas entregar el amor no es ningún problema, siempre y cuando lo quieran.

*Su clave del éxito y la prosperidad es la sílaba TI. La letra de su ADN es la A.*

## Teresa

Es el nombre de uno de los grupos de las mujeres más desafiantes y aguerridas de nuestro género. Tienen la cualidad de fijarse en todo, les gusta organizar sus hogares, son ingeniosas, con capacidad para las manualidades; siendo además mujeres a las que más familia les encanta tener. También son simpáticas, buenas, conversadoras, hacen tertulia; sólo que a veces hablan más de la cuenta y aunque no manejan un concepto claro de vida viven felices con la suya, eso es lo más increíble en ellas; las dos E encerrando la R representan sus momentos agresivos cuando están tristes y deprimidas, he ahí donde exageran un poco; también les gusta la abundancia económica, afectiva etc. Son el espejo de sus madres, por eso mantienen mucho conflictos con ellas. Otra parte interesante es que promueven el machismo, al proteger excesivamente a los hombres y ser demasiado exigentes con las demás mujeres.

**En la salud:** cuiden su cuerpo, visiten al especialista, no deberían auto medicarse con remedios caseros; también les aconsejo cuidar los intestinos, la vejiga y el hígado.

**En el dinero:** a la hora de desempeñar actividades laborales tratan de conservar siempre su puesto de trabajo; generalmente son las más limpias en esta acción, además de organizadas y dedicadas, pero las de nuestra generación actual desafían en algunas oportunidades a sus jefes y compañeros porque les encanta llevar la contraria.

**En el amor:** se identifican por amar demasiado pero no son correspondidas, deben huir de la dependencia.

Dividido en dos, su primera sílaba, ER, es un DECRETO SAGRADO, debido a que hay una parte de ellas que se dedica solamente a la vida espiritual; su pureza y grandeza de alma es tan amplia que se convierten en santas; el término TER tiene tres letras muy importantes en esta definición: la T simboliza el SER HUMANO, la E es la SÚPLICA DIVINA. La sílaba SA representa la INICIACIÓN. Por consiguiente el nombre TERESA es igual a ILUMINADA.

Este mantra a la inversa se lee ASERET y es igual a DESTINO y ORACIÓN.

*Su clave del éxito y la prosperidad es la frase TER y la letra de su ADN es la E.*

# *Tobías*

Otro nombre universal y sagrado, además tiene el símbolo de la procreación; los TOBÍAS son seres demasiado conservadores, padres muy
exigentes a quienes generalmente les encantan los hijos varones y mantienen una excelente relación con los mayores; a ellos les gusta más el
campo, la actividad de la venta y las mujeres caseras y hacendosas. En
algunas ocasiones tienen actitudes lunáticas por su grado de exigencia y
por las reglas que imponen en sus hogares; son aferrados a las madres y
a las tradiciones familiares, no desamparan a nadie pero hay una proporción de ellos que le hace la vida imposible a toda la familia.

Los hijos se quejan constantemente por la forma de ser de este
padre y los compañeros de trabajo expresan que los TOBÍAS son
muy buenos pero problemáticos; sin embargo, las personas fuera
de su casa los aceptan porque son honrados, honorables, leales y en
sus familias les respetan porque, a pesar de sus pequeñas salidas en
falso, inspiran esos mismos valores.

**En la salud:** desde muy pequeños sufren de accidentes con armas
corto- punzantes debido a un instinto autodestructivo; sin embargo, de
lo que más se deben cuidar es de las úlceras, también de la próstata e
igualmente los pulmones.

**En el dinero:** las antiguas generaciones no resaltaban por ser muy
competitivas, pero los actuales son los que tienen la oportunidad de iniciar
grandes proyectos económicos ya que vienen con mucha creatividad.

**En el amor:** su problema es que son muy exigentes, tanto en el de
parejas, hijos, familiares como de amigos. Aprendan a amar con humildad.

Dividido en dos, también tiene un símbolo de espiritualidad y es porque los TOBÍAS provienen de una antigua generación dedicada a la ORACIÓN y al CRISTIANISMO.

La frase TO significa LEAL en este nombre, la frase BÍAS encarna a ELLAS y a sus HIJOS, esto es igual a SALVAR LA GENERACIÓN.

El anuncio que les quiero dar es que pueden ayudar a los demás a cumplir su proceso evolutivo con mucho éxito ya que su misión es el conocimiento para ayudar y guiar.

Este mantra a la inversa se lee SAIBOT, es turco y también se encuentra en la escritura Romana, ya que sus almas son antiquísimas.

No representa un ser humano sino que representa un LUGAR y una PROFECÍA.

*Su clave del éxito y la prosperidad es la frase BÍAS y la letra de su ADN es la B.*

## Tomás

Aparentemente, las personas que llevan este nombre tienen una sensación de cansancio porque dentro de él hay una letra que unida a la T forma el símbolo del HOMBRE y el CONOCIMIENTO; sin embargo, la letra T como ya lo sabemos, es la representación humana y también la simbología de la CRUZ y el DOLOR. En la composición de sus letras, en este decreto se encuentra igualmente el origen del HOMBRE teniendo la forma de la vida y la muerte. Es por ellos que los seres llamados TOMÁS tienen un destino tan marcado; no les extrañe que aunque no logren mucha prosperidad sí posean una profunda nobleza que los convierta en ocasiones en mártires. Esa es mi opinión acerca de ellos y son las consecuencias que pueden traer el no querer comprender o no querer conocer quiénes somos o a qué vinimos; si aceptáramos esta verdad comprenderíamos lo que es ser verdaderos hijos de DIOS, ahorrándonos sufrimientos y evitando la equivocación. Esto es precisamente lo que les sucede a ellos y al resto de la humanidad.

Cuando se divide el nombre en dos partes, su frase TO significa EN-TREGA TOTAL y la frase MÁS quiere decir REGALAR y ENTREGAR; pero a nivel espiritual la T y la O se conjugan para hablar de un SER UNIVERSAL y la frase MÁS es igual a SERVIR; por lo tanto TOMÁS es un GUÍA ESPIRITUAL.

**En la salud**: es prudente que cuiden su próstata, los pulmones por el tabaquismo y el hígado por el alcoholismo.

**En el dinero:** los que son más trabajadores tienen un negocio o un empleo y los creativos se dedican a desarrollar su propia actividad dentro de lo artístico y la manufactura, siendo muy pocos los que se convierten en destacados hombres de empresas, en escritores, investigadores o políticos importantes, aunque los que llegan a esta posición son realmente notables porque desarrollan todas sus posibilidades.

**En el amor:** el concepto de este nombre pertenece a hombres que trabajan con mucho amor, tienen hijos maravillosos, hogares firmes, aunque en su mayoría no son muy felices, porque se pierden en un mundo de tranquilidad y relajamiento, convencidos que todo les llegará como por arte de magia.

El mantra a la inversa se lee SAMOT y no tiene ningún significado real; no obstante la definición que dan la T y la O es de PUREZA Y

## SANTIDAD.

*Su clave del éxito y la prosperidad es la frase TO y la letra de su ADN es la O.*

Nombres con la inicial

# $\mathcal{U}lises$

Otro lindo nombre del género masculino, porque tiene una gran ternura y un conocimiento extremo que les convierte si quisieran en hombres insignes. No obstante, esta teoría puede venirse abajo cuando el nombre no se escribe correctamente y genera un significado malo. Mostraría así que en algunos de ellos existe la deslealtad, tal vez sea el motivo por el cual los ULISES deben evolucionar rápidamente para evitarse sufrimientos y decepciones. La recomendación que les doy para alcanzar esta meta lo antes posible es que no dejen de amar a la gente, que su última opción antes y después de actuar de cualquier forma sea la COMPASIÓN y el AMOR. Las personas los admiran y los quieren, son inteligentes y tienen capacidad verbal, pueden desarrollarse en cualquier empresa o actividad, son estratégicos, buenos investigadores, comerciantes y también excelentes diseñadores, pero en muchas ocasiones no se fijan en lo que hacen por querer satisfacer sus intereses, lo cual les crea malas interpretaciones en los demás. Son soberbios, un tanto narcisistas y en el hogar no permiten que las mujeres traspasen el umbral de sus sentimientos. Para ellos los hijos tienen el sentido de la vida pero no saben si son capaces de dar su vida por ellos.

**En la salud:** es importante que se cuiden de las parálisis faciales y de las extrañas enfermedades contraídas por químicos o por contagios.

**En el dinero:** pueden llegar a ser los primeros o segundos de las empresas, los asistentes, etc. siempre que se mantengan al lado de los más grandes.

**En el amor:** quiero recordarles que este sentimiento es el tesoro más preciado que tenemos, por favor no lo ofrezcan con soberbia.

Dividido en dos, su frase ULI representa las UTILIDADES y su frase SES quiere decir PRESTANCIA o SEÑORÍO; por lo tanto, este nombre es igual a GUERRERO, CUPIDO y CASANOVA.

Este mantra a la inversa se lee SESILU, que quiere decir COMPAÑERO o ASESOR DEL REY.

*Su clave del éxito y la prosperidad es la frase SES que simboliza el AZAR y AZARES. La letra de su ADN es la U.*

## *Uriel*

Su gran ventaja es el comienzo con la letra U y la desventaja son la R e I; su terminación "EL", como ya sabemos, significa ENVIADO DE DIOS. El nombre URIEL pertenece a los seres con mayor misticismo y sensibilidad del género masculino, aunque tengan como karma el dinero, porque es claro que se revelan ante la pobreza, ya que no saben manejar las necesidades. Tenemos el ejemplo de que les gusta ayudar a sus familias porque no se permiten verlas con problemas económicos o existenciales, pero no lo hacen solos, involucran hasta al más pequeño de la familia en el trabajo y las expectativas de vida. Las mujeres que se unan a ellos por este motivo serán muy afortunadas, por el afectivo nunca los entenderían ni conocerán realmente tal y como son. Tienen la cualidad de conseguir lo que quieren pero son muy ingenuos, además son valientes y cuando les toca defender lo suyo se convierten en fieras; por eso no les extrañe que hasta los Ángeles lleven este nombre. Además están en el grupo de hombres cuya fe ayudará a la humanidad para despertar el alma, por eso a los Uriel la vida les tiene un lugar reservado.

**En la salud:** otro de los grupos con tendencia a la obesidad, a los conflictos psicológicos, a la inestabilidad, problemas de próstata y en sus extremidades superiores.

**En el dinero:** pongámoslo de esta forma, ellos son Ángeles cuyo único motivo de estar en la tierra es venir a evolucionar por la ambición.

**En el amor:** en este aspecto son universales; mujeres, ¿saben ustedes lo que quiere decir esto?

Dividido en dos, su primera sílaba, URI, personifica ELEVAR LA CONSCIENCIA, también GUARDIANES del MUNDO; su segunda sílaba EL ENVIADO de DIOS. Por lo tanto URIEL es igual a GUÍA GUARDIÁN e ILUMINADO.

Este mantra a la inversa se lee LEIRU, representa a un SER salido de la LUZ.

*Su letra del éxito y la prosperidad es la U y la de su ADN es la L.*

# Úrsula

En este nombre se conjuga el símbolo de la libertad que es la letra R y la U que representa el poder. Me gustaría preguntarle a alguna de estas mujeres si es que el dinero les dura en las manos, ya que la R y la U unidas están diciendo que éste se les escapa. Sin embargo, todo el mundo podría decir y pensar que ellas lo tienen por montones ya que en apariencia parecieran tener mucha riqueza; a la mayoría no les gusta la pobreza y mucho menos que se les quite lo que poseen; son las mujeres más duras y difíciles de nuestro género y sería una bendición encontrarse con alguna tierna y dulce, aquí sí cabe la expresión: ¡cómo engañan las apariencias! Aunque no todas son personas de bajos recursos.

**En la salud:** hay algo que les podría traer muchos males si no se cuidan: el resentimiento y la culpa

**En el dinero:** he aquí su mayor virtud, si no la aprovechan otros sí lo harán.

**En el amor**: no se den el lujo de amar con odio y angustia.

Dividido en dos, su primera sílaba, UR, quiere decir AHUYENTAR y su frase SULA encarna a las SOLTERONAS; por lo tanto URSULA es igual a SOLEDAD y si en alguna oportunidad estas mujeres realmente llegaran a quedarse solas deben saber que ellas lo han elegido así, ya que son como una cápsula de gas, que si se abre sin precaución podría explotar. La buena noticia que les daré es que tienen el símbolo de la riqueza en el comienzo de su nombre.

Este mantra a la inversa se lee ALUSRU que representa la RIQUE-ZA, la SOLEDAD y la LLAVE de su FELICIDAD, la cual encontrarán venciendo al egoísmo.

*Su letra del éxito y la prosperidad es la U y la de su ADN es la A.*

Nombres con la inicial

# *Valentina*

Nombre que significa GUERRERA; la explicación a esta deducción es muy sencilla: como todos sabemos, la V es el símbolo del TRIUNFO, la A significa el reflejo de su propio ser; quiere decir que estos seres humanos sólo hacen lo que está en su imaginación; en muy pocas ocasiones obedecen a los demás y es porque no les gusta ser retadas; pero donde se detiene su camino es en la L, letra que ya sabemos representa los obstáculos; por lo tanto, tendrán que luchar muy fuerte para vencerlos, sobre todo a sus oponentes en cualquier actividad. Las VALENTINA cuando no pueden alcanzar las metas propuestas caen en estado de tristeza y es ahí que comienzan a dejar todo lo que han iniciado; por ello les recomiendo el valor, debido a que entre la T y la I están conspirando para que obtengan reconocimientos por sus actos y esfuerzos, ya que ambas letras representan la ayuda espiritual. Generalmente son buenas estudiantes, también poseen un alto coeficiente intelectual, son activas y atractivas. Las que son mayores a pesar de su nobleza tienden a ser muy críticas, también son muy procreadoras. Les gusta estar rodeada de sus primos, tíos, abuelos, etc. Carismáticas, alegres, simpáticas, gozan de la amistad y cariño de casi todas las personas.

**En la salud:** les recomiendo tener cuidado con el sentimiento de culpa que podría terminar en un sometimiento y desencadenar una enfermedad en el vientre, unida a dolores de cabeza continuos.

**En el dinero:** he aquí donde tienen toda su energía ya que no habrá nada que ellas no aprendan. El derecho, la economía y todo aquello que tenga que ver con el mundo empresarial les ayudará a vencer.

**En el amor:** si quieren saber cuáles son las claves de su desventura en este sentimiento les diré que son la dependencia y la culpa.

Dividido en dos, su primera frase, VALEN, significa ALIENTO y VICTORIA; su segunda frase, TINA, es una lucha entre el ENGAÑO, la MENTIRA y la AUDACIA. Por consiguiente VALENTINA es igual a HONESTIDAD; ésta es mi recomendación para ellas, ya que si se llegara a romper esta regla de la espiritualidad su camino iría en descenso.

Es un mantra que a la inversa se lee ANITNELAV, que representa las CENIZAS, también significa HOMBRE NEGRO o AFRICANO.

*Su letra del éxito y la prosperidad es la V y la de su ADN es la N.*

# Vanessa

Son mujeres que necesitan muchísimo afecto, manejan una total confusión mental en este tema; su historia vital tiene muchas palabras, no bastaría con simples monólogos para que todo se aclare e igual su destino; esto las hace volubles, de carácter incontrolable y sumamente protectoras, porque necesitan aparentar valentía. Lo mejor de todo es que tienen mucha inteligencia, ello les ayuda en el proceder de sus vidas; se comportan libremente, son sencillas pero llenas de temores; para ellas el padre es un constante espejo, lo admiran y lo respetan pero a la vez tienen muchos resentimientos y en algunos casos autoestima baja. Sus mayores virtudes son la nobleza, la fe y la constancia.

**En la salud:** les aconsejo que cuiden la piel, el bazo, los intestinos y que ataquen a los parásitos.

**En el dinero:** trabajen muy fuerte, la proyección empresarial a nivel independiente les traerá grandes beneficios; también quiero contarles que tienen la capacidad de encontrar fácilmente el oro y la riqueza.

**En el amor:** algunas aman con un estilo propio pero desafiante, además de que juegan y no valoran el sentimiento y es porque tienen grandes traumas; su fin con este proceder es no permitirse amar ni ser amadas. Hay otro grupo al que le falta feminidad, este grupo es totalmente indiferente ante el amor del varón.

Dividido en dos, su primera frase, VANE, simboliza la MUJER EXHIBICIONISTA y su segunda sílaba, SSA, representa la mujer con GRAN PODER en la PALABRA y GRAN PODER para MENTIR y JUZGAR.

Este mantra a la inversa se lee "ASSENAV", que significa MUJER del ALBA y MUJER de PALABRA.

*Su letra del éxito y la prosperidad es la V y la de su ADN es la S.*

## Vicente

Este nombre personifica al ingenuo, culto y respetuoso, aunque tienen esencia machista por la fuerza que hace la T, la cual les hace exigentes, pero realmente son muy juguetones, alegres y algunos de sus portadores disfrutan las diversiones, el licor. el juego, las cartas y el billar en los momentos de ocio; sin embargo, otros no quieren saber más que del trabajo. Su amargura debido a la lucha diaria provoca que los que tienen altos cargos ejecutivos convierten a los subalternos en víctimas.

Se desempeñan en cualquier papel, tanto en sus vidas como una labor muy importante, pero siempre diferente y aparentemente son hombres admirables y respetables.

**En la salud:** sus mayores afecciones son los problemas bioquímicos, el hígado y la próstata.

**En el dinero:** la mayoría tiene grandes oportunidades en la vida, por lo que no sería prudente que las dejaran pasar.

**En el amor:** es donde sus parejas les acompañan para siempre, porque ellos son fáciles de entender, y los que se queden solos será debido a su actitud extremista y terca, que en este nombre es escaso pero los hay.

Al dividir este nombre en dos, su primera frase, VIC, significa OB-SERVAR el CAMINO y su segunda frase, ENTE, quiere decir FÁCIL de MANEJAR o MANIPULAR. Por tanto deben aprender a no confiar porque mientras ellos lo hacen todo bien otros se pueden aprovechar de su buena fe.

Es un mantra que a la inversa se lee ETNECIV y simboliza los CEN-TENARIOS y el TIEMPO.

*Su letra clave del éxito y la prosperidad es la frase VIC y la letra de su ADN es la E.*

# *Víctor*

En este nombre hay muchos significados pero el más relevante está vinculado con los LOGROS. Sin embargo, hay ciertos aspectos que deben tener en cuenta cuando se pregunten por qué la vida no está tomando el rumbo ideal y es que cuando pronunciamos el decreto VÍCTOR nos encontramos con la letra C creándoles un obstáculo; esto quiere decir que no son muy afortunados con su palabra y que cualquier cosa que ellos digan puede ser utilizada en su contra o para agredir a los demás. Es posible que lo indicado sea una virtud para algunos, por ejemplo, si se quiere ser periodista, abogado, conferenciante, y tengan la plena seguridad de que se convertirían en triunfadores, así como creativos y artistas. Sus mayores conflictos emocionales son: el carácter, quererse dar una buena vida sin tener los medios necesarios y la infidelidad.

**En la salud:** sus principales afecciones son la presión arterial alta, los bloqueos inesperados en el funcionamiento físico y amnesia parcial.

**En el dinero:** pueden llegar a cambiar su estatus de vida de un momento a otro, porque en pequeñas o grandes cantidades la fortuna les llega.

**En el amor:** cambian fácilmente de pareja, pero llegan a tener grandes mujeres.

Dividido en dos, su frase VIC significa VENCER y su frase TOR quiere decir ARRASAR y ACUMULAR TESOROS. Por lo tanto, VÍCTOR es igual a la FUERZA del TRIUNFO, que es precisamente lo que deberán empezar a aplicar en adelante. Es un mantra que a la inversa se lee ROTCIV y representa las TORMENTAS, los TORBELLINOS y los HURACANES.

*Sus claves del éxito y la prosperidad son la O y la R y la de su ADN es la T.*

## Viviana

Estas mujeres son muy diversas y al final terminamos tratando de comprenderlas sin lograr el objetivo. Buscadoras incansables del amor, cuando lo encuentran se aferran a él como si fuera su única tabla de salvación; lo paradójico de todo es que debería ser uno de los nombres más importantes del género femenino, por dos grandes detalles que tiene al final y que resultan ser el patrimonio más grande que cualquier nombre pueda tener: las VIVIANA podrían ser casi inmortales o no tener jamás problemas de salud, también ser las más exitosas, prácticamente las que no perderían ninguna batalla; pero incomprensiblemente han dejado escapar su productividad por meterse dentro de un mundo de conflictos y terquedad, porque algunas son insoportables en este aspecto y hablo de todos los sentidos de su vida. Pero no nos alarmemos porque tarde o temprano tendrán claridad y lograrán salir de su encierro mental.

**En la salud:** hay dos cosas muy sobresalientes en ellas, la primera es que pueden tener graves problemas psicológicos hereditarios y la segunda, tienen dificultades para la procreación.

**En el dinero:** están divididas en dos grupos: las que todo lo pueden y todo lo logran y las que aún están dando vueltas en su pesimismo.

**En el amor:** este sentimiento es clave para que puedan descifrar sus códigos mentales, una vez lo hallen serán felices porque todo les será más claro.

Dividido en dos, su primera frase, VIVI, es un HOMENAJE A LA VIDA, también a la CAPACIDAD e INTELIGENCIA y su frase ANA representa LÁGRIMAS y SUFRIMIENTO. Por lo tanto, el nombre VIVIANA es igual a DESPERTAR a la CONCIENCIA y al ESPÍRITU; ésta es mi recomendación para ellas y aunque casi siempre quieren saberlo todo habrá quien las gane en competencia y a su vez quien las trate de imitar.

Es un mantra que a la inversa se lee ANAIVIV, palabra árabe que quiere decir AMOR MÍO.

*Sus claves del éxito y la prosperidad son la V y la I. La letra de su ADN es la V.*

Nombres con la inicial

# *Walter*

Representa a personas que no saben manejar sus expectativas, pareciera ser más grande el nombre que los sueños y más grandes los sueños que los logros; esto se debe a que son muy pocos los que llegan al reconocimiento y además viven mucho de sus ideales, que en su mayoría ellos inventan porque no tienen la fuerza suficiente para entender cuál es el camino que les llevaría a alcanzarlos; es posible que el motivo sea que no tienen un campo de acción y cuando comienzan una actividad no terminan de desarrollarla por completo. Hay algunos notables que llevan este nombre y lo que más les ayudó fue trazarse un plan de vida claro, emprendiendo sus sueños con el valor y sin dejarse convencer de lo contrario. WALTER tiene dos ventajas: la primera es su letra inicial y la segunda su terminación ER, porque no olvidemos que éste es un decreto espiritual y un llamado a la plegaria, eso podría ser la explicación de su actitud.

**En la salud:** sus mayores dolencias se relacionan con los riñones, los bronquios, acompañados de tos constante y flema, la gastritis y los intestinos.

**En el dinero:** pueden quedarse trabajando como dependientes, por eso es importante que los de la nueva generación se superen cada día más; sin embargo, los que se convierten en empresarios llegan a tener dinero en cantidad.

**En el amor:** aquí son obsesivos compulsivos, por ende, cometen muchos errores.

Dividido en dos, su primera frase, WAL, representa la la DUALIDAD y la PALABRA DIVINA; la terminación TER representa el FINAL y también simboliza a un TEMERARIO; por esto, WALTER es igual a VENCERSE A SÍ MISMO.

Este mantra a la inversa se lee RETLAW, que habla de TEMPERA-TURA y CAPACIDAD. Para producir un cambio en su mentalidad sería bueno que actuaran según la necesidad y el riesgo.

*Su letra del éxito y la prosperidad es la W y la de su ADN es la T.*

## Wanda

Esta mujeres tienen alma de niñas, esto explica su comportamiento un poco infantil, pero lo mejor de ellas es que representan a la nueva generación, convirtiéndose en el símbolo de las MUJERES que siempre están a la vanguardia y como no tienen letras que les obstaculicen el camino esto es un éxito asegurado. Sin embargo, lo que sí podría impedirles la superación, de todas maneras, son los problemas personales, como, por ejemplo, las depresiones, los problemas familiares, la rebeldía, la desmotivación y la falta de amor propio; las que lleguen a superar esto se pueden convertir en mitos en la historia, o en su historia familiar, ya que tienen más talentos desarrollados que dos o tres personas juntas.

**En la salud:** hay que destacar los problemas psicológicos anteriormente nombrados; sus mayores dolencias físicas son los problemas de la piel, asma, anemias y endometriosis.

**En el dinero:** les falta desarrollar más una sana competencia para no dejar sus talentos tirados; la responsabilidad es su mayor búsqueda.

**En el amor:** lo disfrutan de mucha gente pero lo más importante es que se amen más a sí mismas; la pareja vendrá cuando ellas dejen de buscar.

Dividido en dos, su primera frase, WAN, quiere decir GUARDAR TESOROS y su segunda sílaba, DA, representa las RIQUEZAS ES-CONDIDAS; en la unión W- A, seguida de la N, hay un mensaje y es que el amor está en ellas mismas porque su mayor fortuna son LOS SEN-TIMIENTOS. Éste es el secreto para que sean felices.

Este mantra a la inversa se lee ADNAW y representa un MITO o PROFECÍA.

*Su clave del éxito y la prosperidad es la A-N y la letra de su ADN es la D.*

## *Wendy Jacqueline*

Éste es un lindo nombre, puesto que cuando ellas llegan a la edad adulta jamás dejan de ser niñas. Pero definitivamente no es un nombre del que se pueda esperar una mujer de mucha acción, pero sí de mucho carácter; hay una gran diferencia en este sentido. Otra situación es cuando ellas se quieren enfrentar abierta y directamente a sus mayores o superiores, esto es sobre todo cuando sienten que se les está impidiendo la libertad de decidir, he ahí donde se expresan con velocidad y ferocidad. Son rebeldes, maliciosas, deben vivir y trabajar con honestidad y en el ámbito familiar ojalá tengan mucha paciencia, sobre todo con los padres.

La combinación del nombre WENDY JACQUELINE produce, provoca una fuerte intensidad porque estamos hablando de un ser que podría tener dificultades en su identidad. Sería bueno estudiar la forma de ayudarles a explotar la U que tienen en medio del nombre Jacqueline, para que desarrollen más firmeza y convicción en sí mismas. Y a las más adultas, recordarles que sus mayores talentos están en los números, en la actuación y en la palabra. Son críticas y a la vez defensoras, el derecho sería una buena opción en cuanto a las actividades profesionales.

**En la salud:** es prudente que aprendan a cuidarse desde muy temprana edad para evitar complicaciones más adelante, sufren por lo demás de enfermedades leves.

**En el dinero:** tienen un karma en este aspecto, así que lo que más les puedo aconsejar es que no paren de luchar porque en el momento que se detengan lo que hayan construido se les acabará.

**En el amor:** hay mucha sutileza y sensibilidad, se enamoran fácilmente y sin responsabilidad.

Dividido en sus dos frases, WENDY JACQUELINE representa los JUEGOS de AZAR y la MUJER de la NOCHE.

Este mantra escrito a la inversa se lee ENILEUQCAJ YDNEW, que significa MENTE, PODER, RIQUEZA y ENFERMEDAD.

*Su letra del éxito y la prosperidad es la W y la de su ADN es la J.*

# Willam

Casi todos los nombres que comienzan por esta letra tienen las siguientes ventajas: la primera es que representan el equilibrio espiritual, la segunda, la conexión con el universo y la tercera, la riqueza del alma; es difícil encontrar a un Willam, Wilson, Walter en la absoluta pobreza ya que este letra W es la mejor que tiene nuestro abecedario, porque simboliza a un TODO. También se encuentra en el nombre Willam la letra de la inteligencia, representada en la I; sin embargo, el obstáculo que muestra en la L juega un papel muy importante, aunque no lo creamos, ya que es el de la consciencia inteligente. Lo anterior nos muestra que pueden llegar a tener el mejor mantra del género masculino y podrían tenerlo todo en la vida porque cada uno de los signos que componen su nombre nos enseñan la GRANDEZA, así que los que no han hecho historia pueden empezar desde ahora, sobre todo con el desarrollo de su riqueza espiritual, no permitan que la autocompasión se convierta en un obstáculo y encaminen su visión de vida hacia un extraordinario futuro.

**En la salud:** ellos son solidarios pero se llenan de compromisos emocionales y luego de rabia porque se aprovechan de ellos; también son propensos a la obesidad y al colesterol, aunque estas afecciones no llegan a ser tan importantes ya que su salud en términos generales es buena.

**En el dinero:** es aquí que reflejan una excelente condición, sobre todo en la creatividad y el desarrollo empresarial.

**En el amor:** lo más importante es que no tengan la mente confundida, que sepan a quién y cómo quieren darlo y que mucho menos se dejen manipular por el qué dirán.

Dividido en dos, su primera frase, Will, significa DOS o DOBLE, su segunda frase, AM, representa un REY INGLES, también un ser IN-VENCIBLE. Por lo tanto Willam es igual a DOBLEMENTE VENCE-DOR, así que caigan y levántense cuantas veces quieran, que jamás serán derrotados.

Este mantra a la inversa se lee MALLIW y significa ALIADO, PA-LABRA MÁGICA y MÍSTICA.

*Su letra del éxito y la prosperidad es la W y la de su ADN es la L.*

Nombres con la inicial

# Ximena

Quiero decirles algo con un fin muy importante: la primera letra de su nombre les está mostrando muchos aspectos negativos y es posible que sean detalles del interior de todo ser humano, pero que debemos comenzar a vencer. Analizándola veremos lo siguiente: primero representa la cruz al revés o caída, si la cerramos en sus cuatro ángulos toma la forma de un cometa, esto significa que esta letra está trazando el camino de todos aquellos cuyo nombre comience con X. Las personas que la tienen son muy pocas y con sus mil y una representaciones muestran diferentes bases y expectativas en el ser humano. Les quiero dar estas sugerencias: no maltraten con la palabra ni con los actos, dense la oportunidad de que de sus almas salga la bendición del amor, no se sientan mártires y mucho menos se auto compadezcan, luchen, triunfen, porque cuando a la X se le da un leve giro está mostrando a una espada con la cual ellas podrían defenderse y luchar.

**En la salud:** se advierten quistes, miomas y tumores, dolores en las coyunturas y todo lo relacionado con el pecho, desde el sistema cardiaco hasta las mamas.

**En el dinero:** aquí tienen dos salidas: la de la proyección individual o la competencia desleal.

**En el amor:** procuren ser fieles y no exigir tanto a sus parejas, además no han nacido para estar solas.

Dividido en dos su primera sílaba, XI, quiere decir ESPERANZA en el MAESTRO y la frase MENA representa la DESILUCIÓN. Por lo tanto, es igual a BUSCAR UN MOTIVO DE FE y es que precisamente no se han dado cuenta de que la X les está dando la posibilidad de cambiar su vida, dándole un pequeño giro y logrando ver la diferencia entre lo que hacen y lo que ven.

Este mantra la inversa quiere decir LEVANTAR al MÁRTIR.

*Su letra del éxito y la prosperidad es la I y la de su ADN es la X.*

## Xiomara

Aunque el significado de la X es similar a lo descrito en el nombre precedenteles favorece muchísimo tener la O cerca e igualmente tener una frase al final que es un verdadero homenaje a la danza de la alegría: la terminación ARA; ésta es una palabra hindú y representa a todas las mujeres maravillosas en todos los aspectos de la vida, sobre todo porque, aun cargando la cruz más pesada o cayendo en los más profundos abismos, tienen el valor de sacar su bandera y erguirse altivas y exitosas; por eso no es fácil conocer sus problemas ya que los saben ocultar. Son alegres, recursivas, trabajadoras, inteligentes, románticas, soñadoras, libres, rebeldes y nobles; fuera de esto, son asimismo estrictas, por lo tanto jamás se les ocurra despertar lo que hay dormido en ellas, ya que es un monstruo cuya ira puede alcanzar hasta a los vecinos.

**En la salud:** son del grupo de mujeres propensas al cáncer y a las enfermedades de transmisión sexual. Deben cuidar mucho su médula ósea y sus ansiedades.

**En el dinero:** tienen un destello constante de la luz de la prosperidad y todo lo que toquen, dondequiera que vayan siempre encontrarán un buen terreno para lanzar sus semillas.

**En el amor:** aman con demasiada profundidad y lo mejor de todo es que son poco exigentes con sus parejas; otro aspecto muy positivo es que las que se quedan solas con sus hijos los convierten en grandes personalidades.

Dividido en dos, su primera sílaba, XIO, representa el RENACIMIEN-TO de DOS MUNDOS y la frase MARA quiere decir SEMBRAR para ALIMENTAR, por eso XIOMARA es igual a CREACIÓN.

Este mantra a la inversa se lee ARAMOIX, que significa NACIÓN y NACIMIENTO.

*Su clave del éxito y la prosperidad es la frase XIO. La letra de su ADN es la O.*

Nombres con la inicial

# Yolanda

Este nombre es maravilloso por su primer letra, pues, como ya es de conocimiento, la Y caracteriza a las personas que tienen gran valor para soportar cualquier cosa que se les venga en la vida y aun siendo muy prevenidas llegan a ser víctimas de extraños acontecimientos. Aparentemente son sensibles e intuitivas pero tienen la barrera de la inseguridad y esta situación las lleva a resentirse fácilmente con las personas, a despertar celos, perdiendo así la objetividad y la lealtad; aunque quieran ser perfeccionistas ellas mismas cometen muchos errores y su verdadera lucha es contra la soledad; lo extraño es que no han comprendido que esto es asi por su inestabilidad, insensibilidad y egoísmo. Así tengan el símbolo que representa a los mayores seres espirituales y nobles del mundo, la letra "Y", les es difícil encontrar su verdadero objetivo, el cual es APRENDER A DAR AMOR. Esperemos que con esta información comprendan el porqué de esta situación.

**En la salud:** también tienen tendencia a la obesidad, parálisis faciales y derrames cerebrales.

**En el dinero:** ésta es su mayor búsqueda, a veces se angustian y desesperan, pero cuando lo consiguen logran estar bien y son inalcanzables; por lo tanto, luchen.

**En el amor:** tienen mucha tendencia a la soledad, sobre todo por los abandonos, y sobra recordarles que ellas mismas lo eligen con su carácter.

Dividido en dos, su primera sílaba, YO, es la representación de la consciencia, el conocimiento espiritual y la divinidad, por lo tanto significa DIOS; por eso es importante que venzan el Ego fusionándolo con

# *Yolima*

**S**on, en algunos aspecto, muy similares a las YOLANDA pero donde hay una diferencia abismal es que las YOLIMA inflan su Ego, teniendo muchos problemas de autoestima; quieren ser poderosas y por eso a ninguna de ellas le gusta que se le impongan decisiones; sin embargo, la acción de convertirse en verdugos les puede causar en su vida situaciones muy desagradables, aún más para ellas mismas que para los demás. Cuando las personas sienten que ellas les están robando energía, inmediatamente se ponen a la defensiva y contraatacan convirtiéndose en sus grandes enemigos; por eso muchas de estas mujeres no tienen armonía en su diario vivir. La sílaba YO seguida de la sílaba LI simboliza a un LÍDER TERRENAL, INTELIGENTE y CAPAZ, por tanto cuando a ellas se las llama por su nombre se les está diciendo ¡OH PODEROSA! Ellas en su inconsciente lo saben, sacando a relucir su Ego, con el cual creen que lo manejan todo pero se engañan realmente porque no saben manejar ni su mente ni su conciencia; por eso están en una carrera desesperada y si no desarrollan el don de la humildad no realizarán el sueño de la felicidad.

**En la salud:** deben tener cuidado con las enfermedades de transmisión sexual; el estrés podría causarles problemas gastrointestinales. También son propensas al cáncer de hígado o de mama y dentro del aspecto psicológico, la depresión profunda y la paranoia.

**En el dinero:** como las YOLIMA tienen una lucha entre el bien y el mal muy marcada para conocer su riqueza material deberán primero conocer su alma.

**En el amor:** la tendencia es a la soledad y a luchar por los imposibles, pero en cualquier esquina podrán cruzarse con el amor.

Cuando se divide su nombre en dos, su primera frase, YOLY, significa SÓLO UNA o SÓLO UNO y la sílaba MA representa la MULTITUD; por consiguiente YOLIMA quiere decir SOLA entre la MULTITUD.

A la inversa se lee AMILOY, mantra que significa CRUELDAD.

*Su clave del éxito y la prosperidad es la sílaba YO y la letra de su ADN es la Y.*

## Yonny

Este nombre se distingue porque su sonido habla de un ser humano íntegro, el soneto YON-NY es un decreto de vida y conciencia, relativamente nuevo en la generación humana actual. Pueden ser grandes artistas o deportistas, administradores de empresas, pilotos, mecánicos o corredores de autos; en lo personal tienen un detalle relevante: la ingenuidad, y su lado negativo es la mentira, ya que de mil palabras que emitan quinientas podrían ser falsas, doscientas cincuenta son para jugar y las restantes son para emitir un enojo. Hay dentro de este nombre una teoría que quiero analizar y es que cuando un ser humano tiene tanta inestabilidad y falencias en su autoestima se deja llevar por la imaginación a mundos totalmente irreales; a los padres de estos hombres, especialmente de los que aún son niños y adolescentes, les quiero dar un mensaje: por favor, ayúdenles a tener una buena orientación para que la ingenuidad no los lleve a la perdición; esperemos que a medida que vayan madurando comiencen a analizar más su vida, así sea chocándose contra el mundo. Su edad más crítica está entre sus 0 y 20 años.

**En la salud:** considero que en el aspecto psicológico hay algo más importante que en el físico, por lo tanto les quiero hacer un llamado primero a que examinen su conciencia y segundo a que evalúen sus culpas.

**En el dinero:** creen que es muy importante atesorar y a la vez derrochar la riqueza, pero es más importante aún saber cómo se van a recuperar una vez que la hayan perdido.

**En el amor:** son del grupo de los hombres que se pueden quedar solos, no tanto porque así lo han elegido sino porque muy pocas se les miden.

Al dividir este nombre en dos, su primera sílaba, YON, representa el AUSENTE y la sílaba NY quiere decir IR, ATRAVESAR o TRASCENDER. Por tanto, YONNY es igual a CAMINO; claro que, como son seres tan afortunados, con una buena orientación no tendrán forma de perder su rumbo.

El mantra YONNY a la inversa se lee YNNOY, que significa PELEADOR y es posible que la mayoría venga del continente asiático en una vida anterior.

*Su clave del éxito y la prosperidad es la sílaba NY y la letra de su ADN es la N.*

Nombres con la inicial

# *Zacarías*

Es un nombre con escasa popularidad pero con una linda esencia. Sin embargo, aquellos que lo llevan no han sabido sacarle el verdadero provecho a las oportunidades que este decreto les brinda, porque pertenece a seres muy bondadosos. ZACARÍAS es sinónimo de limpieza y autenticidad, algunos de los hombres que lo llevan son el verdadero símbolo familiar; no obstante, entre la humildad y la sumisión hay un puente que no se debería cruzar y ésta es su desventaja. La otra cara de este nombre, cuando miramos la C y la A es el ENFRENTAMIENTO, actitud que asumen en el momento en que se ven desafiados, humillados y ultrajados; lamentablemente esto muestra que quienes son humildes tienen actividades duras y problemas económicos. Por eso les encaja perfectamente el dicho popular: "¡líbranos, Señor, de las aguas mansas!". Y aquí podemos enfatizar este aspecto porque cuando se enojan desatan toda su furia, son ciegos, no miden las consecuencias y en un momento de ira podrían cometer cualquier locura; pero no nos preocupemos porque la mayoría controlan sus impulsos.

**En la salud:** tienen enfermedades relacionadas generalmente con el estómago, gastritis, síntomas hepáticos, intestinales, además de la próstata y la vejiga.

**En el dinero:** no siendo muy populares sí tienen tesoros escondidos como, por ejemplo, riquezas de las cuales nadie se entera; una gran parte de ellos ha desarrollado su vida en el campo, otros se desempeñan en pequeñas empresas, también hay intelectuales y excelentes profesionales.

**En el amor:** las decepciones amorosas podrían despertar en ellos cualquier adicción.

Al dividir el nombre en dos, su primera frase, ZACA, representa la ORACIÓN y la frase RIAS significa ESCRITOR o ESCRIBANO; por lo tanto, ZACARÍAS es igual a PROFECÍA.

Como mantra a la inversa se lee SAIRACAZ y significa UNIR al PUEBLO.

*Su letra del éxito y la prosperidad es la I. La letra de su ADN es la Z.*

Ellas deben saber que no hay cosa más difícil de abrir en la vida que una mente cerrada, al pronunciar este nombre se sienten inmensos deseos de decirles muchas cosas pero sólo les hablaré de lo más importante: ¡amigas, por favor, despierten! que el mundo real es éste, traten de no pasar inadvertidas ante la humanidad, dejen a un lado sus actitudes derrotistas, que el mundo no les ha hecho nada malo. Su temperamento es sobresaliente pero les falta aún más para llegar hasta la cumbre.

**En la salud:** su mayor patología es más emocional que física, pero esto es suficiente para que se creen problemas cardiacos y de presión arterial.

**En el dinero:** aspecto en el cual no son conscientes de lo que es realmente su lucha por la riqueza, a veces pienso que son conformistas o simplemente no aceptan el merecimiento.

**En el amor:** entregan el sentimiento inescrupulosamente.

Dividido en dos, su primera frase, ZORAI, significa CAER y observando la letra D nos damos cuenta que esta caída no la produce nadie diferente a ellas; su segunda sílaba, DA, representa la COSECHA y el FRUTO CONSTANTE. Por lo tanto, donde ellas pisen siempre abrirán una brecha y sembrarán una semilla, para el bien o para el mal; la letra Z en este decreto habla de LEALTAD y que casi todas las ZORAIDA nacieron para ser madres, las que no lo logren es más por un aspecto de salud que por destino.

Este mantra a la inversa se lee ADIAROZ, que significa OCULTAR, ESCONDER, SENTIR o NOS SENTIR. Por consiguiente ZORAIDA es igual a SENTIMIENTOS OCULTOS y aunque no es muy importante su significado a la inversa sí representa un LUGAR.

*Su letra del éxito y la prosperidad es la I, la de su ADN es la D.*

## Zuleica

¿Apasionadas o compulsivas?. Gran pregunta para aquéllas que según dicen no han podido ganarse un buen espacio en la vida. En realidad es porque no quieren admitir que se olvidan de su papel de mujer para convertirse en madres, protectoras y obsesionadas por un mundo perfecto, consentidas, críticas, románticas, combativas, delicadas a pesar del carácter, razonables, amigas con las que se puede compartir abiertamente. Sin embargo se las debe tratar con delicadeza, no herir sus sentimientos, ya que es por ahí donde tienen el lado más sensible, por problemas de autoestima debido a su historia vital con algunos traumas de violencia o excesiva protección. Desde niñas creen que se tienen que ganar el afecto dando algo a cambio pero deberían saber que sus padres tienen mucha responsabilidad en estos detalles. Se preocupan por hacer feliz a todos, no son muy procreadoras, por ese motivo es que crean un mundo perfecto donde la mayoría no es feliz ya que les falta algo muy importante en sus vidas: EL AMOR.

**En la salud:** sus mayores afecciones se relacionan con: el colesterol, la obesidad, problemas de matriz, ovarios, cálculos en la vesícula y estreñimiento.

**En el dinero:** son mujeres muy afortunadas, deben saber que éste llega por cualquier lado, así no lo estén buscando, pero que en realidad ésta no es su búsqueda intensa.

**En el amor:** Es su gran anhelo y búsqueda y la buena noticia es que ninguna búsqueda es en vano.

Dividido en dos, su primera sílaba, ZU, simboliza un GUERRERO CHINO y su frase LEICA está simbolizando las LEYES y DOGMAS de una LOGIA.

A la inversa este mantra se lee ACIELUZ, que significa CRUZ AZUL y AQUÉLLA que es CIEGA en la VERDAD.

*Su letra del éxito y la prosperidad es la U y la de su ADN es la Z.*

# Zulma

Todo nombre con su primera letra "Z" es desafiante, agresivo. En él hay dos tipos de mujeres, debido a la presencia de la letra A en el final. Las primeras se refieren a las demás con actitud cuestionable; sin embargo, las segundas son excelentes y sus mejores cualidades son la calidad humana, la sensibilidad y la ternura; pero es precisamente esto lo que no las deja vivir tranquilas y es que arrastran sentimientos de culpa. Deberán tener cuidado con sus parejas porque las pueden utilizar tanto en el aspecto económico como en el emocional. Ellas no son muy apasionadas, por lo tanto su sexualidad pasa a segundo plano. Aman demasiado a sus hijos y todo lo que hacen en la vida es por su bienestar, usualmente les toca llevar solas las riendas del hogar a causa de la dependencia dañina de sus parejas sentimentales. Su alto grado de auto compasión no les permite ver la realidad.

**En la salud:** también son del grupo con tendencia a la obesidad y a las enfermedades terminales, entre ellas el cáncer.

**En el dinero:** las actividades que realizan no son muy sobresalientes en el ámbito económico pero sí en el social; entre ellas, la pedagogía, sociología y todo lo que tenga que ver con el desarrollo humano.

**En el amor:** otra frase para recordar: éste jamás produce heridas tan profundas; por lo tanto, evalúen qué es lo que están dando y qué es lo que están recibiendo.

Dividido en dos, su sílaba, ZUL, representa el OBSTÁCULO en la RIQUEZA y su sílaba MA quiere decir ALMA en PENA.

Su mantra a la inversa se lee AMLUZ, que significa LUZ del ALMA.

*Su letra del éxito y la prosperidad es la A y la de su ADN es la Z.*

# El cáncer de mama sí tiene cura

# *El cáncer de mama*
## *sí tiene cura*

Hace tres años salí de Colombia, mi país natal, con el fin de aprovechar el desarrollo y crecimiento profesional por el que atravesaba. Podría decirse que era la ocasión perfecta para seguir logrando otros objetivos. Viajé a la Argentina, hermoso país al que iba recomendada por mi amigo Alberto Núñez, ciudadano argentino radicado hoy en Medellín, quien al conocer mi trabajo me hizo la invitación poniéndome en contacto con sus familiares. Esto para mí sería una travesía y a la vez una aventura, ya que nunca había salido de Colombia; pero, a pesar de ello, mi madre y familia apoyarían la idea debido a que sólo seria por un mes. Luego del análisis correspondiente me decidí y emprendí el viaje; la primera escala sería Bolivia, por otra invitación de una gran amiga, Martha Cristina Franco, quien en ese momento trabajaba en el país como gerente de una cadena de almacenes llamada Tiendas Gallery, cuya propietaria es otra gran mujer, Marilyn Kuljis; como este país quedaba a dos horas de Argentina, yo haría escala ahí unos días para descansar de mi exagerado trabajo en Colombia con el fin de llegar relajada a Buenos Aires, Argentina.

Había proyectado mi trayectoria profesional con antelación y para mi regreso a Colombia tenía ya muchos planes, entre los que destacaban la continuación de mis actividades académicas y laborales, escribir mi segundo libro y, sobre todo, incursionar en la política. Una hora después de mi llegada a Bolivia me llamó Rosita al hotel preocupada porque yo no había llegado antes y me contó cómo se habían alarmado los que me esperaban cuando no me bajé del avión el día señalado. Le expliqué de mi pequeña dificultad para salir por motivos aeroportuarios. Rosita me manifestó que Martha y doña Marilyn tenían que viajar y que por tal motivo me dejaban a su cargo. Rosita, como la llamamos, es la asistente de la empresa de los Kuljis; me informó de que a partir de ese momento estaría conmigo y me ayudaría en todo lo que necesitara. Horas después llegaron el psicólogo Jorge Daher y su esposa, la señora María Teresa Silva, quienes me visitaron en el hotel enviados por Rosita y por recomendación de Martha y me informaron que, al no poderme recibir Martha, ellos me ayudarían. Además ya se había planeado que mientras estuviera esos días en el país yo trabajaría con él en su consultorio. A mí me pareció maravilloso; de hecho, todo estaba tan bien organizado que sólo podía decir que sí a todo. Nunca olvidaré que cuando me bajé del avión y vi esta pequeña ciudad cruceña con aire tropical me hice la siguiente pregunta: *"¿Qué estoy haciendo yo aquí?"*.

Antes de que don Jorge y su esposa se retiraran les noté hablar en privado. Luego ella me preguntó: *¿quieres venir a nuestra casa?*. Yo los miré, ellos no me conocían y yo me preguntaba cuál sería el motivo para haberles inspirado tal oferta y recordé que mi amiga Martha era su amiga y le tenían mucha confianza. Me sentía feliz de estar con ellos, me apresuré a alistarme, subimos a su vehículo y luego emprendimos carrera hacia el condominio donde vivían. Era una pareja sin hijos, por eso sentí como si estuviera con unos segundos padres, ¡qué linda experiencia! De esas que no siempre se tienen en la vida y menos fuera de nuestros países.

Los días siguientes fueron aún mejores porque me llevaron a su consultorio, me presentaron a un grupo con el que tenían charlas de desarrollo espiritual y así conocí al ciudadano español Fernando Velásquez, a su esposa Mari Carmen e hijos, una de esas familias que casi nunca se ven, así como a mis primeros pacientes y amigos, personas de diferentes países como España, Brasil etc.

Había llegado la hora de partir a la Argentina pero estaba enamorada de Bolivia, de Santa Cruz, de su gente. Viajé y encontré otro grupo maravilloso de amigos, de aliados; sobre todo a mi amigo Sergio, con su linda familia.

Todo fue crecimiento en muchos aspectos, en lo profesional, afectivo y en la amistad, estaba saliendo de un mundo para entrar en otro, conocí de la Argentina, su cultura, su gente, esos paisajes, edificios, la apariencia europea de Buenos    Aires, a la que considero una de las más bellas de las que he conocido, ¡claro está! sin dejar de reconocer la belleza de Medellín. En uno de esos días en que nos tomamos un descanso salí a tomar un café con una gran amiga, también colombiana radicada en ese país, y en medio de la charla le comenté: *"¡oye! tengo algo que me duele en el seno izquierdo, es como una bolita"*. Ella me respondió que me hiciera examinar, le afirmé que lo haría a mi regreso a Colombia. De hecho, el dolor y la molestia venían desde antes de viajar, que ya había ido donde una ginecóloga. Pero ella, luego de examinarme, no me dio ningún diagnóstico, sólo me palpó y argumentó no haber sentido nada extraño, por lo que no me mandó ningún examen adicional. Continué sin prestarle mucha importancia a la famosa bolita, convencida de que nada malo tenía.

Pasado un mes estaba de regreso a Bolivia. A mi llegada me comuniqué con mi madre y le dije: *"Madre, viajo el lunes para Colombia, te cuento que me fue muy bien y estoy feliz de ver cómo les gustó mi trabajo, di conferencias, hablé sobre mi teoría de los símbolos y también atendí pacientes"*. Ella guardó un corto silencio y luego me preguntó con voz dudosa: *"Marisel, ¿no te gustaría quedarte por allá?"*. Cuando te hacen ese tipo de preguntas, sobre todo viniendo de tu propia madre, te llegan muchos interrogantes al instante pero, a lo mejor, la más lógica en nuestra mente primitiva es la que nos lleva a la duda y al temor, mezclada con la angustia. Pero para que ella no se sintiera peor de lo que debía estar por haberlo dicho, le pregunté: *"Mami, ¿qué pasó?"*. Ella me respondió: *"Mi deseo es que sigas creciendo en tu profesión..."* y continuó con todas aquellas palabras hermosas que te pueden decir para convencerte de algo ante la circunstancia. Después de un largo discurso, el cual yo trataba pero no podía entender, lo único que atiné a pensar fue: ¡esto pasa por algo! y acepté, pero le comuniqué que sólo lo haría por seis meses, que si ella me hacía mucha falta me regresaría. Recuerdo que rió mucho.

Mas yo era consciente de todo lo que dejaba allá, una historia vital, amigos, familia, además del amor de Francisco, quien es muy importante en mi vida. Después de esto no me canso de decir que nuestros padres son los Ángeles Guardianes que tenemos en la tierra. Lo demás fue fácil: como mi vida había cambiado, sólo tenía que moverme a conseguir dónde vivir y continuar con el trabajo que tenía comenzado; como hay tanto que hacer en éste y en muchos de nuestros países de América Latina, me entusiasmé con trabajar sin pensar en otra cosa.

Poco a poco fui conociendo a las personas que entrarían a ser parte muy importante de mi vida. Doña Jenny Dávalos, una médica pediatra, su esposo José Antonio, ciudadano español ingeniero y su hijo Alejandro, a quien más adelante adoptaría como a un hermano menor, ya que me fui a vivir a su hogar mientras me ubicaba.

Para buscar dónde vivir también me ayudó mi gran amigo Marco Antonio Kunstek y su familia. Con él nos recorrimos toda la ciudad hasta que, por fin, lo encontramos en un hotel condominio cuyos propietarios eran una familia argentina con la que tuve mucha empatía desde un comienzo; además de que su hija mayor también era psicóloga, eso propició que ambas nos comunicáramos siempre muy bien. Me adapté rápidamente y sin darme cuenta tuve con ellos a otra familia. Seguían pasando los días yo me dedicaba por entero a mi trabajo y a cumplir el sueño de escribir un segundo libro. Para ello pedí ayuda a una chica extraordinaria, Marcela Joskowiczr, con cuya familia también entablé una gran amistad. Mi nuevo libro se tituló: *"El Misterio de la Humanidad a través de los Símbolos".*

Unos meses más tarde me encontraba en la ducha y el frío intenso del invierno cruceño me hacía doler hasta los huesos. De repente sentí un dolor fuerte en la zona donde estaba la bolita de mi seno. En ese instante recordé que tenía algo por solucionar, terminé mi baño y al salir de él me miré en el espejo. La bolita, a pesar de que yo le imponía las manos tratando de desvanecerla con mi energía, seguía ahí. Hasta ese momento no me había percatado de que alrededor del pezón una sombra que antes me parecía normal se había extendido por toda la zona oscura de éste, decolorándolo. Imaginé que tenía algún problema genético de piel, puesto que vengo de raza negra, pero el problema sólo lo tenía en esa área. Miré todo mi cuerpo, examinándome la piel y no encontré nada que confirmara mi teoría. Fue así que comprendí que era hora de ver al especialista. Como todos pensamos que el mal le llega a los demás y no a nosotros, o por exceso de confianza, no me alarmé en ningún momento. Tomé el teléfono y dejé que la intuición me indicara a quién le consultaría, dado que no conocía realmente a ningún médico en este país especializado en este campo. Lo único que podía hacer era llamar a la doctora Jenny para que me orientara más y me acordé que para entonces ya había conocido al doctor Jorge Antonio Saavedra Ibáñez y a su esposa, la señora Sonia. No estaba muy segura de su especialidad pero fue precisamente a ella la primera a quien llamé; de inmediato, luego de un cariñoso saludo, le pregunté: *"Doña Sonia, ¿su esposo es cirujano plástico?"* Me respondió que sí y que también era mastólogo oncólogo. OK, le dije: *"Es que tengo una bolita en el seno izquierdo que me duele mucho"* Ella me respondió: *"Marisel, ya mismo te hago cita con él, llamaré a su secretaria"*, Le contesté que bueno, la cosa es que para mí eso no era ni grave ni importante, una mujer en plena juventud no piensa en esas cosas.

Pasadas ya unas dos horas la esposa del médico llamó para confirmarme que tenía cita a las 3:00 pm. Yo me preparé como para ir a tomar un café, sin ninguna preocupación. Llegué donde el doctor y conocí a su secretaria, Luz Marina. Ella me recibió muy amablemente y preguntó si yo era la que iba de parte de doña Sonia. Se lo confirmé y minutos más tarde ya estaba frente al que hoy llamo mi médico.

Al iniciar la consulta, como es lógico, él me preguntó por mi historia médica y en medio de eso yo le comentaba lo poco que sentía; muy folklóricamente le comenté: *"Doctor, tengo esta bolita, usted me la mira y, si no es nada malo, me hace la cirugía en los senos, es que me quiero poner una siliconas para que se vean más firmes"*. Los segundos transcurrían y yo seguía hablando sin parar mientras él me hacía quitar la blusa y ponerme la bata correspondiente. Le dije: *"Es que mire, cuando yo era adolescente mis senos fueron muy grandes, y etc."*. *Cuando el médico me tocó el seno yo recordé nuevamente: "¡Ah Doctor! mire, también se me ha ido decolorando el pezón pero no me pica ni nada, sino que cambió el color, es más claro"*. Él examinó cuidadosamente y me dijo; *"Marisel, irás a hacerte estos exámenes, en estos sitios"*. Con mucha calma comenzó a enviarme a los lugares correspondientes. La primera prueba era la ecografía mamaria y según su resultado haríamos la mamografía. También me explicó cada paso que tendríamos que dar en el caso de éstos salieran malos, pero ambos pensamos que eran casos muy extremos y tuvimos confianza en que nada malo pasaría. Yo me fui, hasta ese momento no imaginaba el umbral que me tocaría pasar.

Llegué al laboratorio y me encontré con un excelente médico en aquella institución, quien, en medio de la ecografía, me sugirió: *"Marisel, hazte la mamografía"; yo le respondí:* "Sí, doctor, mi médico me dijo que me la haría cuando usted le enviara los resultados", pero respondió, hazla ya. Recuerdo que sentí algo así como un desprendimiento; de inmediato le pregunté: *"¿Doctor, hay algo malo?"*. Pero cuando se piensa en algo malo aún la palabra cáncer no ha ido a tu subconsciente porque, aunque hemos nacido escuchándola, tus códigos mentales no la descifran por conveniencia. El respondió que vamos a ver, me levanté de la camilla e inicié el camino hacia la mamografía. Al entrar allí me pareció todo tan extraño, un aparato de ésos que tiene tu futuro en una simples placas, no sabría cómo describirlo, lo último que recuerdo es que llegué donde mi médico con ambos exámenes y él me dijo que había que hacer biopsia, eso nos diría todo.

Dos días después entré al quirófano y los siguientes quince días fueron de una larga espera. Es algo así como cuando te tomas un elixir amargo y sabes que si no lo bebes no sobrevives. Ante la demora y zozobra llamé varias veces al laboratorio pero mis llamadas eran en vano, tenía que esperar. Cuando por fin llegaron los resultados los miré pero, claro, no entendía todo lo que decían, tenía que pedir cita. Llamé a mi médico y nos citamos para el otro día a las 11:00 am, en su consultorio. Nunca olvidaré las palabras de la psicóloga, la hija de los dueños del hotel donde vivía, cuando me preguntó: *"¿Marisel, a ti no te gustaría tomar una pastillita para dormir? ¿Cómo aguantarás hasta mañana para la cita con tu médico?"*. La miré y me sonreí, entonces empecé a comprender por qué muchos enfermos terminales aceptaban la muerte con tanto amor. Es verdad que no imaginamos la magia que tiene esa posibilidad, es una sensación de libertad, donde **YA ERES LIBRE, ES UN DESPREN-DIMIENTO TOTAL** que te aleja del miedo, de los apegos de lo que tú sabes que no necesitas, pero que te empeñas en obtener. Supe lo que era el Ego, también la energía del amor, porque se me salía hasta por los poros. Era una extraña sensación, como si estuviera arriba y los demás en otra dimensión, sintiendo una gran compasión por mis pacientes, por todos, hasta por los pájaros. Es algo que no se puede explicar, creo que los que no saben que morirán lo deben sentir de otra forma.

Llego el día siguiente, estaba sentada ante mi médico y la mitad de la ciudad pendiente de mis resultados; entre otras, mis grandes amigas María Nelly Pavisich y su hija, lo mismo su familia, Martha Cristina, Marcela, doña Jenny, en fin. Yo estaba frente a esa mirada compasiva del doctor Saavedra y su lucha para que las palabras le salieran sin dolor de los labios; cuando me dijo, *Marisel, esto nos salió malo*, la primera imagen que recuerdo haber tenido fue la de mi madre, me incliné sobre su escritorio poniéndome a llorar y aún más cuando le sentí la voz quebrada a un hombre que estaba tan acostumbrado a dar este tipo de diagnósticos, además de que sonó mi teléfono y pude escuchar la voz de mi gran amiga Martha. Sentí que tenía que luchar porque había mucha gente que me quería de verdad. Luego, la pregunta de cómo le daría ese tipo de noticias a mi familia; sobre todo, a la mujer que más me había expresado su admiración y a quien yo más admiraba en la vida por su valor y grandeza: mi madre. Y me dije: *"Dios, después de haber tenido todo este cariño, si me tocara morir en estos momentos yo lo haría plena de felicidad"*. Para ese instante ya había recobrado la calma y le pregunté a mi médico cuánto tiempo tenía de vida. Él sonrió y me respondió que no me preocupara. *¡Mira! tú tienes toda una vida por delante, esto después de diez años tiene un pequeño porcentaje de reaparecer porque lo hemos descubierto en primera fase; fuera de eso, se encapsuló.* Me explicó que la decoloración que tenía mi pezón era otro tipo de cáncer, llamado el mal de Paget, y que mi seno no sólo tenía el nódulo que yo había sentido de forma subcutánea sino que había otro interno, casi invisible, y que ése era el maligno.

Cuando en nuestro inconsciente ha entrado la palabra más grande, "cáncer", ya lo demás que escuchas no se queda tan grabado; así lo escuches, entrará pero no tienes idea a qué parte de tu mente psíquica se va, porque la única que se repite es la que te habla de morir.

*¡Claro!* Dijo mi médico en primera fase. O sea, que de no haber ido a tiempo al médico no estaría contando a ustedes esta historia y, la verdad, el cáncer que tenía en ese momento era el más agresivo.

Ya calmada salí del consultorio y en el momento que tomé un taxi para ir donde mi amiga Martha recuerdo que, al sentarme en la parte de atrás de éste, ya no estaba consternada. Era como si unos coros de música celestial hubiesen sonado en mis oídos, despejando mi mente; los escuchaba tan adentro de mí que me dije: *¡SÍ, DIOS MÍO, YA ENTENDÍ, TODO ESTO ES POR AMOR!* No sé cómo explicarlo pero lo pensé y luego sonó mi celular, lo contesté automáticamente. Era Carola, una amiga, que me preguntó: *¿dónde estás?* Le respondí: *"Voy en un taxi a donde Martha, estaba en el médico";* ella preguntó nuevamente: *¿qué te pasó?* Le respondí: *"Nada, me sacaron unos exámenes del seno y resulta que tengo cáncer de mama".* Ella sólo pudo exclamar, *¡Cómo!,* le contesté con un sí... El conductor se detuvo por un instante y se quedó mirándome por su espejo, yo continué tranquila, *me operan esta semana,* le dije, ella lloraba y me preguntaba aún sin dar crédito a lo que escuchaba, *¿qué necesitas, cómo estás?* Yo respondí: *"bien, no sé qué me pasa pero me siento la mujer más feliz del mundo"*, y, sorprendida, exclamó nuevamente, *¡queeé! Marisel, no me digas eso, no puede ser.* A lo que le dije, *sí... luego te llamo.*

Minutos más tarde llegué a donde mi amiga Martha. Ya, a las siete de la noche, después del trabajo de Martha, estábamos cenando en un café que frecuentábamos, charlando y contando chistes. Yo ya había llamado a Colombia pero le advertí a mi familia no contar nada a mi madre hasta que todo terminara.

**HOY NO ME CANSO DE PREGUNTARME: ¿DÓNDE SE ESCONDE LA FUERZA QUE NOS SALE SIN QUE NOS DEMOS CUENTA Y QUÉ LA CREA? ¿SERÁ DE LA VOLUNTAD? TAMPOCO ME CANSO DE REPETIR QUE EL VALOR ES LA MAYOR VIRTUD DEL SER HUMANO.**

Al día siguiente ya tenía en mis manos todas las instrucciones correspondientes para la mastectomía que me sería practicada en menos de ocho días, sólo era cuestión de hacerme los exámenes necesarios para una cirugía de este tipo. El más importante en ese momento era el hemograma, porque mi hemoglobina rara vez subía a diez; el motivo era que no retenía el hierro, por eso la anemia se había convertido en otro de mis problemas, haciéndome pasar por dos transfusiones desde mis siete meses de nacida. La situación se agravaba porque mi tipo sangre es B+, muy difícil de conseguir. Afortunadamente Santa Cruz es una ciudad cosmopolita y con muchas mezclas raciales, también hay ciudadanos árabes y brasileros que tiene este tipo de sangre. Doña Marilyn también lo tiene, lo mismo que la mayoría de sus hijos, entre ellos Jessica, otra de mis grandes amigas. Ellos estuvieron prestos a donarme sangre cuando yo lo necesitara. Marilyn me comentó que un médico estadounidense le dijo alguna vez que los B+ éramos sólo el 7 % de la población mundial y que por eso teníamos tantas facultades, además de un alto coeficiente, pero que necesitábamos una alimentación especial y yo estoy por creer que es cierto.

Como ya sabíamos los grandes riesgos de la cirugía, los días siguientes todo era una fiesta; yo trabajaba normalmente mientras decía a mis amigos lo que harían en el caso de que no resistiera en el quirófano. Dentro de mi tenía la certeza, o llamémosle fe, que todo saldría bien.

Por fin llegó el día y si me preguntan si en algún momento me sentí nerviosa debo confesarles que más bien sentía como si fuera a una cirugía estética, o como si al fin me fuera casar, aunque creo que más miedo habría sentido en ese momento.

Ese día todos mis amigos estaban muy pendientes, sumándose a la lista Viviana Valdivieso y su esposo Marcelo, Gabriela Salazar Estánley, Alani y Noray Opan, un gran hombre con alma de niño que con su alegría y cariño aportó una enorme cuota a mi recuperación. En fin, todos empezaron a alistarse para acompañarme en lo que yo necesitara. El momento crucial llegó un día antes de la cirugía: resulta que aún no conseguía mi tipo de sangre. La noche anterior doña María Nelly llamó a un gran amigo suyo, médico y compañero del Rotary Club, y le comentó la situación. Teniendo en cuenta la ventaja de que ellos manejan un programa de sangre pura, él aceptó ayudar y al otro día, muy temprano, me hicieron la donación.

La víspera del día señalado para la cirugía doña María Nelly organizó una reunión en mi honor y, mientras me conseguía la sangre, reunió a todos los amigos que yo había logrado conseguir hasta la fecha, desde mi llegada a Bolivia, al menos los más allegados. Todos eran profesionales, en su mayoría éramos psicólogos; los que tenían otra profesión estaban muy vinculados con nosotros por la vida espiritual, el cariño y la amistad, sintiéndonos como hermanos. La idea era que expusiera cosas de mi vida, así podríamos, con esa terapia, encontrar el motivo del cáncer que, como muchos sabemos, es en gran parte psicosomático. En fin, como siempre tratábamos de encontrar una explicación para todo. Afortunadamente, hoy esta nueva forma de ver la vida es otro de NUESTROS GRANDES DONES DIVINOS. Salí renovada de la experiencia, pero ante lo grave de mi cirugía no sabía si estaría o no con ellos después; por eso aproveché esa noche para darles a conocer mi gran cariño.

El día de la cirugía, Marcelita, como todos le llamamos, estaba allí, lista para cuidarme y acompañarme en todo. Ella es una mujer menor que yo por dos años, esto nos hace complementarnos muy bien, se convirtió en mi espejo. Recuerdo mucho al verla lo tímida que yo había sido y cuántas cosas dejé de hacer en la vida por diferentes motivos, que sólo conoce nuestra mente.

Estábamos en la habitación del hospital, charlando amenamente con todos los que en ese momento me acompañaban cuando llegaron la enfermera y los camilleros. Me dijeron: *"bueno, señorita, llegó la hora"*. Jamás podré explicar el porqué pero sentía que iba a limpiar mi ser y mi cuerpo y, al mismo tiempo, mi alma. ¿Será esa la famosa nueva oportunidad que a todos algún día nos dan?

En ese momento fui recordando lo que dejaba, era como recorrer toda mi vida en el pequeño pero extenso viaje hacia el quirófano. Pensaba en mi madre y mentalmente le hablaba. Pensaba en mi hermano ya fallecido, en mi hermana, en mis sobrinos, en mi padre, en fin, en todo mi mundo y me preguntaba: ¿qué les debo y que le debo al mundo? Y sobre todo: ¿qué me debo mí misma? Estaba llegando a la conclusión de que no había nada que me impidiera, si sucedía, irme en paz. Tal vez, pensé, si tuviera hijos, esposo... ellos estarían sufriendo, pero me prometí que, si lograba tenerlos, la primera misión con ellos sería enseñarles que lo único que no nos deja morir en paz y por lo que lloramos tanto cuando nos llega el momento no es otro motivo que la culpa, los remordimientos, el no haber concluido nuestros objetivos en la vida.

Entrando al quirófano iba saludando a todo el mundo, como siempre, muy sonriente. También entraron el doctor Saavedra y el ginecólogo que, a propósito, aprovecharía y me haría otra cirugía, ya que en medio de los exámenes me descubrieron un quiste bartolino. Era tan grande la paz de mi alma que por un momento pensé: **LA MUERTE NO ES LO QUE DICEN REALMENTE CUANDO SE MUERE EN PAZ, CON LA CERTEZA DE LA MISIÓN CUMPLIDA; ESTA ES LA PUERTA DE ENTRADA AL CIELO.**

Ya en la sala de cirugía le pregunté al anestesiólogo si me permitía despedir a mi seno. Él me respondió *¡pero claro que sí!* Y, como lo había hecho en días anteriores, impuse mi mano sobre éste y le dije:*"Muchas gracias porque te estás llevando mis errores en la vida; te pido perdón por haberlos dejado contigo; vete, que yo quedo en paz"*. Dicho esto en silencio, el anestesiólogo me preguntó: *"Marisel, ¿qué música te gusta escuchar?"*; le respondí que música clásica. Me dijo que estaba bien y en medio de la sala dejó escuchar una melodía que me inundó de paz y de tranquilidad. Luego cerré los ojos, porque ya me estaban colocando la anestesia. La mente se me quedó abierta, dentro de mi cabeza había una especie de universo rojo; ya no supe más de mí: me sumergí en ese color y dormí.

A continuación, sólo recuerdo el momento en el que desperté. Al hacerlo me encontraba en cuidados intensivos y tenía un leve dolor en el pecho, por el lado izquierdo. El médico me hizo una cirugía tan delicada que realmente el único dolor era el de la herida, que al fin nunca fue tanto, porque creo que sanó desde que la hicieron. Escuchaba un suave susurro en mis oídos, yo sólo le contestaba con la cabeza que sí porque no entendía nada debido a que estaba apenas despertando de la anestesia, pero sus suaves manos me hicieron reconocerla de inmediato, era la médica Jenny Dávalos que, por su condición de profesional, podía entrar a cuidados intensivos. Luego escuché otra voz a la que no recuerdo si dejaron o no entrar, era la madre de quien para la fecha portaba la corona de Miss Santa Cruz, Cecilia Justiniano, la cual preguntaba angustiada por mí. Cuando ellas se retiraron me pregunté antes de quedarme dormida nuevamente: **¿POR QUÉ SIENTO ESTA FELICIDAD TAN GRANDE SI ESTOY OPERADA? ADEMÁS NO ME DUELE TANTO COMO DEBERÍA DOLER.** Entonces comprendí que el dolor no sólo es psicológico sino que todo depende de la intensidad con la cual necesitemos sentirlo.

Me pareció, a medida que me dormía, que estaba alucinando porque pasaron algunas cosas que aún no entiendo, como creer que había dos señores ahí, en mi cuarto, en otras camillas. Después me percaté de que estaba sola pero antes de perder nuevamente el sentido recuerdo que mi cerebro escuchó una voz que decía: "has pasado a la siguiente dimensión"; esto es algo que un día quisiera entender, ojalá ustedes si lo entiendan.

De ahí en adelante mi recuperación no podía ser mejor, la gente me visitaba todo el día, me hacían regalos, enviaban flores constantemente; cuando me despertaba tenía tiempo para reír y charlar con las personas que se turnaban para acompañarme. Marcela estuvo desde el día en que ingresé al hospital hasta los siguientes quince días después de mi salida.

Cuando me preparaba a recibir la quimioterapia preventiva mi madre se había resentido de su salud. Entonces, como yo sabía que no podía viajar en mis condiciones, hablaba constantemente a Colombia para saber cómo estaba.

El médico luego de quitarme el drenaje me sometió a la quimio, porque aunque los nódulos que me habían invadido el sistema linfático no estaban infectados era mejor la prevención.

La salud de mi madre empeoró, aún así me puse a trabajar casi veinte días después de la cirugía. Ello me sirvió como terapia, mi vida seguía normalmente, pero mi madre no se recuperaba.

Pasados unos días, en una llamada telefónica de mi sobrina Luisa Fernanda, que entonces sólo contaba con quince años de edad, me comunicó que mi madre había fallecido. Sin embargo, tenía la certeza de que esto no era una mala jugada de la vida, puesto que jamás vi así las cosas. Comprendí por qué mi madre me había pedido quedarme en Bolivia. Los tres días siguientes, mientras en Colombia la velaban y sepultaban, entablé un diálogo día y noche con ella, despidiéndome y agradeciéndole por habernos dejado como herencia, además de la vida tan maravillosa que nos dio, **EL EJEMPLO Y EL VALOR.**

A pesar de esta tristeza que llevaba dentro sin poder elaborar el enorme duelo, pasé con éxito las quimioterapias; para mí no fueron como dicen, porque el cabello nunca se me cayó, por el contrario, creció más, tampoco las uñas ni las pestañas; en fin, absolutamente nada pasó conmigo durante este proceso, los malestares y todo eso ni siquiera los conocí, aparte de una gastritis que lo único que hacía era ponerme a comer. Una vez me aplicaban la quimio dormía durante dos días y al tercero me levantaba a trabajar normalmente. Mi médico siempre me decía la bella durmiente, porque en las cinco quimios que me hicieron tuve la misma reacción.

Hoy, dos años después de todo esto, aún vivo en Bolivia y me preparo para la reconstrucción de mi seno. Afortunadamente, en esta época, este tipo de procedimiento es tan avanzado que tengo la seguridad de que también será todo un éxito. Luego de finalizar las quimioterapias me han realizado los exámenes de control y hasta hoy no han encontrado rastro de la enfermedad. Pareciera que hubiera desaparecido, tanto en los pulmones como en las mamas y en todo lo demás, ha salido todo muy bien.

El médico me había dicho que posiblemente entraría en depresión o aumentaría de peso por la ansiedad que causa la perdida de la mama pero yo le respondí: "Tranquilo, doctor, eso no me pasará **PORQUE YO NO LE RINDO TRIBUTO AL CUERPO".**

A los pocos meses, en medio de la quimioterapia, ya tenía un programa de televisión con la empresa Cotas y su canal Activa Tv, titulado "Dialogando con Marisel". Seguí escribiendo artículos en el diario El Deber y hoy tengo una vida normal y maravillosa, por mi crecimiento como humana, mujer y profesional.

He escrito este capítulo debido a que en este libro he colocado también nombres más propensos a sufrir del cáncer de mama. Además, porque sé que lo leerán muchas mujeres. Pero la razón más grande ha sido mostrarles que no hay cosa en la vida que la mente no pueda hacer y que, entre otras, la mejor forma de combatir el cáncer o cualquier enfermedad es con la fe.

De todo esto he sacado las siguientes enseñanzas:

- La depresión es la causante de la muerte física y espiritual.

- La enfermedad más grande del ser humano es la inhumanidad y la indiferencia.

- Una comunidad unida puede ser también tabla de salvación cuando se está en un denso mar.

- No importa dónde estemos, la raza que tengamos, lo más importante es siempre llegar con el deseo de sembrar no sólo en nuestro beneficio sino también en el de aquéllos que nos dan su hospitalidad.

- Tener amigos es tener soldados de luz cuidándote.

- Cuando se presente la adversidad no debemos culpar ni a Dios ni a la vida.

- Debemos cuidar lo que construimos, también debemos saber qué tipo de energía está provocando una dolencia o enfermedad, si la del resentimiento, la del dolor o el odio.

- Es buscando el miedo y cómo lo podemos vencer, lo importante es buscar desde el fondo de nuestros corazones debido a que constantemente tratamos de curar con medicamentos lo que nos está consumiendo desde un punto inimaginable y no queremos curar con el perdón.

- Tampoco olvidemos que la constancia y la alegría ponen la cuota más fuerte en esos instantes difíciles de la vida para ayudarnos a comprender que los superaremos si no nos dejamos llevar por la desesperación.

- La calma, la paciencia y la razón, sumado al optimismo, el espíritu y el sentimiento, son la espada para vencer los dolores y cuando el mal ya no tenga cura aprender a comprender que más allá de esta vida hay otra que no duele, no aterra y que es el encuentro con nuestra energía; la llamada muerte sólo representa, en mi definición como psicóloga y simbóloga, la unión de la dualidad.

- Y, finalmente, yo permanecí con ustedes por una razón muy grande: **PORQUE CREO EN DIOS Y PORQUE SOY UN MILAGRO DE SU AMOR.**

*Marisel Córdoba R.*

# *Índice*

**Artículo**